农业资源利用效率评价及其优化管理设计

——以江苏省常熟市、江西省泰和县和陕西省安塞县为例

宋 伟 著

气象出版社
China Meteorological Press

内容提要

本书立足资源高效持续利用的学术前沿和科学管理提高资源利用效率的现实需求，针对农业生产资源利用中出现的资源低效率利用问题，在农业资源利用基础理论分析的基础上，重新诠释农业资源利用效率的内涵，建立农业资源利用效率评价指标体系以及农业资源利用管理优化设计方案。本书不仅探讨了科学管理提高农业资源利用效率的基本原理和优化方式，还选取位于中国东部、中部和西部的典型县以及这些县域行政村(农村社区)的具体农户作为案例，实证科学管理提高农业资源利用效率的方式途径，并从中归纳总结普适性管理方法和措施，以促进农业生产的可持续发展。

图书在版编目(CIP)数据

农业资源利用效率评价及其优化管理设计：以江苏省常熟市、江西省泰和县和陕西省安塞县为例/宋伟著. —北京：气象出版社，2015.8

ISBN 978-7-5029-6193-0

Ⅰ.①农… Ⅱ.①宋… Ⅲ.①农业资源-资源利用-研究-中国 Ⅳ.①F323.2

中国版本图书馆 CIP 数据核字(2015)第 208223 号

出版发行：气象出版社

地　　址：北京市海淀区中关村南大街 46 号　　**邮政编码**：100081

总 编 室：010-68407112　　**发 行 部**：010-68409198

网　　址：http://www.qxcbs.com　　**E-mail**：qxcbs@cma.gov.cn

责任编辑：刘　畅　蔺学东　　**终　　审**：黄润恒

封面设计：博雅思企划　　**责任技编**：赵相宁

印　　刷：北京京华虎彩印刷有限公司

开　　本：787 mm×1092 mm　1/16　　**印　　张**：11

字　　数：282 千字

版　　次：2015 年 8 月第 1 版　　**印　　次**：2015 年 8 月第 1 次印刷

定　　价：35.00 元

前 言

由于规模庞大的人口，中国农业资源的总量虽然较丰富，但人均量相对缺乏。仅以水、土资源为例，中国2006年的人均耕地面积为0.09 hm^2；人均淡水资源占有量仅1900 m^3；中国全年缺水总量达到了360×10^8 t，其中农业缺水300×10^8 t。但即使这些农业资源非常有限，也未得到高效利用。由于粗放经营，中国粮食作物的平均光能利用率在0.5%以下，农田灌溉水的有效利用率也只有30%～40%，中国的化肥利用率仅36%，氮肥损失达到了70%～80%。随着人口的不断增长，中国人口与资源之间的矛盾势必不断加剧。解决这一矛盾，不可能依赖于新的农业资源的大规模投入，而只能走资源高效利用的道路。农业资源的利用效率研究成为中国农业可持续发展的热点议题。

从20世纪90年代末开始，"九五"农业科技攻关项目"农业资源高效利用与管理技术(96-013)"和中国科学院知识创新工程重要方向项目"中国不同地区粮食生产的资源利用效率与生态环境效应(KZCX3-SW-333)"相继启动，形成了一系列关于农业资源高效利用研究的专著与论文，有效地推动了我国农业资源利用效率的研究。这一时期，也是我国农业资源利用效率研究的热点时期。通过一系列研究项目的带动，我国的农业资源利用效率研究工作得到了全面发展。这些研究工作重点关注了农业资源的组成、农业资源利用效率的内涵、农业资源利用效率的评价指标体系和农业资源利用效率的评价方法等内容。

我国的研究者对于农业资源利用效率开展了广泛而卓有成效的研究工作，并取得了显著进展。但是，已有农业资源利用效率研究中也存在诸多明显的不足。例如，农业资源利用效率的评价多侧重于宏观层次的分析，而微观层次(农户)的农业资源利用效率评价相对欠缺。农业资源利用效率的评价多注重考察农业资源的投入产出状况，而对于农业资源投入的生产配置效率缺乏深入探讨。农业资源利用管理的优化改良，可以有效提高农业资源利用效率，但优化管理措施的研究相对薄弱。

本书在梳理以往农业资源利用效率内涵的基础上，将经济学的配置效率引入资源利用效率的概念，重新诠释农业资源利用效率的内涵，加深了微观层次农业资源利用效率和农业生产配置效率方面的探讨，进一步完善和发展了农业资源利用效率评价的理论和方法，揭示了农业资源低效利用的症结，从宏观、中观、微观三个层次提出了优化农业资源利用管理的设计，以促进区域农业的可持续发展。

本书共分8章：第1章为绪论部分，介绍了农业资源利用效率的研究进展，以及本书的研究思路和研究方法；第2章介绍了农业资源利用效率的人工开放系统原理、作物产量形成的"源、库、流"理论、农业生产的能量转化与流动理论，以及农户资源利用的相关经济理论；第3章在分析农业资源利用系统组成的基础上，重新诠释了农业资源利用效率的内涵，提出了相应的农业资源利用效率评价指标体系以及评价模型；第4章介绍了江苏省常熟市、江西省泰和县和陕西省安塞县三个案例区的自然、社会经济与粮食生产概况；第5章全面介绍了农业资源生产配置效率的评价方法与评价模型；第6章综合评价了常熟市、泰和县与安塞县三个案例区的农业资源利用效率；第7章提出了常熟市、泰和县与安塞县农业资源优化管理的设计；第8章是结论以及进一步需要研究的问题。

农业资源利用效率的研究工作纷繁复杂，既涉及气候变化科学等自然科学领域的研究工作，也涉及经济学、土地科学等社会科学领域的研究工作。驾驭好农业资源利用效率的研究工作，完成书稿的撰写，对作者既是挑战也是机遇。尽管书稿的撰写过程充满艰辛，但得益于书稿的撰写，作者能够深入江苏省常熟市、江西省泰和县、陕西省安塞县等地开展调研工作，熟悉中国东、中、西部典型区域农村的风土人情，了解区域农业资源利用实际。书稿既是作者历时9年研究工作的总结，也将是作者新的研究工作的始点，力争为中国的农业资源高效利用研究添砖加瓦。

本书研究获国家自然科学基金项目“中国粮食生产消费协调度测定模型构建及实证研究”(批准号:41201599)、“设施农地扩张对区域环境的影响——以山东省寿光市为例”(批准号:41171079)、“农村居民点整理潜力测算模型的改进与应用”(批准号:41001108)，中国清洁发展机制基金赠款项目“国家可持续发展实验区应对气候变化能力建设研究与示范”(批准号:1214073)共同资助，在此表示由衷的谢意！

宋　伟

2015年4月

目 录

第1章 绪 论

从马尔萨斯(Malthus,1826)发表《人口原理》一书开始,人口与粮食、人口与土地之间的矛盾逐渐引起了人们的重视。到20世纪60年代末70年代初,全球性的人口膨胀、资源短缺、环境污染等一系列问题的日益严重,更使人们认识到如果不能合理地解决人口—资源—环境—发展(population-resources-environment-development,PRED)之间的矛盾,将会产生灾难性的后果。中国作为一个人口众多、人均资源相对缺乏、环境污染严重、经济高速增长的发展中国家,PRED之间的矛盾尤其尖锐。解决这一矛盾,如果要靠大规模农业资源的投入是不可能的,只能走资源高效利用的道路(石玉林等,1997)。但是,当前中国农业资源利用效率低下,浪费严重。由于粗放经营,中国粮食作物的平均光能利用率在0.5%以下,农田灌溉水的有效利用率只有30%~40%,化肥利用率仅36%,氮肥损失达到70%~80%(石玉林等,1997)。提高农业资源利用效率,走高效低耗的农业发展之路是中国农业可持续发展的必然选择。农业资源利用效率的评价可以掌握农业资源低效利用的症结,为进一步提高区域农业资源利用效率提供科学依据。因而,开展"农业资源利用效率评价及其优化管理设计"研究具有十分重要的理论和实践意义。

1.1 研究背景与意义

1.1.1 研究背景

1.1.1.1 提高农业资源利用效率对农业可持续发展意义重大

低效率的农业资源利用方式已经或正在产生一系列生态经济问题,深刻影响着中国农业的可持续发展。这首先表现为农业生产对投入资源的利用粗放,浪费严重。仅以水肥为例,我国灌溉水利用率平均约为40%,而技术先进国家高达80%~90%(许志方,1996),化肥当季利用率平均为33.3%,比发达国家低10~15个百分点(裴林芝,1999)。农业资源粗放利用造成的巨大浪费增加了对投入资源的数量要求,这在人均农业资源已十分紧张的前提下加剧了资源的"瓶颈"效应(陈百明等,2000,2001;李秀彬,1999)。其次,农业环境迅速恶化,生态破坏日益严重。在经济社会总体发展水平较高的东部,由于化肥、农药等经济社会资源的过量投入,部分地区环境严重污染,不仅阻碍了农地生产潜力发挥,还对地表水与地下水质、土壤属性和生物多样性产生恶劣影响(谢涤湘等,1998;司友斌等,2000),如有的地方因氮肥淋失造成地下水 NO_3^- 含量高达300 mg/L,远远超过饮用水国际标准(张维理等,1998);而在经济欠发达的西部区域，除经济社会资源不合理使用造成环境污染外，前阶段过度垦荒还带来日益加剧的土壤侵蚀和地表水匮乏等生态破坏(傅伯杰等，2002；Fu 等，1995，2001；朱士光，1999；李玉山，1999)，如陕西省水土流失面积占全省总面积 67%，年输入江河泥沙多达 9.2×10^8 t(把多铎等，2000)。最后，农业经济社会资源投入增长过快，影响农民收入提高。在我国农业发展受自然资源总量限制(陈百明，1997；蔡运龙等，1992，2000，2002)、只能寄希望于经济社会资源投入扩大和结构优化(叶志华等，2002)前提下，低效率资源利用导致其投入规模一味扩大，如1997—2000 年，全国农民人均纯收入连续 4 年下降(孙立刚，2001)，而农业生产成本年均增长2.3%(陈锡康等，1999)。在此背景下，提高农业资源利用效率成为解决当前中国农业诸多不可持续问题的希望和出发点。

1.1.1.2 农业资源利用管理中存在诸多弊端

提高农业资源利用效率依赖于农业生产技术进步和管理方法革新。由于技术进步的渐进性以及现有技术应用效果取决于组织管理的优化程度，所以，为显著提高农业资源利用效率，在积极采用适宜技术的同时，应高度重视对现有农业资源利用管理活动的优化改良，向管理要效率。然而，当前农业资源利用管理中存在的诸多弊端限制了管理效果的发挥。首先，管理部门权责不分，协调配合不够。农业资源利用活动整体性特点要求对其进行系统化综合管理，而忽视其系统特点的后果则是一方面法律授予管理部门权力与其所承担责任不相匹配，另一方面又常常条块分割以致协作脱节(农业资源综合管理研究课题组，1998)。其次，法制建设不完善，提高农业资源利用效率缺乏法律依据。近年来，国家从资源持续利用角度陆续颁布资源管理法律及配套行政法规，但对如何通过立法执法提高农业资源利用效率着墨不多，常常导致提高资源利用效率的科学管理没有法律保障。最后，农业资源产权不明晰，欠缺面向不同资源利用管理者的激励机制。由于不同农业资源属性差异以及不同资源利用管理者的利益差别，当前农业资源产权设置尚有许多不规范之处(林卿，1999)，难以对不同农业资源利用者产生提高效率的激励机制，他们更多关注的是短期利益的获取，而不是提高效率以促进农业资源的持续利用。

1.1.2 研究意义

正是因为提高农业资源利用效率对于农业可持续发展具有重要意义，而作为提高农业资源利用效率主要途径之一的优化管理又存在诸多缺陷，所以开展“农业资源利用效率评价及其优化管理设计”研究具有紧迫的现实意义。在农业生产中，通过不同层次资源利用活动的优化管理，能够提高现有农业资源利用效率，缓解人口增长和经济发展要求农业稳步发展所造成的资源压力，保障国家资源安全；同时，因为投入资源利用程度的提高，特别是对农业生产中间产物的合理利用，能够减轻农业生产对生态环境的破坏，促进环境保护和生态安全；市场经济条件下，农业生产资源利用的优化管理，可以通过改善资源投入状况、减少不必要资源投入而降低生产成本，经济效益明显；更重要的是，该项研究通过提高单位资源产出、以较少投入生产更多产品，能为正在进行的农业生产结构调整提供保障，在农业安全前提下改善农业生产比较效益低下的弱质性(杨瑞珍，2001)，为解决“三农”问题提供更多选择途径，必将产生影响深远的社会效益。

1.2 国内外研究进展

1.2.1 农业资源及其利用效率的内涵

1.2.1.1 农业资源的内涵

“农业资源”这一概念是对“资源”这一概念限制的结果，农业资源概念的本源应该是来自于“资源”这一概念（许春晓，1994）。联合国环境规划署（UNEP）对资源的定义是：“所谓资源，特别是自然资源，是指在一定的时间、地点条件下能够产生经济价值，以提高人类当前和未来福利的自然环境因素和条件。”所以，按照一般的哲学法则，早期农业资源的定义主要集中在自然或半自然的范畴之内。我国在1979年进行的“农业自然资源调查与区划”也主要遵照此定义进行。但将农业资源仅仅限定在自然资源的范围内，显然无法全面地概括出农业财富的各处源泉。于是，农业资源的内涵被逐渐推广到经济社会因素和劳动力因素。这样，资源就不仅来自于天然，而且要包括经过加工改造的物质，甚至农业生产中所需的技术、信息和管理都属于农业资源（陈跌云等，1990）。

如果再对农业资源进行进一步的划分，农业资源中的自然资源可以划分为水、土地、生物等自然资源（陈百明，2001；鲁奇等，1999，2002；谢高地等，2002；封志明等，2002；徐勇，2001）。农业资源中的经济社会资源的类型则有不同的划分方法。有的学者将其划分为物化劳动（资本）、劳动力、科学技术、信息和管理等（徐勇，2001）；有的将其划分为经济资源、人力资源、智力资源、信息资源、文化资源及旅游资源等类型（毛汉英，1990；贾士靖，2001）。

农业资源内涵与外延广泛，而本书主要涉及粮食生产过程中的农业资源利用问题，所以本书使用的农业资源特指在粮食生产过程中所利用和可利用的各种自然、经济、社会资源的总称。其中，将农业自然资源的范围界定为参与粮食生产的气候资源、水资源、土地资源和生物资源；将经济社会资源的范围界定为参与粮食生产的资本、劳动、技术、管理等资源。

1.2.1.2 农业资源利用效率的内涵

效率（efficiency）是经济学中讨论最多的问题。一般认为，在不会使其他人境况变坏的前提下，如果一项经济活动不再有可能增进任何人的经济福利，则该项经济活动就被认为是有效率的（吕晔等，2003）。再进一步细分，经济理论中的效率主要区分为两种：其一是生产率，定义为产投比；其二是经济效率，即帕累托效率或配置效率。配置效率主要考虑在给定的资源和技术条件下，如何使资源从边际生产率低的地方流向边际生产率高的地方，从而使得资源利用更合理、社会总价值达到最大。

根据以往的研究，农业资源利用效率的内涵既有农业资源生产率的内涵，还有农业资源利用率的内涵，即包括农业资源的产出率和利用率两个层次的含义，前者反映资源利用的广度，后者反映资源利用的深度（封志明等，2002）。此外，也有学者将可持续的思想引入农业资源利用效率内涵，认为农业资源利用效率高的具体表现是资源利用率高、产出率高、经济效益好、农业生产环境不退化等(谢高地等,2002)。因此,科学界定农业资源利用效率的内涵应是本书的立足点和出发点。

1.2.2 农业资源利用方式的发展变化

20 世纪 70 年代以来的全球性生态环境恶化和资源紧缺问题使得世界各国致力于资源节约、高效与持续利用研究。继传统农业之后,在农业生产上先后出现了“石油农业”、“生态农业”、“有机农业”、“低投入持续农业”等思潮,但最终被建立在可持续性基础上的集约农业所替代。传统农业人为干预小、生产水平低,在工业革命后被高投入、高能耗的“石油农业”所取代(Francis,1989;Richgels 等,1990;Edwards,1990;许占友等,2000)。但“石油农业”在取得巨大成就的同时,也产生了资源大量消耗、水土流失严重、污染加剧等一系列问题(王秀芬,2006)。针对这些问题,在 20 世纪 80 年代西方相继出现了生态农业、保护性农业等自然农业思潮(Francis,1989;Richgels 等,1990;Vorst,1990;Blackmore,1994),旨在挖掘现有资源内部潜力以减少外部投入和环境污染(魏虹等,1996;Robert,1990)。但是,由于其过分强调生态而非产出与效率的做法难以大面积推行(Rodale,1990;刘新卫,2005)。

1991 年,联合国粮食及农业组织(FAO)在荷兰登博茨会议上首次提及“可持续农业”,将其定义为一种旨在管理和保护自然资源基础,调整技术和机制变化的方向,以获得并持续地满足目前和今后世世代代人类的需要,能够保护和维护土地、水、动植物资源,不会造成环境退化,同时在技术上适当,经济上可行,能够为社会接受的农业(程序,2001)。可持续农业与自然农业不同,可持续农业兼顾产出与效率,重新肯定了良种、灌溉、化肥、农药对可持续发展农业与粮食安全的重大作用(FAO,1991)。可持续农业的核心思想即农业资源的持续高效利用,它是实现农业可持续发展的重要保证。

农业资源利用方式的发展变化是一个产出、效率与生态环境之间不断博弈的过程。传统农业时期,PRED 之间的矛盾不甚突出,再加上受科学技术条件的限制,传统农业在产出与效率方面均不突出,但对生态环境的危害也低。随着人口膨胀等问题的发生,石油农业开始出现,注重产出与效率而偏废生态环境。然而石油农业带来的严重生态环境问题,使得农业资源利用方式偏向生态环境的呼声日益高涨,但却无法大面积推行。最终,农业资源利用方式还是在产出、效率与生态环境之间达到一个相对的平衡,“广遭环保主义者批评的集约农业被认为是减缓饥饿的唯一途径,只是建立在可持续的基础上而已”(许占友等,2000)。

1.2.3 农业生产潜力计算方法

1.2.3.1 机制法

机制法是应用最为广泛的粮食生产潜力研究方法,它依据作物生产力形成的机理,考虑光、温、水、土等自然生态因子及施肥、灌溉、耕作、育种等农业技术因子,从作物光反应特征和光合作用入手,依据作物能量转化及粮食生产形成过程,逐步衰减来估算粮食生产潜力(党安荣,1997)。由于深受 De Wit 限制因子影响作物生产系统的思想影响,通常将农业生产潜力划分为光合、光温、光温水和光温水土四个生产潜力层次(陈百明,2001),并开展了不同层次、不同地区和不同尺度的气候资源生产潜力(Loomis 等,1963)以及土地资源特别是耕地资源生产潜力的研究(Wallace,2000;刘新卫,2005)。机制法建立在生理生态学研究的基础上,被公认为是估算作物生产潜力的最基本方法,以瓦格宁根模型(Beek 等,1987)和 FAO 的农业生态区法(agricultural ecology zone,AEZ)为代表(FAO,1978)。

1840 年,德国农业化学家 Liebig 首次提出了最小因子率(law of the minimum)理论,指出植物的生长取决于那些处于最少量状态的营养元素。该理论后来被国外学者用来研究光合作用的过程。在 20 世纪 60 年代,Loomis 等(1963)、尼取波罗尼奇(1996)、Bonner(1962)等利用量子效率分别从辐射、反射、透射、呼吸、消耗等方面考虑,计算了作物的光合生产潜力,取得了量子效率法在计算光合潜力方面的重大进展(王秀芬,2006)。此后,诸多学者逐步对机制法测算农业生产潜力的模型进行了订正和补充。逐渐形成了以 AEZ 等为代表的机制法测算农业生产潜力模型。AEZ 方法不仅考虑了光、温、水、土等十余个影响生物产量形成的因素及指标,还考虑了作物类型在不同生长条件下产量形成的差异,使估算结果更加接近实际(Gorden 等,1991;Wallace,2000)。但此后,该方法没有取得突破性进展。

在国内,竺可桢(1964)最早研究我国气候资源与粮食生产的关系,指出根据长江流域的辐射能推算,如光能利于率为 1%,则亩产可达 471 kg;如光能利用率提高到 3%,则亩产可达 1412 kg(郭歧峰等,1992)。20 世纪 70 年代,黄秉维首次提出了光合潜力的概念及估算方法,将太阳总辐射值乘以系数 0.124 便是光合潜力数值。但由于估算误差偏大,黄秉维(1985)对其进行了修正。此后,龙斯玉(1985)估算了我国的光温生产潜力,比较接近实际的农业生产分布形式。接着,邓根云(1986)采用线性温度影响订正函数,李克煌(1981)根据喜凉和喜温作物的种类,李继由(1980)根据不同阶段实际温度与光合适温的比值作为温度订正系数,进一步完善了农业生产潜力测算模型。随后,龙斯玉(1985)、周兆德(1989)等计算了降水对作物生长的满足程度,并估算了不同地区作物的气候生产潜力。20 世纪 80 年代末以来,梁荣欣(1980)、聂庆华(1992)、冷疏影(1992)、王宏广(1993)、杨改河(1994)、党安荣(1998)等相继开展了土地有效系数的计算,并在考虑土壤有效性的基础上进一步完善了农业生产潜力的估算方法。近几年来,许多学者在估算农业生产潜力时,不仅考虑光、温、水、土等自然因素的影响,也考虑农业生产中的经济、社会因素(如化肥、农药、灌溉)因素的影响,并在此基础上探讨了区域和全国尺度的作物单产潜力、潜力系数和总产潜力(周治国等,2003;党安荣等,2000;熊利亚等,2004;刘新卫,2005;王秀芬,2006)。

经过近几十年的发展,机制法已逐渐成熟,并得到了广泛的应用。但目前机制法存在的最大的问题是作物生产力衰减的限制性层次划分不够完善。机制法在作物生产力转化的光、温、水三个限制层次的研究上已非常成熟,但在土地限制层次,尤其是经济、社会因素的限制性层次上的研究仍明显不足。影响土地限制的因素很多,现有的研究多选择一些易从土壤图等相关图件上获取的数据,如土壤养分含量、土壤质地、土壤侵蚀等指标,但其中某些指标的土壤特性响应时间(characteristic response time)明显偏短,极易改变,并不适合作为土地限制性的评价因素。而且,由于缺乏对于这些土地限制性因素对粮食生产影响机理的探索,常用的评价方法(如多因素综合评价法)的评价结果也不一定能够准确地反映土地限制性因素对于粮食生产的影响。

此外,机制法在经济、社会限制性层次及其因素的探讨上则明显混乱,在为数不多的社会限制性因素的选择中,多选取灌溉保证率作为社会限制性评价指标。而实际上,如果可以获取农业灌溉用水的数据，灌溉用水可与降水一起在水分订正中予以考虑。即使是将灌溉保证率放在社会限制性因素里边，现有的灌溉保证率的计算也明显过于主观与经验化。而且，社会的限制性因素应该更多考虑的是农民的种粮意愿等问题，比如在部分经济发达区域，受比较效益和劳动力机会成本等的影响，农民种粮的积极性不高，粮食生产的辅助投入不足，造成了光温水土限制下农业生产潜力发挥的不足。在经济限制因素方面，目前的研究也存在一些问题。例如，有的学者选择人均农业总产值、人均社会总产值作为经济限制性因素对农业生产潜力进行经济影响的订正，但这些所选因素是否会直接限制粮食生产，怎样限制粮食生产，都未深入探讨。

1.2.3.2 作物生长模型

作物生长模型是指用数学概念表达作物的生长过程（谷冬艳，2007；Edwards，1990）。20世纪60年代，荷兰的De Wit（1967）和美国的Duncan（1967）建立了第一个作物生理生态过程的模拟模型。此后，Curry和Chen（1971）建立了模拟步长为小时的玉米作物生长模型；Stapleton（1971）建立了棉花作物生长模型，并最终发展成为SIMCOT模型。最终，Van Keulen（1975）研究的ARIDCROP模型，成功模拟了地中海半干旱地区施肥、自然草场植被生产和水分利用，标志着作物模型应用时期的到来。

20世纪80年代以后，许多研究者利用一些经验的方法对某些复杂的过程、参数和变量进行简化处理，使作物生长模型更加便于应用。比较具有代表性的是CERES（crop-environment resource synthesis）系列作物模型（谷冬艳，2007）。20世纪90年代以后，研究者们不断对已有的作物生长模型进行完善，使得作物生长模型的模拟结果更加贴近实际。Kiniry和Bockholt（1998）分别用CERES-玉米和ALMANAC（agricultural land management alternative with numerical assessment criteria）模型模拟了美国玉米和高粱的产量。王宗明等（2000）应用EPIC模型模拟了中国黄土高原区冬小麦和春玉米的生产潜力，并取得了较好的模拟结果。

作物生长模型能定量和动态地描述作物生长发育过程中对外界环境的反应和影响，从而能够根据模拟程序模拟出粮食产量。它的优点是省时、省力，但缺点是许多模型适用性研究和参数调整尚未大范围展开，许多模型参数有待检验，所以有些模型的模拟结果不甚理想。

1.2.3.3 经验公式法

经验公式法是通过分析某种影响粮食生产的因子（如气候、化肥）与产量之间的关系求得粮食生产潜力的方法。其中，以气候因子为参数的代表模型主要有迈阿密模型、蒙特利尔模型和格思纳—里斯模型。1972年，Lieth根据年平均温度、年平均降水量与植物产量之间的关系建立了迈阿密模型。但由于只考虑了影响粮食生产的部分因素，其准确性不高。1974年，Lieth在Thortwaite研究的基础上，利用蒸散量作为计算因子构建了桑斯维特纪念模型。由于蒸散量受太阳辐射、温度、降水、气压、风等一系列气候因素的影响，因而能较全面地考虑某一地区的水热状况，模型精度略有提高。

由于对于某一具体地区而言，作物产量往往受水肥条件的限制，而不是主要取决于光热条件，因此，我国许多学者从肥料效应和农业技术水平的角度研究了粮食的生产潜力，并认为其更加接近于农业生产的实际情况。其中以曾希柏等（2002，2004）构建的肥料方程为代表。曾希柏等认为，化肥施用量与粮食产量之间的效应曲线应符合报酬递减率，为抛物线形式，并通过对 1990—1998 年中国各地级市单元的数据分析给出了具体公式，通过计算得出中国耕地的单产潜力为 7 462 kg/hm^2。

经验公式法的优点在于能够考虑较少的、主要的影响粮食生产的因素来估算农业生产潜力。但由于缺乏对于粮食生产的全部生产因素的考虑，其准确性必然不会太高。经验公式法研究的关键问题应该是选择那些最为主要的影响粮食生产的因素(可能为多个因素)，并且通过相关的统计分析方法确定这些因素对于粮食生产的影响应该达到很高的贡献份额(其他影响因素的作用已较小)。这样，利用这些影响粮食生产的主导因素构建的农业生产潜力模型，其准确程度才会较高。

1.2.3.4 产量调查法

产量调查法指通过全国范围内大田试验或试验田的调查确定农业生产潜力的方法，即将大田试验或试验田曾经达到的最高单产作为现有科技条件下粮食作物的生物产量极限。林毅夫(1995)曾在 1980—1990 年对 300 余个地市的粮食产量及其粮食生产的技术限制因素进行了调查，并通过对 2000 位有丰富经验的农艺专家的问卷调查评价了粮食生产技术性限制因素的严重程度。根据专家的评议调查结果，如果对每个限制因素投入 100 万元的科研资金(以 1992 年的物价水平计算)，那么很可能解决 2/3 的限制因素。以此估算，水稻、小麦、玉米的单产可分别增加 92%、176%和 172%。

但由于产量调查对象、范围的随机性影响和开展全国范围产量调查的困难性，有的学者对其进行了改进。张晋科等(2006)以粮食作物审定品种的区域试验产量作为计算粮食生产能力的单产基础，分析了全国 105 个农业生态小区的生产潜力，并进行了水分限制因素的订正，由此汇总得到全国的粮食总生产能力为 9.20×10^8 t。

产量调查法主要是对作物生长过程做“黑箱”处理，使获得的粮食作物生产能力更具现实性；但由于需要大量调查工作，其操作性较差。改进后的区试产量法虽然在一定程度上更易操作，但也有其不足。区试产量法进行了降水订正，并指出仍需进行灌溉保证率与土壤订正，这实际上是将区域试验产量看作是气候生产潜力。但很明显，区试产量并不能完全看作不受水、土限制的作物产量试验。在区试产量的基础上再进行水分和土地订正实际上是进行了重复的水分与土地订正。正确的订正方法应该是以区试产量所在地块的水分与土地条件为标准，其余区域的水分与土地限制情况与其相比较确定订正系数，但这实际上是非常困难的。因此，如果完全对区试产量进行了常规的水分与土地订正，其农业生产潜力测算结果应该是偏小的。

1.2.4 农业资源利用效率评价

1.2.4.1 气候资源利用效率评价

农业气候资源在《地理辞典》中的解释为，一个地区的气候条件对农业生产发展的潜在能力。从农业的观点看，气候是重要的资源之一，故称“农业气候资源”。从气候资源的类型看，一般可以划分为光能资源、热量资源、水分资源、风能资源和大气成分资源。光能资源主要指来自太阳的辐射能。热量资源是指某一地区在特定的气候条件下所能提供的热量多少，它是太阳辐射和地表、大气中各种物理过程的综合结果。水分资源主要指天然降水。风能资源就是大气运动产生的能量，是由太阳辐射能转换而来。大气成分资源中最主要的是二氧化碳。大气中二氧化碳的含量、分布及季节变化除对气候有影响外，对作物的光合作用至关重要，二氧化碳是陆生植物光合作用的碳源。由于风能资源和大气成分资源在作物生长过程中的投入状况不好评价，农业资源利用效率的评价主要集中在光能资源、热量资源和水分资源三个方面。气候资源利用效率评价指标的类型主要分为利用率指标和产出率指标两类，分别用来评价气候资源的利用广度和深度。评价气候资源利用广度的指标主要有理论光能利用率、有效光能利用率、相对光能利用率、光合潜力利用率、光温潜力利用率、天然降水利用率、气候资源利用率和综合气候资源利用率等（徐勇，2001；崔读昌，2001；谢高地等，2002）。评价气候资源利用深度的指标主要有热量资源利用效率、复种热量资源利用效率、降水资源利用效率、复种降水资源利用效率等（崔读昌，1995，2001；谷小平等，1996；刘秋海等，1998）。

在气候资源利用效率评价方面，我国学者开展了广泛而卓有成效的工作。李锋瑞等（1994）利用光能利用率、热量产出率和降水生产率评价了陇东黄土高原轮作复种模式下各作物的气候资源利用效率，并发现8种轮作复种模式均明显优于冬小麦连作生产系统的气候资源利用效率。崔读昌（1995）利用相对光能利用效率、热量资源利用效率、降水资源利用效率和综合气候资源利用效率评价了世界谷物产量的农业气候资源利用效率，并发现光热、降水量与作物要求的条件配合较一致的地区，谷物转化效率高。谷小平等（1996）利用光资源利用效率、热量资源利用效率、降水资源利用效率和综合气候资源利用效率，计算了贵州省81个县（市）谷物的光、温、降水资源利用效率，并分析了各种资源利用效率的地域分布特征，探讨了造成利用效率地域差异的原因。马树庆（1995）等用实际产量占光、热、水、土壤资源生产潜力（资源可能产量）的比率作为粮食生产中自然资源的开发利用率，计算了吉林省各市县主要粮豆作物资源利用率现状。刘新卫（2005）利用理论光能利用率、光温潜力利用率、水分产出率计算了陕西省安塞县和江苏省常熟市的气候资源利用效率，并指出了限制气候资源利用效率提高的原因。王秀芬（2006）则利用光能利用率、光合潜力利用率、光温潜力利用率和热量产出率分析了中国县域气候资源利用效率的空间差异，并发现气候资源利用效率的空间分布整体上表现为由东南向西北递减，且东南高于西北的基本格局。

1.2.4.2 农业水资源利用效率评价

农业水资源利用效率或水分利用效率（water use efficiency，WUE）一般用来描述植物产量与消耗水量之间的关系。根据农业水资源的组成（天然降水、灌溉水和土壤水），农业水资源利用效率包括作物水分利用效率、灌溉水利用效率和降水利用效率三个方面。

目前，在三个类型的农业水资源利用效率研究中，作物水分利用效率方面的研究开展得较多。Briggs 和 Shantz 最早提出用作物需水量来评价农业水资源利用效率，并发现小麦的作物水分利用效率最高，为 1.97 g/kg，而苜蓿的最低，仅为 1.16 g/kg，其余介于两者之间（Briggs 等，1913，1914；Shantz 等，1927）。后来，De Wit 在 1958 年证实了作物产量和蒸腾蒸发量之间存在显著的线性关系，为作物水分生理研究奠定了基础（黄占斌等，1998）。1969 年，Tranquillini 提出了蒸腾效率（光合速率与蒸腾速率的比值）的概念来衡量水分利用效率；1976 年 Begg 和 Turner 利用作物产生的干物质量与耗水量的比值作为评价农业水资源利用效率的指标（李荣生等，2003）。国内有关水分利用效率的研究起步相对较晚，20 世纪 80 年代才开始系统研究。“七五”和“八五”期间，中国科学院立项重点项目对作物需水量、耗水量和水分利用效率进行了研究，并取得了重要成果（王会肖等，2000；谢贤群等，1991）。进入20世纪90年代，光合水分利用效率计算机模拟研究的开展，极大地丰富了作物水分利用效率的研究内涵。秦钟等（2004）则运用农田生态系统模型RZ-SHAW对禹城水热过程和作物水分利用效率进行了模拟和分析，并发现夏玉米4个生育期的群体水分利用效率在日出以后，随着光强的增强迅速升高，至10时左右达到最大后开始下降，其最大水分利用效率为24.30 g/kg，平均水分利用效率为10.32 g/kg。

1977年，国际灌排委员会提出了一个灌溉效率标准，将总灌溉效率划分为输水效率、配水效率和田间灌水效率，总灌溉效率为三者的乘积（蔡守华等，2004）。之后Hart等（1979）和Burt等（1997）又提出了储水效率和田间潜在灌水效率等灌溉效率指标。我国现行的灌溉水利用效率指标体系及其计算方法则主要形成于20世纪50—60年代，主要参考苏联的灌溉水利用效率指标体系而建立。后来，汪富贵（2001）考虑越级现象、回归水利用和管理水平三方面的影响修正和改进了传统的连乘灌溉水系数计算方法。高传昌等（2001）对串联渠系、等效并联渠系和非等效并联渠系的灌溉渠系水利用系数进行了研究。谢柳青等（2001）根据灌溉系统水量平衡原理，建立了田间水量平衡数学模型，并通过灌溉定额反推了灌区渠系水利用系数和灌溉水利用系数。蔡守华等（2004）则分析了目前灌溉水利用效率指标体系存在的问题，并系统地修正和提出了由渠道水利用效率、渠系水利用效率、田间水利用效率、作物水利用效率和灌区灌溉水利用效率组成的灌区水利用效率指标体系，并分别给出了这些指标的定义及计算方法。

降水资源是作物，尤其是旱地作物可以直接利用的自然资源，降水利用率的研究一直得到国内外学者的普遍关注。蓝祖佑（1996）利用玉米平均产量和玉米生长季降水总量的比值刻画了滇东北旱作条件下玉米对降水的利用率。刘文兆（1997）则在充分考虑降水入渗、储存，进而消耗、转化诸环节后，给出了旱作物雨水利用效率的统一表达式。冯浩等（2007）在此基础上进一步探讨不同条件下降水资源利用效率概念的内涵，提出了提高黄土区农田降水利用效率的方法和途径。高涛等（2003）利用1991—2000年内蒙古的降水和主要粮食作物产量数据，计算了降水量的利用效率。

1.2.4.3 土地资源利用效率评价

不同的学科、不同的研究者对于土地概念的认识略有差别。总体来看，土地的概念一般有广义和狭义、平面和立体等划分方法。就地理学科来说，FAO（1976）发表的《土地评价纲要》对土地的定义是："一片土地的地理学定义是指地球表面的一个特定地区，其特性包含着此地面以上和以下垂直的生物圈中一切比较稳定或周期循环的要素，如大气、土壤、水文、动植物密度，人类过去和现在活动及相互作用的结果，对人类和将来的土地利用都会产生深远影响。"这个土地概念的定义一般被认为是广义的和立体的土地概念。我国学者对于土地资源概念的界定多受此影响。例如，石玉林（1978）认为"土地是由气候、地貌、岩石、土壤、植被和水文组成的一个独立的自然综合体和人类生产劳动的产物"；陈百明（1993）认为土地是地球表面一定范围，由岩石、地貌、气候、水文、生物要素相互联系、相互作用的自然综合体，包括人类过去和现在长期活动的影响。仅从以往学者对于土地的定义分析，土地概念的范围实际上与本书农业资源中界定的气候资源相互交叉，甚至可以说包括气候资源这个农业资源类型。此外，也有学者对土地和土地资源这两个概念的区别与联系进行了探讨。刘胤汉（1987）认为，土地类型与农业土地资源是既有区别又有联系的两个不同的概念；农业土地资源是人们在一定的生产技术条件下，通过劳动生产，能够从这种农业土地上获得一定的农业经济效益；如果没有经济价值可言，就不能看作是土地资源，仅是客观存在的土地类型。陈百明(1993)则认为国内外都是泛用土地和土地资源这两个名词，并不作严格地区分。

土地概念的范围是宽泛的，功能也是多样化的(蔡运龙，1986)。本着便于操作和能够与其他类型农业资源利用效率评价相协调的原则，本书需要对土地资源利用效率的评价内容进行进一步的限定。根据本书的研究目的，土地资源利用效率的评价主要侧重于其生产功能的评价，研究范围也仅界定为土壤及其地表的岩石和地貌层次上。

常见的评价土地资源利用效率的指标一般有土地利用率、复种指数、土地当量比(land equivalent ratio)、复种当量(sequential cropping equivalent)、耕地利用效率、土地潜力利用率、土地生产率、耕地资源消耗系数等。土地利用率可以分为广义的土地利用率(指农、林、牧、工、商等的总土地开发面积占土地总面积的比例)和狭义的土地利用率(指农用土地占该区域土地总面积的比例)，常被用来反映地区土地利用程度。随着土地利用的深入，田彦军等(2003)对土地利用率的概念进行了改进，将土地利用率划分为土地利用率复种指数、产出指数和效益指数三部分，并用其评价了河北省曲周县的种植制度、有效生物产出和经济产出三个方面的综合土地利用程度。土地当量比是 Willy 和 Osira 首先提出的，在 20 世纪 80 年代末被我国耕作学界接受并引入，其内涵为获取与某种种植方式单位面积同等产量所需该种植方式中各作物单位面积之和(刘玉华，1998)。Mead 等(1980)、冯宗炜等(1992)、刘玉华(1998，1999)曾经利用这一指标来评价土地利用效率。复种当量是指一年内单位面积复种农田的产量或产值与相同地块上各作物单位一熟产量或产量算术平均数的比值，又可分为复种当量、产量复种当量和产值复种当量三种。刘玉华(1999)运用复种当量的概念来定量地刻画了复种在生产上的适宜性。而土地资源消耗系数是指生产每个单位粮食所需的耕地面积，其实是土地生产率的倒数，它们只是从不同的角度来反映土地资源利用效率。谢高地等(1998)计算了我国的耕地资源消耗系数为 2.15 m^2/kg，仅为世界水平的 60%左右。俞勇军等(2002)把耕地利用效率定义为耕地在农业生产中充分发挥作用部分的比例，即有多少比例的耕地被充分利用进行农业生产，并对江苏省江阴市耕地利用效率和耕地变化的驱动力进行了定量分析。在土地资源综合利用效率方面，谢高地等(1999)把以一年生产周期中单位土地面积的产出作为指标衡量了全球土地资源综合利用效率。

除了土地的生产效率和利用率外，土地的质量和其对农业生产的限制性评价也是土地资源利用效率研究的一个重点内容。1976 年 FAO 提出了土地评价的基本框架；随后，FAO 与联合国开发计划署(UNDP)、联合国环境规划署(UNEP)和世界银行联合开展了土地质量评价指标体系的研究(张露等，2004)，并共同建立了土地质量指标体系(land quality indicators，LQI)，产生了较大的影响(Turner 等，1995)。Pieri 等(1995)曾根据土地质量的定义提出了相应的土地质量指标体系，把土地条件和土地生产能力、自然保护和环境管理等联系在一起。Dumanski 等(2000)针对拉丁美洲和非洲撒哈拉地区等农业生态区的主要土地问题建立了相应的土地质量指标。前期的土地质量评价因素主要针对土壤侵蚀、土壤肥力下降、过度引水造成地下水位下降、盐碱化等问题。随着研究的深入，许多研究者发现土地质量并不只受土地自然条件的影响，实际上农户的行为等经济社会因素对其影响也很大。

国内土地质量评价的研究工作开展得相对较晚，评价的指标体系也未形成统一的标准。

国内学者衡量土地质量的评价因子主要包括土壤因子(有机质、pH 值、全 N、全 P、全 K、土壤质地、土壤结构、土层厚度等)、地形因子(坡度、海拔等)、土壤污染、盐碱化、灌溉保证率等几个方面。评价的方法主要有 GIS、层次分析法等。其中,石常蕴和周慧珍(2001)借助 GIS 技术系统,以土壤肥力因子为基础,运用层次分析、模糊评价等方法对苏州市水田质量进行了定量化和科学性评价。许学工(1992)选择了土壤全盐、土壤有机质、土壤质地等 6 个指标,运用模糊数学的方法评价了黄河三角洲的土地质量。聂庆华等(2000)从农田肥力、农田环境、农田工程、农田管理四个大的方面选取了 15 个指标,评价了北京市房山区良乡的农田土地质量。郭旭东等(2004)基于 PSR 框架,从压力、状态、响应三个方面选取坡度、土壤侵蚀、土壤肥力、土地利用类型等指标,评价了土壤侵蚀的小流域土地质量。陈桂华和徐樵利(1995)从地质因素、地貌因素、水文因素、其他因素四个大的方面选取了诸如地基承载力、地下水埋深、地貌坡度、河道情况等 14 个指标,评价了武汉市的土地质量。

1.2.4.4 肥料资源利用效率评价

肥料是提供一种或一种以上植物必需的营养元素,改善土壤性质、提高土壤肥力水平的一类物质。肥料品种繁多,根据肥料提供植物养分的特性和营养成分,分为无机肥料、有机肥料和有机无机肥料 3 类。

对于这 3 种肥料,化肥资源的利用效率一直是肥料资源利用的研究重点。1840 年德国科学家李比希提出的矿质营养学说奠定了化肥工业兴起的基础理论;1843 年过磷酸钙诞生,人们开始逐渐认识到化肥对于作物的增产作用。刻画化肥利用效率的指标一般可以分为两类:一类是刻画化肥吸收效率的指标,如化肥利用率、肥料累计率和肥料表观利用率等(刘巽浩等,1991;张维理等,1998;裴林芝,1999);另一类是描述化肥生产率的指标,如化肥产出率、化肥有效产出率、化肥收获指数、化肥增产效率等(张福锁等,2000)。

化肥利用率是对化肥中养分被作物利用的一种俗称概念和提法。在我国指施用的化肥,其所含养分被当季作物吸收利用的比例,它等同于养分利用率,常用百分率表达(奚振邦,1996)。长期以来,由于农民科学用肥水平不高,同时肥料结构不尽合理,我国的化肥利用率仅为 30%~40%,而发达国家平均则为 50%~60%,其中欧盟国家的氮肥利用率更是高达 70%~80%。较低的化肥利用率不仅造成了经济上的损失,而且损失的养分造成了严重的环境污染。为此,我国的学者曾深入分析了中国的化肥利用率概况,提出了提高化肥利用率的技术创新和技术途径(曹志洪,1998;林忠辉,1998)。例如,陈同斌等(2002)分析了中国 1990—1998 年的化肥利用率状况,认为中国的化肥利用率多集中在 15%~35%,县域平均 31.34%;高、中、低施肥区分别为 26.14%,33.19%和 34.81%。化肥利用率通常限于肥料施用后的当季利用率,而不包括其对后季的叠加效益。因此,又有肥料累计率的概念,指作物多年吸收的肥料占总施肥量的百分比。肥料的表观利用率用施肥处理和不施肥处理作物养分含量的差值与折纯肥量的比值表达。宋永林等(2002)通过对北京褐潮土 10 年的试验分析后认为,在土壤肥力较低的情况下,含氮、磷配合的肥料施入土壤,可较大地提高作物的氮、磷、钾表观利用率。

此外,由于氮肥为我国主要的化肥施用类型,衡量化肥利用率的指标还有氮肥吸收利用率(recovery efficiency 或 uptake efficiency,RE)、氮肥生理利用率(physiological efficiency,PE)、氮肥农学利用率(agronomic efficiency,AE)和氮肥偏生产力(partial factor productivity of applied N,PFP)等(彭少兵等,2002)。朱兆良(1985)报道中国稻田碳铵的氮肥吸收利用率低于

30%。张绍林等(1988)报道,江苏太湖地区早稻、晚稻和一季稻氮肥生理利用率分别为36.2 kg/kg N、41.5 kg/kg N和33.1 kg/kg N。Yoshida(1981)指出,热带地区水稻的氮肥农学利用率为15～25 kg/kg N。FAO报道(2001),世界平均的氮肥偏生产力为37 kg/kg N,中国仅为34 kg/kg N,菲律宾则达到了49 kg/kg N。

关于化肥的生产率,国内外许多研究者都进行过大量的研究,衡量的指标一般用化肥产出率、化肥增产效率、化肥有效产出率、化肥收获指数等。化肥的产出率一般指单位播种面积粮食产量与单位播种面积化肥施用量的比值。陈同斌等(2002)的研究表明,中国平均的化肥产出率为13.46 kg/kg,其中高、中、低施肥区的化肥产出率分别为11.71 kg/kg,13.65 kg/kg和17.48 kg/kg。化肥增产效率指在现有施肥和粮食生产水平下进一步提高单位化肥施用量的增产效果,其公式表示为:(最高产量－当前粮食产量)/(最高产量施肥量－当前施肥量)。新中国成立以来,我国曾经进行过两次大规模的全国化肥增产试验。第一次在1958—1962年进行,在25个省份157个试验点完成了351个试验。试验的结果表明,氮肥的增产效果最大,达到了10～30 kg/kg;磷肥的增产效果也较好,达到了5～10 kg/kg;钾肥的增产效果最小,多数试验未见增产作用(中国农业科学院土壤肥料研究所,1986)。第二次全国性的肥效试验在1981—1983年进行,得出的结论是:全国范围看,化肥增产效率仍然是氮肥大于磷肥,磷肥大于钾肥;但与上一次试验相比,氮肥肥效普遍下降(闫湘,2008)。近20年来,我国再未进行过全国规模的化肥试验,但许多研究者对典型区域的化肥增产效率研究却一直未停止过。刘荣乐等(2001)的研究表明,20世纪90年代北方小麦和玉米的钾肥的增产效率分别为3.2 kg/kg和3.9 kg/kg;东北地区玉米低、高施肥量下钾肥的增产效率分别为5.0 kg/kg和3.2 kg/kg;西北地区钾肥的增产效率不大。曾希柏等(2002)则分析了中国化肥增产效率的区域分异,认为中国增施化肥的增产效果一般在5～10 kg/kg,但是各地区的差异较大,呈现出化肥增产效率西高东低的现象。

1.2.4.5 劳动力产出效率评价

马克思认为,劳动力或劳动是人们的身体即在人体中存在的活力,是每当人们生产某种使用价值时运用的体力和智力的总和。农业劳动力资源是进行农业生产时所必须运用的,它的需要和存在是以生产农产品为前提的。农业劳动力具有资源需求的季节性、素质的差异性和资源利用效果的差异性等特点(陈迭云等,1990)。衡量劳动力资源利用效率的指标一般有劳动效率和劳动生产率2个。劳动效率指每个劳动者在单位时间所完成的工作量;劳动生产率指单位时间所生产的产品量,或者说生产每一产品所消耗的劳动时间。

国外对农业劳动生产率的研究开始于科林·克拉克,其后速水佑次郎与他的合作者做了进一步研究,并在农业劳动生产率的国际比较、提高农业劳动率的方式和农业劳动率要素的替代性等方面都获得了重要研究成果(速水佑次郎等,2000)。美国科学院(徐绪堃等,1975)分析了美国劳动生产率的变化,并发现1950—1971年间,每英亩①土地的作物产量提高了61%,而每单位劳动力的农场产品产量提高了257%。利勃金德研究了1961—1974年间苏联集体农庄劳动生产率的变动,并发现集体农庄农业总产值在工作人员人数减少的条件下,反而显著地提高了;按每一工作人员计算的总产值,1971—1974年与1961—1965年相比较增加了58%

① 1英亩＝0.4047 hm^2。

(聂荣聪等,1981)。

国内对于劳动生产率的研究则主要开始于改革开放以后,李京文等(1993)的《中国生产率变动趋势之研究》是早期的代表性著作。陈迭云和黄学平(1990)比较了1984年若干国家的农业劳动生产率,发现中国粮食的劳动生产率为1 147.3 kg/人,低于世界平均值2 153.5 kg/人,远低于美国的142 270 kg/人,仅高于印度的982 kg/人。田维明等(1987)利用柯布—道格拉斯函数分析了中国29个省、自治区、直辖市的农业劳动生产率的水平和增长速度,发现我国不同地区之间农业劳动生产率水平存在着较大的差异,而形成这种差异的主要原因是农业投入集约度和投入利用技术效率的差异。路南(1997)则分析了中国1980—1996年农业生产成本和农业劳动生产率的问题。鉴于考察农业劳动生产率的传统思路主要是通过估计生产函数来实现,但在劳动力要素相对充裕的资源供给条件下,以劳均产出作为研究对象的生产率函数更容易反映各种要素投入对劳动生产率决定的影响。蒋乃华(2004)构建了一个模拟人均农业产出决定行为特征和微观机理的函数,并通过分析发现在劳动力供给持续增加的情况下,我国的农业生产具有强烈的资源约束倾向。

1.2.4.6 农业资源综合利用效率评价

农业资源利用系统是一个包含多种生产要素、多种资源类型在内的复杂的生态经济巨系统。农业资源利用效率的评价必须考虑多种生产要素、不同类型农业资源的利用效率。如果想要反映农业资源利用系统整体的利用效率,必须在单项资源利用效率评价的基础上进行综合评价。农业资源综合利用效率的评价方法归纳起来主要有指标评价法、能量效率评价法、生产函数法、包络分析法等几个类型。

(1)指标评价法

指标评价法指在一系列单项资源利用效率评价指标中,选择有明确物理意义,相对综合的指标,如光能利用率和土地生产率或土地生产潜力与土地现实生产力之比,作为综合效率指数进行综合评价(封志明等,2002;谢高地等,2002)。综合指标评价法是农业资源综合利用效率评价的常用方法,其中指标体系的建立是综合指标评价法的关键之一(王秀芬,2006)。

目前,国内外诸多学者已经从指标评价法的角度开展了农业资源利用效率的评价研究。A·C·利勃金德(1981)从土地生产力、劳动生产率、生产基金的利用、产品成本、收入额和利润率、基本建设投资的返还、积累和工作人员的物质福利八个方面选择了一系列指标评价了苏联集体农庄和国有农场的农业生产效率。李道亮等(1999)从农业资源高效利用的基本内涵出发,充分考虑资料的来源和实现的可能性,从气候资源利用率、土地资源利用率、水资源利用率、土壤肥力利用率、生产资源利用率和经济、社会方面选取了23个指标评价了河北省栾城县的农业资源利用效率。徐勇(2001)从农业自然再生产和经济生产统一体和整体性角度出发,通过对农业资源的农业生产行为特征及高效利用途径进行系统分析,筛选和设计出了农业资源高效利用评价指标体系,并对其中重要的指标进行了讨论。封志明等(2002)从气候资源、土地资源、水资源、土壤肥力、生物资源和社会资源六个方面选取了一系列指标进行了农业资源综合利用效率的评价。郑海霞等(2006)基于农业资源利用效率评价指标的多目标性和不相容性,运用遗传投影寻踪方法,从气候资源利用效率、农业水资源利用效率、土地资源支撑效率和人工投入产出效率四个方面选择了17个指标对甘肃省81个县域单元的农业资源利用效率进行了综合评价。刘新卫(2005)通过对粮食资源利用系统组成的分析,从气候资源利用效率、水资源利用效率、土地资源利用效率、生物资源利用效率和辅助资源利用效率五个方面选择了18个资源利用效率评价指标，对陕西省安塞县和江苏省常熟市的农业资源利用效率进行了综合评价。王秀芬(2006)则通过对14个资源利用效率评价指标的相关性分析，筛选了10个相对独立的指标构建了农业资源综合利用效率评价指标体系，并对中国县域农业资源利用的综合效率进行了评价和分析。

(2)能量效率评价法

能量效率评价法指从能量流或价值流的角度衡量粮食生产各项资源的综合利用效率。考虑到综合指标评价法中指标的多功能性和性质、量纲等不一致性的问题，用能量作为统一量纲，通过分析农业系统能量的投入产出及其转化效率来评价农业生态经济系统和农业资源利用效率的方法得到了一定程度的应用和发展(王秀芬，2006)。1949年，Lindeman创立了生态系统能流分析方法，Odum及其学生们(1956)对各类生态系统进行了能流研究，并做出了巨大的贡献。其后，加拿大学者Smil(1983)从能流观点对中国农业生态系统做了比较全面的分析。在我国，闻大中(1985，1986a，1986b)则对能流分析方法做了较全面的总结。此后，陶芸(1989)、张壬午(1989)等人对不同研究对象进行了能流分析。封志明等(1998)则运用“能量转化效率”这一综合指标，以河北省栾城县为例，对现代种植业系统的农业资源利用效率进行了评价和分析。叶旭军(2002)等则在分析农田生态系统能量转化规律的基础上，建立了农田系统的能量投入产出模型。但在运用能流分析农业生态系统的过程中也存在着一些问题。例如，李兰海(1988)认为，在计算附加能量时，现有研究没有注意区分无机能、有机能在对植物转化太阳能中所起作用有质的差别，并且它们投入的单位能量所能得到的响应是不同的，所以农业生态系统能流分析指标应分为系统的生态指标和生产效率指标两部分，以便于在实践研究中进行科学分析和比较。

在20世纪80年代末和90年代初，Odum(1988，1996)又创立了能值(emergy)的概念，并将其定义为产品或服务形成过程中直接和间接消耗的某一种类型的能量总和。因各种资源、产品或劳务在形成过程中均直接或间接来源于太阳能，故在实际应用中多以太阳能为基准(沈善瑞等，2004)。能值分析可以通过能值转化率(即形成每单位某种能量或物质、信息所需的另一种能量之量)对各种生态流价值进行统一的单位转换评价，因而可以实现不同能量等级上不同能量的统一度量。此外，通过采用能值/货币率(即当年该国全年能值应用总量与该国国民生产总值的比)亦可解决在分析评价和应用中自然环境与经济、社会资源的对接难题，从而实现了系统生态分析和经济分析的有机统一。Lan和Odum(1994)运用国家能值分析方法，对包括中国在内的12个国家相继开展能值研究；我国则主要对各省(区、市)农林牧渔主要产品的能值及其宏观经济价值进行了评估(黄书礼，1993，1996；李海涛等，2001)。此外，蓝盛芳等(1994)将能值分析拓展到农业生态经济系统，并同以往的农业能量分析加以比较。刘新卫等(Liu X M等，2007)则运用能值理论分析了江苏省和陕西省粮食生产的效率和可持续性。

(3)生产函数评价法

西方经济效率理论采用了大量的数学方法和工具进行了效率的度量和评价，常用的测量方法主要有参数方法和非参数方法。参数方法需要先估计一个生产函数，再确定各生产要素对产出的贡献。关于测算效率的生产函数主要是C-D生产函数、超越对数函数、参数型前沿生产函数等(刘一明，2006)。利用生产函数进行农业资源利用效率的评价可以通过生产函数的建立与参数的求解，来反映资源利用效率，并且分析各投入要素对产出影响的大小（靳京等，2005）。

Liu（2000）利用中国两个省份的7927个农户的调查数据，构建了一个随机前沿生产函数，并利用这个函数评价了农户内部的生产效率差别和农户经营耕地规模大小、土壤养分、农户受教育程度、农户耕作经验等对农业生产的效率影响。Thirtle等（2003）则利用生产函数评价了南非博茨瓦纳18个区县1981—1996年的农业生产效率变化，并发现由于牲畜养殖的专业化导致了多因素生产率（multi-factor productivity，MFP）年均增长1.7%，但是技术效率（technical efficiency）年均下降了2.4%。刘一明（2006）认为生产函数虽然可以用于农业资源利用效率的测算，但由于农业资源的特殊性，市场不能真实地反映其稀缺程度，再加上政府的干预，导致其产出价格扭曲，但影子价格可以用来代替观察到的"市场"价格来计算农业资源的利用效率。余建斌和李大胜（2008）基于1997—2005年中国31个省份的面板数据，构建了随机前沿生产函数，分析了中国农业生产的技术效率及其影响因素，并认为中国农业生产技术效率存在显著的效率损失，技术效率水平较低。

生产函数一般是针对同一农业部门而言，不同农业部门借助于回归分析技术各自建立的生产函数模型是无法进行比较的。但生产函数也存在一些缺点，例如不容易反映技术投入对于资源利用效率的影响等（靳京，2005）。

（4）包络分析法

数据包络分析（data envelopment analysis，DEA）是美国著名运筹学家Charnes A、Cooper W W和Rhodes E于1978年提出的。它主要采用线性规划方法，在将原始样本数据划分为输入指标和输出指标的基础上，对决策单元进行有效性评价，以反映决策单元能否达到"以尽可能少的投入，获得最大效益"（刘大为等，2005）。应用DEA方法可以进行农业资源相对生产效率以及农业技术效率的评价。

刘玉勋等（1994）利用DEA分析法对黑龙江省牡丹江农场管理局所属的14个国有农场进行了分析，按相对效率对这14个农场进行了分类，通过分析计算结果提出了一些提高效率的措施。杨旭（1994）运用DEA方法对四川省三台县农业技术效率进行了测定，并发现三台县农业技术效率已达到很高的水平，影响投入技术效率的主要因素是物质费用，影响产出技术效率的主要因素是种植业收入。刘大为等（2005）分析了中国农业生产系统的输入输出诸要素，用DEA方法对31个省份的农业生产效率进行了综合评价，并通过投影分析找出了非DEA有效省份的问题及其改进方向。徐琼（2005）利用DEA方法测算了浙江省11个地区的农业技术效率和规模效率，并对地区差异进行了分析。李周和于法稳（2005）利用DEA方法分析了中国西部县域层面上农业生产的效率变化，并发现西部地区农业生产如果依靠外界投入，产生规模效益时，将导致农业的可持续性的下降，而规模效率递减的情况下，将有助于农业可持续性的增强。宋增基等（2008）利用DEA模型，以中国31个省份为样本，运用DEA优势效率模型和劣势模型对农业生产效率进行测评，并通过聚类分析对农业生产效率进行归类比较和等级划分。

在农业资源利用效率评价中，当某些数据不易于直观获得，尤其是评价对象结构较为复杂时，DEA方法会具有比较大的优势。利用DEA模型进行农业资源利用效率评价，可以得到一些相对性的结果，有利于相同类型部门之间的对比。但由于DEA的测算结果大多是相对效率，利用DEA模型进行农业资源利用效率评价不容易找出资源低效利用的症结（靳京，2005）。

1.2.5 农业资源管理

1.2.5.1 农业资源管理的国内外现状

广义的农业资源管理，在管理对象上包括自然对象（与农业有关的各类自然资源）、组织对象（各级农业资源管理部门）和环境对象（农业自然资源的环境属性）；在管理内容上包括农业资源权属管理、使用管理和对使用行为的监督；其管理手段包括调查、监测、区划、规划、政策、标准、法律、法规等。狭义的农业资源管理，指采用经济、法律、行政和技术手段对开发利用农业资源的行为进行调整和控制，可以概括为使用管理（方克定，1999）。

鉴于农业资源管理在提高农业资源利用效率中的重要作用，许多国家和地区的政府都开展了农业资源管理的实践工作。其中，由于澳大利亚各州均制定有自己相应的各种资源法，联邦政府的管理作用旨在通过一系列的国家政策和相应的协调机构来协助各州搞好资源管理工作，使之符合全国的利用，使得澳大利亚的农业资源得到合理的管理，在环境和资源可承受的原则下得到充分的利用（赵绪才，1991）。鉴于新西兰农业资源管理中存在着众多管理机构目标责任相互重复、法律制定审核程序耗费时间过长、已有的资源立法未能有效控制全国土地、水和大气环境资源恶化的问题，在 20 世纪 90 年代，新西兰政府制定了一项自然资源管理法总体改革的方案，并逐步进行了农业资源管理的改革，向农业资源的综合管理方向迈进（皮卫红，1992）。对于可供私人进行经济开发利用及其娱乐的农业资源，美国的农业资源管理则多在各种计划和环境影响评价等联邦法律的约束下，在保持多功能利用的要求下，采用各种市场手段进行；其他系统的各种自然资源，则出于保护自然资源与环境的公共目的，由联邦政府实行严格管理（王凤春，1999）。德国农业在长期观察、精确计算的基础上，考虑有限利用原则和发挥所有因素的作用，经过不断实践，最终拟定综合的、经济的经营管理方法。在农业企业规划和经济管理、田地环境治理、品种选育、栽培和土地利用、植物保护等诸多方面突出农业环境和农业资源的综合管理（戴从法，2001）。在菲律宾实行的山地农业资源管理项目则通过提高农业生产力和构建可持续的资源管理体系的途径来增加农户的收入，实现减少山区贫困的目标。菲律宾开展的山地农业资源管理项目已经使 82 个乡村的 50 000 个贫困农户受益。

我国的农业资源管理研究则经历了一个从偏重前期调查向后期规划管理的转变，从仅重视自然资源利用研究向整个农业资源管理研究转移，从仅关注国内资源向同时关注国内国外资源转移，从传统研究方法向现代研究方法转移的过程（陈印军等，2007）。我国农业资源的管理大概经历了 1985 年以前的以资源调查为主的阶段，1985—1994 年的强调区域资源利用规划的阶段和 1995 年以后的强调资源综合性管理的阶段。总体来说，农业资源管理在我国经济社会发展中的重要性已经得到了普遍承认，农业资源的研究领域也在不断拓宽；但我国农业资源管理研究也存在着缺乏高新技术的支撑，研究团队建设偏弱的问题。

1.2.5.2 农业资源的优化管理设计

为提高制度效率和减少管理成本，当前许多国家以整体农业自然资源为管理对象，基于不同自然资源共性及相互关系，研究以一体化综合运行机制对不同资源实行统一管理；而为了实现农业资源产业管理，各国在法律制定、制度建设、政策完善、规划调控以及产权明晰、市场规范和价值管理方面都进行了卓有成效的理论探讨和实践研究，并取得成功的经验和失败的教训（陈安宁，2000）。我国的学者则分别从制度激励、法制建设和经济杠杆等方面开展了农业资源管理的优化设计工作。在制度激励方面，研究者通过制度因素的激励机制改变农户对资源利用方式以及利用结构的选择，延缓和改善土壤的退化（谭淑豪等，2004）。在法制建设方面，国家通过农用地流转的立法，调整农户用地规模，形成农业集约化的生产与经营，从而提高农业资源利用的资源与经济效率（谢正磊等，2005）；但由于土地产权关系的不明确，带来了流转收益难以分配等问题，在一定程度上制约了法律对于调节农户资源利用行为效果的发挥。在经济杠杆运用等方面，通过调整灌溉水价等尝试，引导农民节约用水，调整作物结构，从而在节约水资源的同时，提高了作物的经济效益（于法稳等，2005）。

1.3 研究内容与方法

本书力图通过农业资源利用系统构成因素分析和农业资源运动转化规律总结，筛选确定宏、微观农业资源利用效率的评价指标体系和模型，发展资源环境科学综合研究的理论与方法。定量评价不同地区宏观层次和微观层次的农业资源利用效率，揭示阻碍农业资源利用效率提高的"症结"所在，并对不同层次的农业资源利用管理活动进行优化设计，提高各地农业资源利用效率，保障农业生产资源利用社会效益、资源效益和生态效益的获取，促进农业生产可持续发展。

1.3.1 研究内容

1.3.1.1 农业资源利用效率概念的重新诠释

根据系统科学原理，农业生产中对农业自然生态资源和经济社会资源的利用（开发、利用、保护和整治）构成一个生态经济复杂巨系统。研究中，根据以往农业资源利用效率评价的研究经验，结合农业资源利用的基础理论，重新诠释农业资源利用效率的科学含义，构建农业资源利用效率评价的基本框架。主要研究内容包括：①农业资源利用效率的基本概念；②农业资源利用效率科学含义的重新诠释；③农业资源利用效率评价的基本框架。

1.3.1.2 农业资源利用效率评价

在剖析农业资源利用系统基础上，根据参与农业生产的资源类别和属性差异及农业资源利用效率评价的基本框架，遵循科学性与可操作性兼顾、综合性与主导性相结合、系统性与层序性相结合、定性指标与定量相结合以及静态指标与动态指标相结合等原则，按照一定方法分别建立宏观层次和微观层次的农业资源利用效率评价指标体系，构建评价模型，为揭示各地农业资源综合利用效率提供科学依据。主要研究内容包括：①农业资源利用效率评价指标体系的选取；②农业资源综合利用效率评价模型的构建。

1.3.1.3 农业资源利用优化管理研究

针对农业资源利用中经常出现的低效率情况，从科学管理角度探究政府、农村社区和农户农业资源低效利用管理的“症结”所在。在此基础上，根据参与农业生产的资源类别和属性差异，运用现代资源管理方法，在提高区域整体农业资源利用效率的前提和目标下，分别从制度激励、法制建设、经济杠杆与行政干预等方面，为不同资源利用管理者设计不同的农业资源利用优化管理方案，并将它们有机协调起来以促进区域农业资源利用效率的普遍提高。主要研究内容包括：①政府提高农业资源利用效率的宏观调控设计；②农村社区提高农业资源利用效率的中观组织设计；③农户提高农业资源利用效率的微观经营设计。

1.3.1.4 典型案例的实证研究

依托中国生态系统研究网络(CERN)实验站，分别在中国东、中、西部地区选择江苏省常熟市(县级市)、江西省泰和县和陕西省安塞县及其境内若干行政村的农户作为典型案例，研究政府、农村社区和农户等不同管理者在农业生产过程中管理农业资源利用活动的实践；在评价典型地区农业资源利用效率基础上，从科学管理角度揭示导致该地区农业资源利用效率低下的主要原因，并优化设计不同层次管理方案。主要研究内容包括：①常熟市农业资源利用效率评价与优化管理设计；②泰和县农业资源利用效率评价与优化管理设计；③安塞县农业资源利用效率评价与优化管理设计。

1.3.2 研究方法

1.3.2.1 理论探讨的系统综合研究方法

运用系统科学理论与方法，将农业生产过程中对各项资源的利用视为生态经济复杂巨系统，综合剖析该系统结构与功能，并从系统演化发展角度归纳总结该系统的一般运行规律及农业资源利用效率的系统科学含义和评价方法；在此基础上，根据系统优化原理，从科学管理角度探求农业资源利用效率的优化管理方案。

1.3.2.2 资源科学的系统综合管理方法

农业资源利用的系统性要求在农业资源利用管理中，不仅要根据不同农业资源属性和不同层次资源利用管理者追求目标的差异采取不同的管理方法，而且要将这些管理方法进行系统综合，提炼出提高区域农业资源利用效率的综合管理方法。

1.3.2.3 案例实证的综合研究方法

案例的实证研究注意到尺度转换及综合性问题，不仅收集位于中国不同地区典型县域的相关资料，而且在野外调查中关注农村社区农户在农业生产资源利用中的管理实践；在运用数学方法计算评价研究地区农业资源利用效率的基础上，从科学管理角度分析导致研究地区农业资源利用低效率的症结，并采取系统化综合管理方法提高所在区域的农业资源利用效率。

1.3.3 主要数据来源

数据和相关资料的收集整理是开展农业资源利用效率评价的基础工作，数据和相关资料的准确性与可靠性对于研究结果有着重要的影响。本研究的数据主要来源于4个方面，即中国生态系统研究网络实验站提供的监测数据；作者在江苏省常熟市、江西省泰和县和陕西省安塞县开展的农户调查数据；作者在常熟市、泰和县和安塞县三个案例区相关行政和科研部门收集到的统计数据；其他数据。

1.3.3.1 生态网络实验站监测数据

本书所选择的三个案例区（常熟市、泰和县、安塞县）均位于中国生态系统研究网络之内，每个区域均有生态系统定位研究站（常熟有常熟站，泰和有千烟洲站，安塞有安塞站），可以为本书的研究提供必需的气象数据。

从常熟市、泰和县、安塞县的生态网络实验站申请到的数据主要包括：1999—2005年安塞站监测的“农田蒸散日报表（大型蒸渗仪）”；2000—2005年安塞站、常熟站、千烟洲站提供的“农田蒸散日报表（水量平衡法）”；2005年安塞站、常熟站、千烟洲站提供的“水面蒸发量表”；2005年常熟站、千烟洲站提供的“农田灌溉量记录表”；2001—2005年安塞站、常熟站、千烟洲站提供的“农田站站区自动气象观测站干球温度各日逐时观测表”、“农田站站区自动气象观测站湿球温度各日逐时观测表”、“农田站站区自动气象观测站相对湿度各日逐时观测表”、“农田站站区自动气象观测站大气压强各日逐时观测表”、“农田站站区自动气象观测站地表温度各日逐时观测表”、“农田站站区自动气象观测站风向各日逐时观测表”、“农田站站区自动气象观测站风速各日逐时观测表”、“农田站站区自动气象观测站降水各日逐时观测表”、“农田站站区自动气象观测站各月逐日太阳辐射总量（MJ/m^2）”、“农田站站区自动气象观测站气象要素月平均值表”、“农田站站区自动气象观测站太阳辐射总量（MJ/m^2）月平均值表”等。

中科院生态网络实验站提供的诸多气象数据为农业生产潜力的估算和农业资源利用效率的评价奠定了坚实的数据基础。

1.3.3.2 农户调查数据

为了对常熟市、泰和县、安塞县的农业资源利用状况进行更为深入的剖析，作者在三个案例区开展了农户调查工作。农户调查涉及当地主要粮食作物的类型，种植面积，水、土、肥和其他农业投入、产出的状况以及农民家庭收支情况、农户劳动力、文化素质等情况。

三个案例区的农户调查时间在2006年8—12月。农户调查样本根据平均分布和具有代表性的原则，采用分层抽样的方法抽取。最后，调查共涉及安塞县2个村的30家农户，常熟市6个村的90家农户和泰和县6个村的79家农户（表1.1）。三个案例区中，常熟市和泰和县的农户调查数据质量较好，而安塞县的农户调查数据精度欠佳。

表 1.1　农户调查位置和样本量

区县	乡镇	村	样本量	区县	乡镇	村	样本量
安塞	王家湾	羊克郎村	15	常熟	大义	光明	15
		西后村	15	泰和	灌溪	桃源	10
常熟	辛庄	合泰	15			沙坪	15
		潭荡	15		石山	良友	10
	古里	双闸	15			上居	15
	新港	周家桥	15		中龙	黄沙	15
	大义	常兴	15			马田	14

调查问卷的有效性分析旨在阐明问卷整体是否可靠，其有效程度的计算公式如下：

$$E=\frac{\sum_{i=1}^{x}A_i}{mn}\times 100\% \quad (1.1)$$

式(1.1)中：E 为问卷的有效程度；m 为问卷的问题个数；n 为受调查总人数；A_i 为回答第 i 个问题的受访人数，$i=1,2,\cdots$。经计算，常熟市、泰和县和安塞县农户问卷调查的有效性分别为92%，90%和 65%。

1.3.3.3　统计数据

本书获取的统计数据主要来源于常熟市、泰和县、安塞县统计局提供的 1996—2005 年县域统计年鉴。本书使用的统计数据主要包括作物播种面积、产量、产值、种植结构、农药和化肥施用量、劳动力和机械投入、农民人均纯收入、农产品商品率、作物受灾情况等。

此外，作者还从常熟市、泰和县、安塞县农业局、水利局、国土局获取到了一些当地水资源概况、农业灌溉用水量、良种普及率和土地利用变更报告等数据。

1.3.3.4　其他数据

除了中国生态系统研究网络实验站监测数据、农户调查数据和统计数据外，作者还通过别的渠道获取到了一些与本书研究相关的数据。这些数据主要包括：中国科学院资源环境科学数据中心提供的常熟市、泰和县、安塞县的 20 世纪 80 年代和 2000 年的土地利用现状图；国土资源部信息中心提供的常熟市、泰和县、安塞县 1996—2005 年的土地利用现状数据；中国科学院地理科学与资源研究所提供的常熟市、泰和县、安塞县 1∶10 万土壤图、土壤侵蚀图等图件资料。

1.3.4　技术路线

本书的技术路线设计如图 1.1 所示：

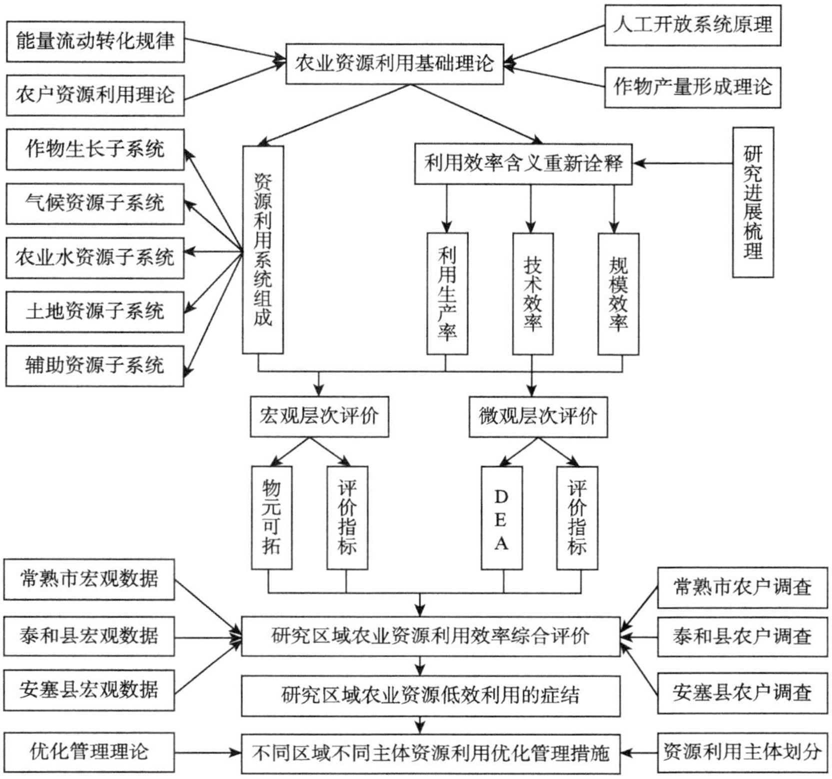
能量流动转化规律
农户资源利用理论
农业资源利用基础理论
人工开放系统原理
作物产量形成理论
作物生长子系统
气候资源子系统
农业水资源子系统
土地资源子系统
辅助资源子系统
资源利用系统组成
利用效率含义重新诠释
研究进展梳理
利用生产率
技术效率
规模效率
宏观层次评价
微观层次评价
物元可拓
评价指标
DEA
评价指标
常熟市宏观数据
泰和县宏观数据
安塞县宏观数据
研究区域农业资源利用效率综合评价
常熟市农户调查
泰和县农户调查
安塞县农户调查
研究区域农业资源低效利用的症结
优化管理理论
不同区域不同主体资源利用优化管理措施
资源利用主体划分

图 1.1 技术路线

第2章　农业资源利用效率评价基础理论

本章主要综述与农业资源利用效率评价相关的基础理论，以期建立农业资源利用效率评价和优化管理设计的基本理论框架。本章介绍的相关基础理论共包括人工开放系统原理、作物产量形成的"源、库、流"理论、农业生产中的能量转化与流动理论和农户农业资源利用的基础经济理论四个部分。

2.1　人工开放系统原理

2.1.1　农业生产系统是人工开放系统

在自然界，有许多自然生态系统都是没有人类参与的自然系统，如森林生态系统、草原生态系统、海洋生态系统、荒漠生态系统等，它们的存在是长期自然竞争与选择的结果。在自然生态系统里，其主要组成者为自然环境、植物、动物和微生物。在四者之间，保持有能量和物质的流动与循环(图 2.1)。

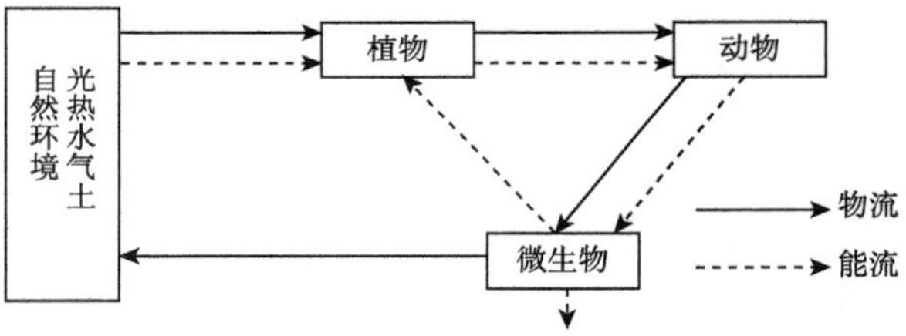

图 2.1　自然生态系统(刘巽浩等，2005)

在人类社会里，人使一些自然生态系统转化为人工农作系统。它不仅包含了自然环境与自然生物，而且包含了人工环境与人工生物；它不仅包含了涉及生物与周围物质性环境的生态系统，也包含了与生物相关的非物质性经济社会与软环境的经济系统以及技术系统(图 2.2)。人工农作系统的组成与自然生态系统相比增加了人的要素和人工环境、软环境三个部分。并且，由于人参与了农作系统，系统各要素之间不仅存在物质和能量的流动，而且包含了货币流的流动。

人工系统最大的特点是，人是这种人工系统的组成者与调控者，人控制管理着粮食生产系统的目的与目标、结构与功能、投入与产出。当然，任何地区的人工农作系统必须是在自然生态系统基础上的运行与提高，不能违反自然规律蛮干。另一方面，既然是人工系统，那么也必须尊重人类经济社会发展的规律，不能持唯自然生态论而盲目地反对人工的干预与投入（刘巽浩等，2005）。

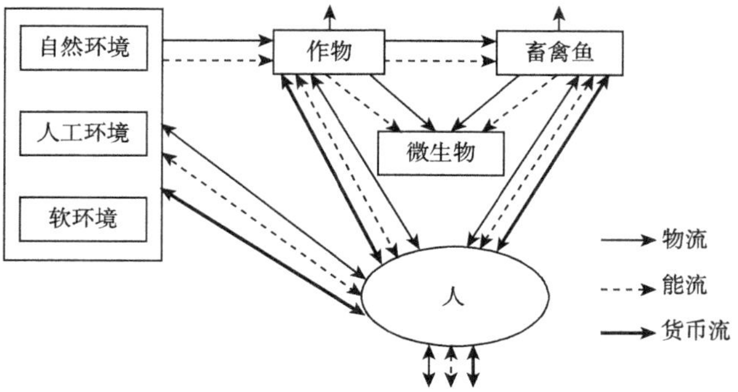

图 2.2 人工农作系统（刘巽浩等，2005）

通常来说，纯粹的自然系统经过长时间的进化会达到一种平衡状态，这时将会出现稳定的“顶级群落”状态。自然系统内的各种组成部分会在较长的时间内保持稳定，各组成物质之间的物质和能量流动也会保持一个相对的平衡，物质流动会逐渐呈现出闭合状态。人工农作系统与其不同，由于随着经济、社会的发展和技术的进步，人工农作系统的组成要素中的人会不断地发生变化，人工系统所存在的人工环境和软环境也会不断地演进，农作系统将会逐渐地由闭合走向开放，由低级走向高级，由低效走向高效，由原始生态农作制走向现代集约持续农作制（刘巽浩等，2005）。

粮食生产系统作为农作系统的主要组成部分，同样属于一个开放的人工农作系统。这也就为人类恰当干预粮食生产系统，并促使其向良性、可持续和高效利用的方向转化提供了坚实的理论基础。

2.1.2 人工生态系统原理

人工生态系统是指以人类活动为生态环境中心，按照人类的理想要求建立的生态系统，如城市生态系统，农业生态系统等。人工生态系统的特点是：①社会性，即受人类社会的强烈干预和影响；②易变性，或称不稳定性，即易受各种环境因素的影响，并随人类活动而发生变化，自我调节能力差；③开放性，系统本身不能自给自足，依赖于外系统，并受外部的调控；④目的性，系统运行的目的不是为维持自身的平衡，而是为满足人类的需要。所以人工生态系统是由自然环境（包括生物和非生物因素）、社会环境（包括政治、经济、法律等）和人类活动（包括生活和生产活动）三部分组成的网络结构。人类在系统中既是消费者又是主宰者，人类的生产、生活活动必须遵循生态规律和经济规律，才能维持系统的稳定和发展[①]。

人工生态系统一般在自然生态系统的基础上改进建立而成，是原有自然生态系统的提高与发展；人工生态系统与自然生态系统之间既有区别也有联系。相对而言，自然生态系统的生境多样且稳定，系统自我修复能力强，但是需要的时间较长。人工生态系统正好相反，生境较

① http://baike.baidu.com/view/809898.htm

为单一，系统的自我修复能力弱但人控能力强，人控修复能力远远超过自然修复能力。

一般认为自然生态系统要比人工生态系统更为和谐，因为人工生态系统破坏了环境。但也有许多学者认为，随着人类控制环境能力的加强，人类正在不断改善农田条件，例如，平整土地、修筑梯田、绿化大地、提高肥力、提高生产能力。许多世界上经济与农业的发达，不是对环境破坏得越来越厉害，而是改善得越来越好；发展中国家农田环境较差，今后也将随着经济社会的发展而改变。

与纯自然生态系统相比，粮食生产系统经过人类的改进，其生产力比相应的自然生态系统有了很大的提高。相关的研究表明，中国耕地的净初级生产力①为 9.7 t/hm^2，草原为 0.7 t/hm^2，林地为 0.3 t/hm^2；耕地与草原、林地之比为 1∶0.07∶0.03。若以现实生产力（人类可以现实利用的生产力）计，耕地与草原、森林之比为 1∶0.05∶0.2（刘巽浩等，2005）。这说明人工生态系统的生产力要远远强于自然生态系统。

当然，由于人类在改造自然生态系统中的一些不合理的资源利用行为，造成了一些较为严重的环境问题和资源低效利用的问题，导致了人工生态系统的发展不可持续。随着社会、经济、技术的不断发展和进步，这些问题都需要一步步被解决。

2.1.3 开放系统原理

Von Bertalanffy 提供了开放型系统概念的历史背景。一个开放系统具有一个或者以上流入和流出的系统。例如，生物圈具有太阳能和宇宙物质流进和随着某些气态分子流出的往外的红外辐射。一个密闭的水族池也伴随着光的射入和热的释出，在能量方面是开放的。因而，封闭的水族馆中的物质是封闭的，对能量却是开放的（奥德姆，1993）。

封闭系统可以理解为一个完全孤立没有任何流入流出的系统。在客观世界上，一个完全孤立的封闭系统是极其罕见和暂时的。如图 2.3 所示，图中所示意的是一个水流的开放系统。在这个系统里，有水从水源流入，然后有水的储存，最后又有储存的水流出；在将储存的水流出的时候，会产生消失的能。图 2.3 是一个开放系统的示意图。

如图 2.4 所示，这是一个封闭的系统。在这个系统之中，首先水分子从液态通过蒸发作用扩散为气态，变成水汽；然后，水汽也会通过凝聚作用再变回液态，这个过程发生在一个装水的密闭的瓶内。但即使是这个相对的封闭系统，虽然与外界没有物质的交换，但却存在着能量的交换。在液态水蒸发为水蒸气的过程中需要吸收能量，在水蒸气凝聚为液态水的过程中则需要释放能量。从这个角度讲，图 2.4 所示的封闭系统也只能看作是一个相对封闭的系统，并非完全封闭。

具体到农业生产来说，农业生产系统也是一个非闭合的、开放的系统。在这个系统内部，不仅具有能量流动的非封闭性，连物质流动也是非封闭的。例如，就农业生产中的养分来说，纯自然生态系统中的碳、氮、氧等各种微量元素从大气、水域或土壤中，通过植物吸收进入植物链，然后转移给草食动物、肉食动物，动物死后被微生物分解后转化回到无机环境中去，这个过程是相对封闭的。但在有人类参与的农业生产系统中，大量氮、磷、钾等营养元素及水分被移出系统之外，可能造成土壤中磷、钾等沉淀元素循环的衰减或中断。这样，农作系统中的物质

① 总初级生产力减去单位面积和单位时间内植物的呼吸量即为净初级生产力。

不能依靠完全的自我循环，而需要通过人的调控，通过施肥、灌溉等行为维持或扩大物质循环，不断提高作物的生产力。这也保持了农业生产系统极大的开放性。

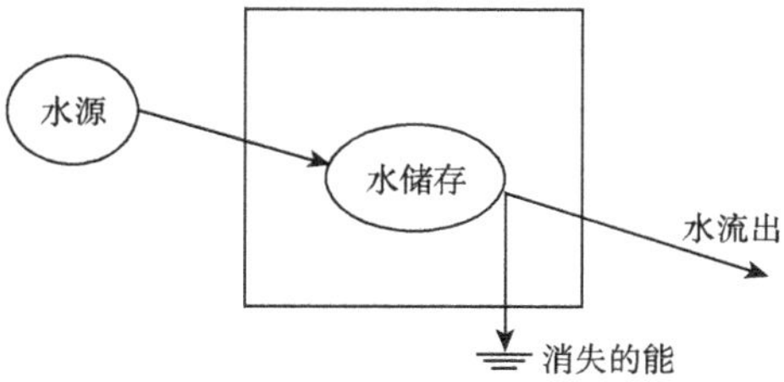

图 2.3　一个开放系统的示意
（奥德姆，1993）

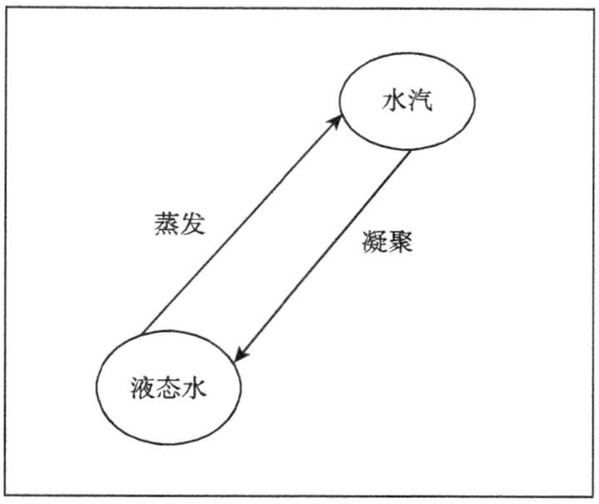

图 2.4　一个封闭系统的示意
（奥德姆，1993）

2.1.4　农业生产系统中的价值增值原理

农业生产是自然再生产与经济再生产过程的复合，农业生产系统既是一种生态系统，又是一种经济系统。农业生产系统中作物的播种、管理、收获、出售等都是在人的干预下进行的。为此，就需要有土地、资金、劳力、技术的投入，就要有合乎人类要求目标的产出（包括产品、环境、收益等）。人们就要在农作经营过程中计算成本、产值、利润等。因此，无形中形成了一个投入产出的经济系统，并随之出现一条标志农作经济系统的货币流（刘巽浩等，2005）。

农业生产系统中的货币流的转移特点正好与常规的自然生态系统中的能流、物流的特点相反。在自然系统中，能量在逐个通过各个营养级时迅速地减少，因而食物链不可能太长，营养级至多是四级、五级或六级，这成为生态金字塔的基础。有的生态学家曾形象地说明能流在通过各营养级迅速减少的情况，提出所谓十分之一规律，即每经过一个营养级，能流量大约减少 90%。在农业生产系统中，价值流会随着营养级和产后升级元的提高而提高，形成增值，这也就是农业生产系统中的增值规律（图 2.5）。当然，这个价值增值规律并不是农业生产过程中独有的，价值的增值规律可以说是现代市场经济的基本经济规律。

如图 2.5 所示，随着产品级别的提高，货币价值会越来越大。当然，这和农业生产过程中人的劳动投入有关，因为劳动创造了价值。不过，这种增值也不是无条件的、绝对的，要遵守经济学的一些基本的规律，如供需理论、边际效益理论等。正是农业生产过程中的价值增值，才使得农户有从事农业生产的动力；但也正是价值增值规律，有时使得农户过于追求农业生产的经济产出，不注重环境效益，使得人类对农业自然生态系统的改造产生了一些负面的影响。不过，随着经济社会的发展和人们对这一问题认识的逐渐加深，这个问题会逐渐得到改善。

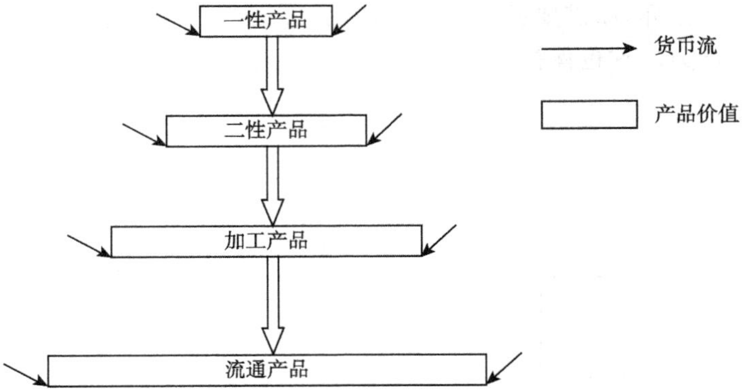

图 2.5　农作制货币流金字塔(刘巽浩等,2005)

2.2　作物产量形成的"源、库、流"理论

2.2.1　作物的源

作物产量的形成是通过叶片的光合作用进行的。1928 年,Mason 和 Masken 通过碳水化合物在棉株内分配方式的研究,提出了作物产量源库理论(source-sink theory)来描述作物产量的形成。之后,人们常以源库的观点来探索作物高产的途径(李绍长等,1998)。

源(source)是指作物生产和输出光合同化产物的器官或组织;它包括作物的功能叶和绿色的茎和果皮等其他非叶器官(绿色部分)。禾谷类作物开花前光合作用生产的物质主要供给穗、小穗和小花等产品器官形成的需要,并在茎、叶、叶鞘中有一定量的储备供开花后所需。开花后的光合产物直接供给产品器官。源的同化产物有就近输送的特性。

源的主要度量单位是源强(源器官同化物形成和输出的能力),即源的大小与源活力的乘积。如果源的大小主要考虑叶源的话,源强就是叶面积持续期(即光合面积×光合时间=光合势),源活力就是净同化率(光合速率－呼吸速率=净同化率,实际上是指光合生产率),可见作物群体要高的源强度,就必须使得作物群体的最大最适叶面指数达到一定的数值(水稻 7～8,小麦 5.5～6.5,油菜 4.0～4.5),而且持续期要长,同时光合速率(光合强度)要强,呼吸速率(呼吸强度)要低。

影响作物源建成和生产力的因素主要是遗传因素和外在环境条件两个方面。就遗传因素而言,禾谷类作物的出叶速度和叶面积扩展速度快,高产栽培中所要求达到的最适叶面积也相应高一些(如水稻＞小麦＞玉米＞油菜＞棉花);C_4 作物的光合速率高,叶片上举直立、宽厚、株型紧凑的品种光合生产能力强;就环境因素而言,光照和 CO_2 补偿点低、饱和点高;温度适合,水肥供应合适,大量元素和微量元素充分,种植密度合理,则作物源建成较快,源的生产能力就强。

国内外的许多研究者在如何通过作物库来提高产量方面进行了广泛的研究。1969 年,武田等从源的角度总结分析了作物增产的三个历史阶段及其技术体系:第一阶段,采用常规育种和杂种优势来扩大群体的叶面积；第二阶段，改进植株形态结构，扩大群体叶面积；第三阶段，提高叶面积的光能利用率（李绍长等，1998）。1971 年 Moss 等提出高光效育种的原理也是通过提高叶面积的光能利用率来提高作物产量。马均等（2001）认为亚种间重穗型杂交稻株型松散适宜，叶片长宽比适度，叶角偏小，特别是在稀插条件下，剑叶、倒二叶、倒三叶长度配置良好，抽穗后叶片功能期长，衰减迟缓，群体光合势、净同化率高，为高产打下了基础。

2.2.2 作物的库

作物库（sink）是指作物消耗或贮藏同化产物的组织、器官或部位，如作物的根、茎、幼叶、花、果实以及发育的种子等。即产品器官的容积和接纳营养物质的能力，库的潜力存在于库的构建中。库包括代谢库和贮藏库（也叫经济库）两个方面，代谢库是指大部分输入的同化产物被用来生长作物组织细胞的构建和呼吸消耗，如生长中的根尖和幼叶等，贮藏库是指大部分输入的同化产物被用来贮藏的组织和器官，如作物的种子、果实、块根、块茎等。禾谷类作物籽粒的储积能力取决于灌浆持续期和灌浆速度。

库的量度单位为库强度，指库器官的接纳和转化同化产物的能力。它是库大小（库容量）和库活力的乘积。库活力指库的代谢活性、吸收同化产物的能力，就是库器官的相对生长速率。

作物的库对作物产量影响的研究主要集中在作物的库容强度和建库能力两个方面。在库容强度方面，王余龙等（1991）发现，籽粒灌浆有效含水量与灌浆速率呈指数关系，相关系数达 0.01 显著水平；籽粒灌浆有效含水量与籽粒呼吸呈线性正相关，相关系数均达 0.01 显著水平。所以，籽粒灌浆期有效含水量可作为水稻籽粒受容（库）活性的指标。梁建生等（1994）提出用胚乳细胞数或每个胚乳细胞内的淀粉体数和催化糖分转化的酶活性高低及生理活性大小，来代表库的大小和活性的高低。在建库能力方面，徐正进等（1996）认为超高产品种的高产是以穗数的大幅度降低来换取穗粒数的更大幅度提高和千粒重的大幅度提高，高生物产量是其高产的主要原因。程在全等（1997）则认为，超高产水籼稻在有效穗数、穗粒数、千粒重和干物质积累总量等方面均要有优势。张旭等（1999）通过对比认为，高产稻应有穗数高、穗粒多和谷/秆比大的特征。总之，水稻要想高产，必须在抽穗前建造足够大的库容，抽穗后尽可能提高籽粒充实度（马文波，2002）。

2.2.3 作物的流

作物的流（transmit）是指作物源器官形成的同化产物向库器官的转移过程；流的强度取决于作物植株体内输导系统的发育状况及其转运速率。流的通道是叶、鞘、茎中的维管系统，其中穗颈维管束可看作源通往库的总通道，同化产物运输的途径是韧皮部，韧皮部薄壁细胞是运输同化产物的主要组织。同化物的运输受多种因素的制约。韧皮部输导组织的发达程度，是影响同化物运输的重要因素。

流的强度可用光合同化产物的运输速度来衡量。光合同化产物的运输速度可用放射性同位素示踪法直接测定，一般小麦为 39～87 cm/h，玉米 50～200 cm/h，大豆 50～120 cm/h，甜菜 50～135 cm/h，C_4 作物比 C_3 作物快。例如在小麦研究上，流的大小可用群体穗颈维管束总数、平均束通量和有效输导时间三者的乘积表达。束通量[m/(束·d)]与维管束状态、库拉力、源推力及环境因素有关,而有效输导时间(d)受遗传特性和环境因素的影响较大。

伊文思调查了22个系统小麦的花柄筛管断面面积,发现其最大数值相差10倍左右,这些数值与其最大转运能力有直接关系。由此推断,当维管束的通道能力达到饱和时,是可以限制籽粒生长速度的;也就是说,除源和库之外,流有时也是限制产量的因素(李绍长等,1998)。古世禄等(1988)认为影响谷子结实的因素主要是源和流,指出流与穗的接受能力、胚的生长力、颖花数目及维管束发育有关,同时他发现穗数增多会削弱维管束的发育,从而限制光合产物的运转能力。庄宝华等(1994)认为亚优2号在结实较正常的前提下,成熟期茎鞘干重超过抽穗期的水平则属少见;并认为这在经济学上是物质转化效率不高的一种表现,在栽培生理上则又是实现高产潜力的一个内在依据和有效途径。邓启云(1992)则通过对供试材料各节间及枝梗维管束的切片观察,初步阐明亚种间杂交水稻维管性状特征及其与籽粒充实度之间的关系,为亚种间杂交水稻的选育与栽培提供理论依据。徐正进等(1996)则认为无论亚种间还是不同亚种的类型间,穗颈大维管束数均存在显著差异,而亚种内类型间的差异则未达到显著水平;穗颈小维管束亚种间差异不显著,但亚种内类型间有一定差异;第2节间与穗颈大维管束数之比和穗颈大小维管束数之比的变异趋势与穗颈大维管束数相似,而且较后者更为稳定,可作为籼粳亚种分类的两个参考解剖指标。

2.2.4 源库流与作物产量形成的相互关系

作物源库流的形成和功能的发挥受遗传和环境因素的制约,三者之间的关系受作物品种、生态条件和栽培技术的影响而不断发生变化。作物收获高,就要创建源库流特征协调,在作物生长发育过程中平衡好群体的源库流关系。

在产量水平较低时,源不足是限制产量的主导因素。同时,单位面积穗数少,库容小,也是造成低产的原因。增产的途径是增源与扩库同步进行,重点放在增加叶面积和增加单位面积的穗数上。当叶面积达到一定水平,继续增穗会使叶面积超出适宜范围,此时,增源的重点应及时转向提高光合速率或适当延长光合时间两方面,扩库的重点则应由增穗转向增加穗粒数和粒重。

2.3 农业生产中能量转化与流动理论

2.3.1 能量转化与守恒定律

能量是生态系统的动力,是一切生命活动的基础,农业生产与资源利用系统也不例外。在生态系统中,能量流动开始于太阳辐射能的固定,结束于生物体的完全分解,能量流动的过程称为“能流”。生态系统中能量主要有两种存在状态,即动能(kinetic energy)和势能(potential energy)。动能是生物及其环境之间以传导和对流的形式互相传递的一种能量,包括热和辐射。势能又称潜能,是蕴藏在有机分子键上的能量,它代表着一种做功的能力和做功的可能性。在生态系统中，潜能是通过食物链的关系在生产者、消费者、分解者等有机体之间进行流动和传递的。

热力学第一定律是对能量守恒和转换定律的一种表述方式。热力学第一定律指出，热能可以从一个物体传递给另一个物体，也可以与机械能或其他能量相互转换，在传递和转换过程中，能量的总值不变。由热力学第一定律可知：一个体系的能量发生了变化，必然环境的能量也发生相应的变化，如果体系能量增加了，环境的能量必然减少，如果体系的能量减少了，环境的能量必然增加。对于农业生产系统也是如此。热力学第二定律指出，在自然界中任何的过程都不可能自动地复原，要使系统从终态回到初态必须借助外界的作用。由此可见，热力学系统所进行的不可逆过程的初态和终态之间有着重大的差异，这种差异决定了过程的方向，即自发过程总是单向趋于平衡态，非自发过程需要环境的外力才能进行。既然自发过程总是趋于平衡状态，绝不可能自动逆向进行，由此可以推测出体系必然存在一种性质："自发过程只视体系的状态而定，而与过程的途径无关（或进行的方式无关）。"如："水往低处流"与水的流速快慢、途径无关，水总是要向低处流动的。它只决定于"高""低"两种状态。即要研究给定的初态和终态条件下，自发过程的方向，可以不考虑过程的细节和进行的方式。为了判断自发过程进行的方向和限度，热力学中给出了两个状态函数："自由能"和"熵"。其中，自由能指能够用来做功的能量；熵指系统热量被温度所除得到的商。1945 年，Prigoine 提出了关于熵的耗散结构理论，推翻了当时盛行的宇宙热寂说理论，对当代科学和哲学产生了深远的影响，并因此获得了 1977 年诺贝尔化学奖。从熵的角度讲，自发过程是熵值增加的过程，鼓励系统的不平衡最终会趋向平衡态，使系统从有序走向无序，系统有序性的维持有赖于负熵的投入。这意味着，任何能量的转化过程中都会伴随着热量的损失，没有任何能量可以自动完全转化为另一种能量，或者说任何效率的利用都不可能达到 100%。

具体到农业生产系统来说，农业生产系统的能量由太阳辐射能和人工辅助能构成，其中太阳能是作物生长的原始驱动力，人工辅助能虽不直接转化为生物化学潜能，但可以促进辐射能的转化，对系统中光合产物的形成、物质循环起着很大的辅助作用（李香莲，2001）。在太阳能之中，对作物光合作用有效的能量只占太阳总辐射的 43%左右，而经反射、散射和非活性吸收后达到作物体内的可供光合作用所利用的能量下降为 34.4%，转换为化学能的约为 8.7%，加上产量形成的积累过程的生理损失，最终使实际产出物所储存的化学能不及太阳能的 1%（徐勇，1999）。依照上述原理，在理论上农业资源利用效率可以无限逼近而永远达不到 100%，减少关键环节的能量损失是资源利用效率提高的重要途径，农业生产需对系统不断进行各种能量投入才能维持系统持续稳定的产出。

2.3.2 能量的加速散逸原理

2.3.2.1 农业生态系统中能量的产生

农业基本上是一个利用光合作用的系统，农作物的产量最终取决于光合作用系统的规模和效率；所有其他的作物管理都是从这一实践出发的（米歇尔，1981）。所以，要理解能量在农业生产过程中的流动与转化，首先要理解光合作用对于能量的获得、储存和释放的过程。

地球上所有的生物能最初都来自太阳的核聚变反应，以氢放出的辐射能，融合成氦，并提供推动力，使二氧化碳和水形成碳水化合物（如葡萄糖）。这个二氧化碳和水合成碳氢键的过程是一种需能（吸能）反应，其中当太阳能（辐射能）固定碳原子化学键时，太阳的高级能变为有机分子的中级能，而这一中级能又以热的形式消散为低级能，最终则变为无效的熵（分子的无序性）。因此，光合作用是代表一个截获辐射能和朝着高熵方向逆转的紧密结合的综合系统（米歇尔，1981）。

对植物干物质的分析表明，二氧化碳和水对于形成最终产量的贡献惊人，大约 90%～95%的干物质重量是由这两种物质合成而来。光合作用可以用下列方程表示：

$$6CO_2 + 12H_2O^* \xrightarrow[\text{叶绿素}]{\text{光}} C_6H_{12}O_6 + 6O_2{}^* + 6H_2O \quad (2.1)$$

（＊指观察到过程中氧的释放都是来自于水）

2.3.2.2　自然生态系统能量流动的特点

生态系统中能量的流动主要有三个特点：①热力学定律；②能量的单向流动；③能量的不断递减。

生态系统中能量的流动都会遵循热力学的第一和第二定律：即自然界能量可以由一种形式转化为另一种形式，在转化过程中按照严格的当量比例进行，能量既不能消灭，也不能凭空创造；生态系统的能量从一种形式转化为另一种形式时，总有一部分能量转化为不能利用的热量而耗散。根据热力学第二定律可以知道，任何能量的转换过程，其效率不可能达到 100%。因为能量在转换过程中，常常伴随着热能的散失，因此可以说，没有任何能量能够 100%地自动转变为另一种能量。在生态系统中，当太阳辐射能到达地球表面时，只有极小部分能量被绿色植物吸收并转化为化学潜能，大部分光能转变为热能离开生态系统进入太空。而当进入生态系统中的能量在生产者、消费者和分解者之间进行流动和传递时，一部分能量同样转变为热而被消散，剩下的能量才用于做功，并合成新的生物组织作为潜能贮存下来①。

能量以光能的状态进入生态系统后，就不能再以光的形式存在，而是以热的形式不断地散逸于环境中（图 2.6）。就总的能流途径而言，能量只是一次性流经生态系统，是不可逆的。不过，生态系统中除了能量的流动外，还有物质的流动，这个过程是可逆的。

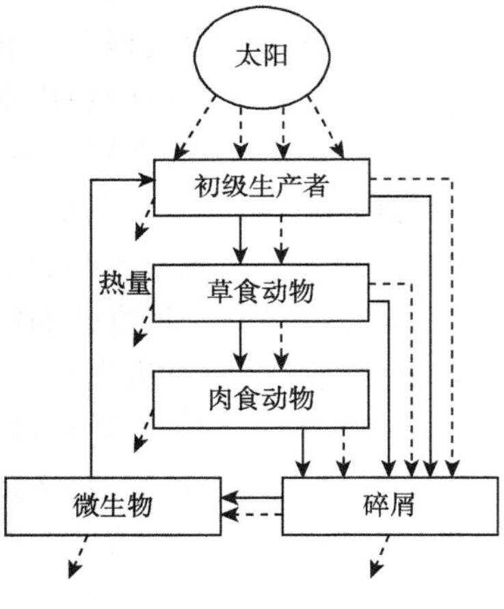

图 2.6　生态系统的能量流动
（虚线表示能流；实线表示物流）

从太阳辐射能到被生产者固定，再经草食动物到肉食动物再到大型肉食动物，能量是逐步递减的。通过图 2.7 可以看出，输入的太阳辐射能量为 12 552 kJ/(m^2 · d)[3 000 kcal/(m^2 · d)]，可能被植物吸收的只是可见光部分的有效辐射能，为 6 276 kJ/(m^2 · d)[1 500 kcal/(m^2 · d)]，被植物吸收转化以后的只剩下 62.76 kJ/(m^2 · d)[15 kcal/(m^2 · d)]，有效辐射光能利用率为 1%，当植物被草食动物摄食后留在动物体内的能量只有 6.276 kJ/(m^2 · d)[1.5 kcal/(m^2 · d)]，其效率为10∶1（即

① http://www.buildbook.com.cn/ebook/2007/B10019155/6.html.

十比一定律)。随着营养级的再提高,能量散逸越来越多,留在系统内生物体中的能量就越来越少(刘巽浩等,2005)。

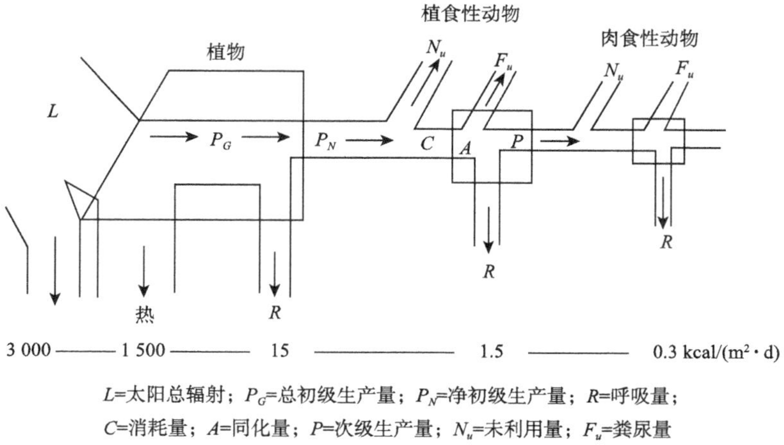

图 2.7 自然生态系统能流(Odum,1971)

2.3.2.3 农业生产系统能量流动的特点

农业生产系统作为一个人工生态系统,除了具有一般自然生态系统能流的特点外,还具有自身的特点。首先,农业生产系统中的能流具有双通道性。也就是说,农业生产系统中的能量投入除了以太阳为中心的自然能的输入和输出外,还具有人工辅助能量的输入和输出。这些人工辅助能量主要指化肥的施用、农药的喷洒、电力的投入、农业机械的使用等。双通道的能量输入与输出比单通道的能量输入与输出更加复杂,系统的运转效率可能加速变坏也可能加速变好。

正因为农业生产系统能流的双通道性,农业生产系统的能流不像自然生态系统那样完全处于自发状态。由于农业生产系统中人工能量的投入和人为干预,农业生产系统中的能量流动具有一定的可控性。人们可以根据自己的需求,对农业生产系统进行一定的干预,从而不断提高系统生产力来满足人类社会的需求。例如,在自然条件下,由于环境因素配合得不一定协调(可能光、热、水条件都很好,但土壤肥力不好),能流的效率会比较低;人类可以通过施用化肥,促使环境因素配合更为协调,提高生态效率。世界粮食总产量由 1964 年的 4×10^8 t 增加到 20 世纪末的 20×10^8 t,就是人类控制能流的结果(刘巽浩等,2005)。

农业生产系统要增加产出,需要加大人工辅助能量的投入。热力学第二定律的一个著名的表达就是“在真实过程中熵永远是增加的”,至少在地球上是如此(关于宇宙,则是一个争论未定的问题)(奥德姆,1993)。上述关于熵的变化的论述涉及所讨论的系统,也包括环境。熵也许会在一个系统中减少,然而在作为过程的一部分的环境中却增加得更多。这意味着,要想改变农业生产系统熵增加的趋势,必须增加人工能量的投入以减少熵值。当然这会增加周围环境的熵值。从这一点讲,提倡不投入化肥、农药等石油能的“有机农业”“生态农业”“适应农业”等尽管可以不增加周围环境的熵值,但却不能减少农业生产系统熵值增加的趋势,从而也难以提高农业生产力。

2.3.3 能值理论

2.3.3.1 能值理论的提出

根据能量系统理论观，生态系统及其他系统，均可视为能量系统。能量可用于表达和了解生命与环境、人类经济社会与自然的关系。然而不同种类不同性质的能量具有不同的质量，不能直接进行比较和数量加减；自然环境资源与经济社会的本质关系，用一般能量单位更无从表达和衡量，能量分析碰到难题，这就是所谓的“能量壁垒”，即不同来源和形式的能量的质量是不相同的，具有很大的等级差异。中外学者提出了不少方法和理论来解决这个难题，但总是找不到令人满意的答案(Odum，1981；蓝盛芳等，2001；陆宏芳等，2004，2005)。

20 世纪 80 年代，Odum H T 创立了能值(emergy)的概念理论和分析方法，为生态系统和生态经济系统的定量分析开拓了新的途径。利用能值可以衡量和比较不同类别、不同等级的能量的真实价值，把不同种类、不可比较的能量转换成可以进行比较的同一标准，进而可以衡量分析自然环境资源与经济活动的价值以及他们之间的关系(杨丙山，2006)，从而为生态经济系统开辟了衡量、比较和分析的新方法。

2.3.3.2 能值分析的主要步骤

能值的分析手段和步骤主要包括能量系统模型图和能值综合图的绘制、各种能值分析表的制定、能物流量计算、能值计算评价、能值转换率和各种评价能值指标的计算分析、系统模拟等。具体来说，能值分析的基本步骤可以分为七个步骤(图 2.8)。

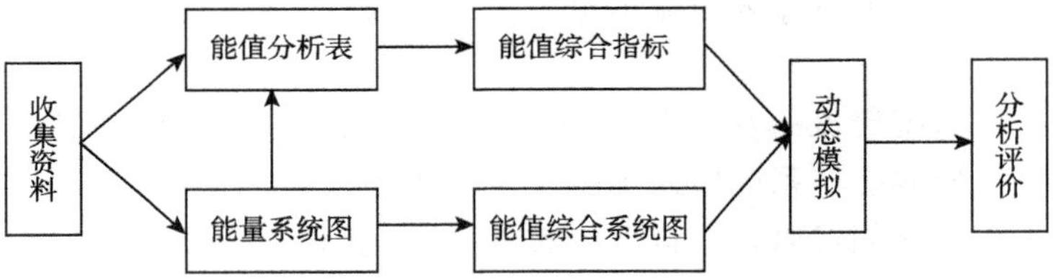

图 2.8 能值分析的基本步骤

第一步，收集基本资料，例如平均降雨量、平均径流量等环境资源，土地利用情况，人口、资源等经济活动指标。第二步，绘制能量系统图，利用各种能量语言符号将系统主要能流标注，形成包括系统主要组分及其相互关系的系统图解。例如，Odum H T 曾绘制了波多黎各地区森林系统的能量系统图，很好地解释了森林生态系统内能量的组分及其流向(图 2.9)(程淑兰等，2005)。第三步，主要是编制各种能值分析表，计算系统的主要能量流、物质流和经济流，并根据

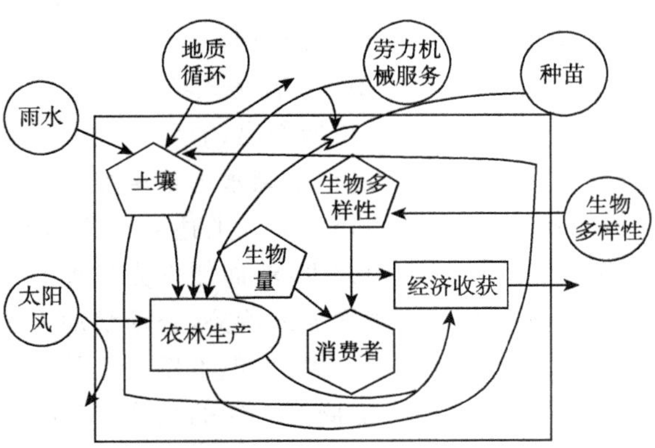

图 2.9 美国波多黎各地区森林生态系统能量系统(程淑兰等，2005)

其相应的能值转换率计算各自的能值。第四步,构建系统能值的综合结构图。第五步,建立能值指标体系。第六步,系统动态模拟。第七步,进行系统的发展评价和策略分析(杨丙山,2006)。

2.3.3.3 基本的能值指标

基本的能值指标一般包括能值/货币比率、能值—货币价值、能值投资率、净能值产出率、能值扩大率、能值自给率、能值密度、人均能值用量等。

(1)能值/货币比率一般指一个国家货币(通常转换成美元)相当的能值量,等于该国全年能值投入总量除以当年货币循环量。以农业为主的发展中国家一般都直接使用很多不花钱的本国自然资源,没有或很少用货币购买其他国家的资源产品,同时GNP较低,经济领域流通的货币较少,因而具有较高的能值/货币比率。

(2)能值—货币价值是指将生态经济系统的能值折算成货币,相当于多少币值,也称宏观经济价值,其折算方法是资源或产品的能值除以当年的能值/货币比率。

(3)能值投资率(emergy investment ratio,EIR),等于来自经济的反馈能值除以来自环境的无偿能值输入。前者如燃油、电力、物资、劳务等,均需花钱购买,也称为"购买能值(purchased emergy)";后者来自包括土地、矿藏等不可更新资源和太阳能、风、雨等可更新资源在内的自然界无偿能值(free emergy)。

(4)净能值产出率(net emergy yield ratio,EYR)为系统产出能值与经济反馈(输入)能值之比。反馈能值来自人类经济社会,包括燃料和各种生产资料及人类劳务(杨丙山,2006)。

(5)能值扩大率主要指一个系统过程中增加的产出能值与增加的投入该过程的能值之比;能值自给率指一个国家、地区或城市的本地资源能值投入与国外或外地输入能值之比。

(6)能值自给率可以用来描述一个国家或地区的对外交流程度和经济发展程度。

(7)能值密度即一个国家或地区能值总利用量与该国家和地区面积之比,可以反映被评价对象的两个特性——经济发展强度和经济发展的等级。

(8)人均能值用量是指一个国家或地区的人均能值使用量,是评价人民生活水平的指标。在农业国家或欠发达地区,人们可以从环境资源系统直接获得某些生活必需品,没有必要为此付出任何金钱。

2.4 农户资源利用相关经济理论

2.4.1 技术要素组合理论

2.4.1.1 技术要素整体论

生产力是特定的技术要素在特定的关联方式下形成的有机整体,组成生产力的各个要素具有整体性和系统性的特点,不能割裂开来。所谓的整体性,指生产力是整体性很强的有机体,构成它的要素缺一不可,而且内部要保持一定的比例关系。所谓的系统性,指生产要素是一个多层次的复杂结构,为了争取农业技术的最佳经济效果,人们必须根据生产力因素的整体组合变化规律的要求，从社会需要出发，通过自觉地控制和调整生产力系统的整体功能，尽可能减少系统的内部摩擦和能量消耗，以提高生产力系统的整体性，从而取得增产和节约。

2.4.1.2 技术要素平衡论

技术要素平衡论是农业生产要素组合原理的重要组成部分。在农业生产过程中，任何生产或技术因素都不能离开生产力诸因素而孤立地存在，更不能孤立地发生作用，在农业生产中各种技术因素是相互补充和相互促进的。任何一种生产因素，都是在生产力的运动中发生作用的，这就是农业技术要素的平衡论(马鸿运，1988)。农业技术要素平衡论包括齐备性和短线平衡性两个特点。

技术要素的齐备性，也就是生产要素的同等重要性。只有具备了必要的生产要素，才能形成生产力的有机整体。缺少了任何一个要素，就要破坏生产力的整体性，并影响生产的进行。比如种庄稼，其他要素都具备，只缺种子，生产便无从进行，农业生产的光、热、水分、养分等技术要素一个也不能缺少(何桂庭等，1987)。

技术要素的短线平衡性，指一个生产单位中，农业生产力各要素的能力往往表现不均衡，有高有低。生产力整体能力是由最低能力要素的水平基准所决定，不是由各要素平均能力水平或最高能力水平决定；一个技术要素短缺，影响到其他要素能力的发挥，就造成经济上的浪费和损失(何桂庭等，1987)。例如，假如各个技术要素的生产能力如图 2.10 所示，那么生产力的高低将不会取决于生产能力最高的资本投入，而是取决于生产能力最低的劳动力投入。

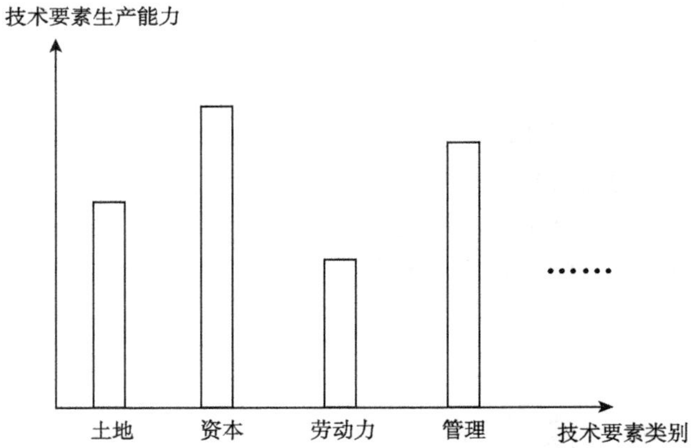

图 2.10 技术要素的平衡论示意

农业技术要素的平衡途径包括数量平衡、质量平衡、时间平衡和空间平衡 4 个方面(何桂庭等，1987)。生产要素的数量平衡指根据农业技术的要求来安排生产诸要素的数量和比例。农业生产要素之间达到完全平衡状态是最理想的。某一要素的稀缺和过量都不理想，少了会导致生产要素间的短线平衡和浪费。要素过量，继续投入生产过程，有可能遭受资源报酬递减的损失。

农业科学技术应用于农业生产，农业生产要素会由原来的质量平衡进入新的质量平衡。例如，引进技术先进的机器，就要有技术熟练的农业劳动者同它相结合。如果缺乏技术熟练的劳动者，机器就只好暂时闲置不用。提高生产要素质量并注意生产要素间的质量平衡是提高经济效果的途径之一；反之，如果忽视质量平衡，往往形成经济上的损失浪费。

农业生产具有季节性的特点，什么时期进行什么作业有季节的要求。农业生产诸要素必须适时、保质、保量地满足要求。注意时间平衡关系，费用省、经济效益显著；误了农时，耗费大、效果差，这就是农业生产要素的时间平衡。农业生产要素的时间平衡还含有动态平衡的意思。

农业生产是在广大的空间中进行的，不同地区农业生产的自然资源和经济资源存在着差异性。不同地区有不同的资源优势，根据不同地区的优势条件，并以它为中心来组织生产要素的平衡类型，做到因山、因水、因草原、因平原、因丘陵制宜，使农林牧副渔各得其所，全面发展。这就是农业技术要素的空间平衡。

2.4.1.3 要素替代原理

生产中要使用各种生产要素，或称投入品。这些生产要素或投入品的不同组合就是各种生产方式或技术。在生产中，劳动与资本总是按一定的比例配合的。在有些情况下，劳动与资本的配合比例是固定的，劳动与资本不能互相代替。例如，一单位劳动与若干固定单位资本相配合，如果劳动不增加而资本增加，则产量不能增加。这就是固定比例的生产函数。但在大多数情况下，两种投入的不同比例可以达到相同的产量，这就是生产要素的替代性。例如，为了生产 50 单位的某种产品，生产者可以使用较多的劳动和较少的资本，也可以使用较少的劳动和较多的资本。前者可以看成是劳动对资本的替代，后者可以看成是资本对劳动的替代。

要素替代分为完全替代和不完全替代两种情况。完全替代的情况一般发生在具有类似功能的不同要素之间，当某一种要素价格上升使资源利用者难以支付或不愿意支付时，它就会被另一种要素替代。拖拉机对于畜役的替代便属于此类(图 2.11)。不完全替代也称部分替代，存在于部分功能相同的要素之间。例如，当土地稀缺时，可以通过适当地增加劳动进行集约化生产而达到相同的生产目标(图 2.12)。

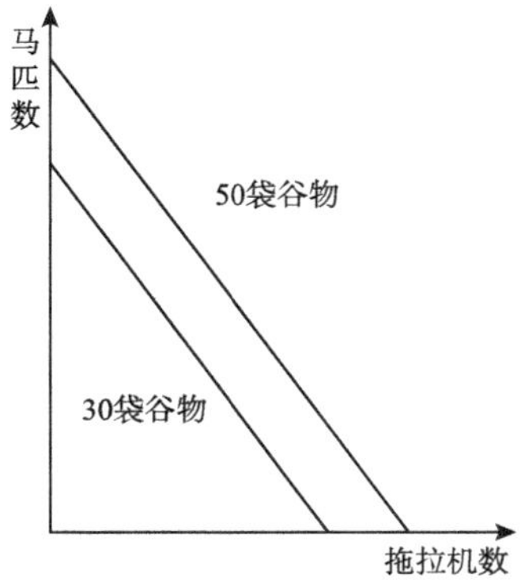

图 2.11　完全替代的等产量线(宋乃平，2004)

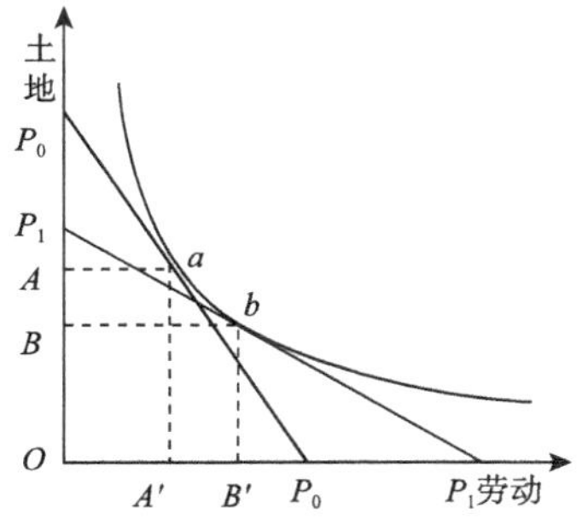

图 2.12　不完全替代的等产量线(宋乃平，2004)

由两要素之间这种相互替代的关系，可以得到边际(技术)替代率的概念。在维持产量水平不变的条件下，增加一个单位的某种要素投入量时所减少的另一种要素的投入数量，被称为边际替代率。实际上，在两种生产要素相互替代的过程中，普遍地存在这么一种现象：在维持产量不变的前提下，当一种生产要素的投入量不断增加时，每一单位的这种生产要素所能替代的另一种生产要素的数量是递减的。这一现象被称为边际替代率递减规律。

2.4.2 诱致性技术创新理论

诱致性创新理论将技术创新和制度创新作为经济增长的内生变量、而不是外生变量，对技术创新和制度创新本身的变动及其相互关系以及不同的技术与制度对经济发展的影响进行系统研究，20 世纪 60 年代以来成为现代经济学的一个主题①。

日本的农业经济学家速水佑次郎(Yujiro H)和美国的农业经济学家弗农·拉坦(Rattan V W)(2000)通过对日本和美国农业现代化道路的研究发现，尽管两国通往农业现代化道路的方式不同(日本经历的是一条以生物技术进步为主要方向的农业现代化道路；美国则走过的是一条以机械技术进步为主要方向的农业现代化道路)，但两者实现现代化的原理是相同的，即都选择了一条能够相对节约昂贵生产要素的道路(日本人多地少、耕地稀缺，农业的现代化多通过增施化肥等增加有效耕地的方式进行；美国地广人稀、劳动力相对稀缺，农业现代化多通过农业机械化等增加有效劳动的方式进行)，这就是诱致性技术创新理论的诞生。诱致性技术创新的基本含义是，当一种要素的禀赋相对于另一种要素变得更为丰富时，特定的相对要素价格会诱致出使用更多资本和节省劳动力的技术变迁。

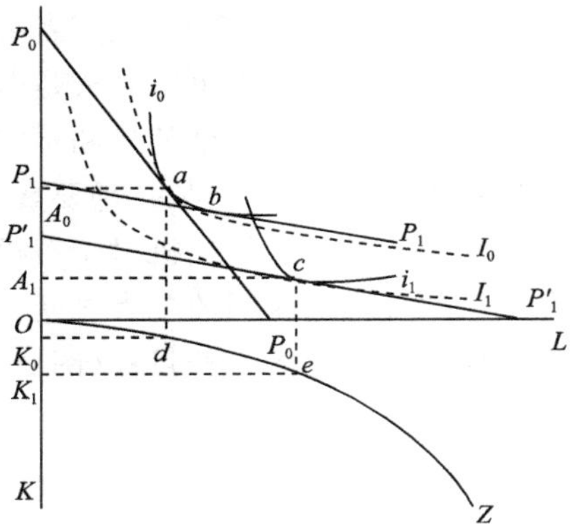

图 2.13 诱致性创新模型
(速水佑次郎，2003)

诱致性技术创新的原理可用图 2.13 来解释，它是描述劳动(L)、资本(K)和土地(A)三种要素投入，生产一种产品(如粮食)的生产关系。图 2.13 上部的 A-L 象限表示按照生产单位产品的等产量土地和劳动之间的替代关系。下部 L-K 象限中的 O-Z 线表示用劳动替代土地的情形下资本与劳动的互补关系。通过强化利用土地这样的措施进行劳动对土地的替代，资本—劳动比率(K/L)会呈指数式增长。A-L 象限中的 I 曲线表示“创新可能性曲线”，它是同一个时期内可以利用的知识和人的能力开发出来的所有技术相对应的单位等产量线的包络线。随着知识的积累和人的能力的提高，这条曲线会向下移动(图中从 0 时期的 I_0 移动到 1 时期的 I_1)。根据诱致性技术创新理论，由 i_0 表示的一种特殊类型的技术在 0 时期开发出来并被采用，因为它是在特定的土地—劳动价格比率(P_0)下生产成本最小化的技术，而土地和劳动的价格比反映了该时期这些要素的相对稀缺性。也就是说，i_0 是生产在这一组可选择的创新可能性(I_0)中努力追求最小成本点(a)而开发出来的(速水佑次郎，2003；宋乃平，2004)。

如前所述，假设劳动和资本在替代土地方面具有互补性，那么 a 点的土地—劳动比率(OA_0/OL_0)和 d 点的资本—劳动比率(OK_0/OL_0)是相对应的。在假定资本是过去劳动的产物这种特定的情形下，可以认为资本的价格相对于土地的价格大致是和劳动—土地价格比率(P_0)平行移动的。假设从时期 0 进入到时期 1，土地的相对稀缺性提高了，劳动对于土地的相对价格则会从 P_0 下降到 P_1。同时创新可能性曲线朝着原点方向由 I_0 移动到 I_1，表示用更少

① 苑鹏，李人庆．影响农业技术变迁和农民接受新技术的制度性障碍分析[EB/OL].(2005-09-07)[2015-05-24]http://rdi.cass.cn/manager/imagespic/200591283243

的要素投入生产一个单位粮食的社会能力的提高。与这些变化相对应,生产者选择过 c 点的 i_1 技术,要比选择 I_1 包络线上其他可能性更优。然而,新的技术开发出来之前,生产者还必须继续使用旧的 i_0 技术,因此,它只能从 a 点移动到 b 点。通过生产者的反复尝试,以及有组织的科学研究和开发,新的 i_1 技术将变得可用。诱致性技术创新理论的基本前提是:在从 b 点移动到 c 点的过程中,由 P_1 和 P_1' 之间的距离度量的生产者的预期收益(或成本)减少,将诱致他们为开发技术而努力,并导致技术由 i_0 移动到 i_1(速水佑次郎,2003;宋乃平,2004)。

诱致性技术创新理论指出,农户总是选择能够节约稀缺生产要素,并能够充分利用丰富生产要素的技术。由于不同国家、地区和不同的发展阶段,生产要素禀赋不尽相同,所以诱致性技术变迁的途径也不一样。在北美,土地丰富而劳动力稀缺,劳动力有着较大的机会成本,农户对于节约劳动力的技术有着更大的需求;东亚国家的农业生产恰恰相反,农业生产表现为土地稀缺而劳动力丰富,农户便选择了土地节约型的生物技术(蔡昉,1998)。

2.4.3 劳动消费均衡理论

该理论是农户经济行为的早期研究,强调农户经济行为组织具有"家庭劳动农场"性质,农户经济行为遵循的是不同于资本主义经济的行为逻辑(郑杭生等,2005),其流派最具有代表性的人物是苏联著名农业经济学家恰亚诺夫(Chayanov A V)。恰亚诺夫(1996)通过对 1870 年到第一次世界大战期间小农社区的调查报告和统计数据进行研究后发现,小农经济行为不能以资本主义的学说来解释。小农农场基本上是一种家庭劳动式农场,它不雇用家庭以外劳动力,也很少雇出劳动力,有一定数量的土地可以利用,自己拥有生产资料,并且有时不得不将其部分劳动力用于非农经济活动;而资本主义的雇佣劳动农场制,主要依赖于雇佣劳动力经营农场。不同的农场模式决定了农场经济运行机制的差异。恰亚诺夫认为,小农并非最大利润的生产者;另外,由于小农农场主要依赖于家庭劳动力,所以也不支付工资,劳动力的投入取决于家庭消费需求和劳动力的厌倦程度的平衡。

先于恰亚诺夫 40 年的索科洛夫斯基曾指出,支配小经济的规律完全不同于大经济,农民所追求的目标不同于大土地所有者。对于后者来说,生产利润是首要的,而对于农民来说,它仅是次要的意义。哪怕毫无收入,只要能够提供养活家人和牲畜的资源,他就要干。从农民的观点看,可以经营的农业地块的最低限度,并不取决于他的家庭及其牲畜的工作能力,而是取决于家庭和牲畜的最低限度之需求(秦晖,1996)。恰亚诺夫认为,家庭农场的劳动者对劳动能力的开发受到家庭消费需求的推动,当消费需求出现增长,农民劳动自我开发的程度便随之加深。另一方面,劳动能力的耗费又受到劳动本身辛苦程度的制约。同收益相比较,劳动越艰苦,生活水平就越低;尽管即使要达到这种低等的生活水平,农民家庭也往往必须付出巨大的努力,但低到一定程度,它就会放弃从事该种艰苦的劳作(恰亚诺夫,1996),与之对应的便是劳动消费的均衡模型。即农户从事农业生产主要取决于需求满足程度与劳动艰辛程度之间的基本均衡状况。如果基本均衡没能实现,即使是低水平的劳动报酬,家庭农场仍旧会投入劳动力;如果平衡已经得到实现,只有非常高的劳动报酬才能刺激农民投入更多的劳动力。这就是恰亚诺夫关于"劳动消费均衡"的"劳动家庭经济活动"理论。

恰亚诺夫模型的内容可用图 2.14 表达。在图 2.14中,纵轴表示农户的总产出或总收入,横轴表示农户的时间禀赋,分为劳动时间 L_e(从左到右地衡量)和闲暇 L_e'(从右到左地衡量)。

由于受生理因素的限制，一个人不能一天劳动24小时，因而L_e有一个最大值L_{max}。TVP曲线表示生产函数：$Y=P_Y \cdot f(L_e)$。无差异曲线I表示一定量的收入和闲暇给农户带来的效用：$U=f(Y,L-L_e)$。无差异曲线的斜率$dY/d(L-L_e)$表示主观工资率，即为了使总效用不变多放弃一单位的闲暇主观上所需要补偿的收入（也就是多增加一单位的劳动带来的收入）。Y_{min}表示农户可接受的最低收入水平，在这个收入水平上无差异曲线变为水平，这是因为若收入低于可接受的收入水平，农民可能面临生存问题，因而再多的闲暇也不能使效用增加。Y_{min}取决于家庭的人口构成消费者—劳动者比率，当家庭中只消费不生产的纯粹消费者相对增加时，家庭的消费支出增加，因而家庭可接受的最低收入水平上升（彭文平，2002）。

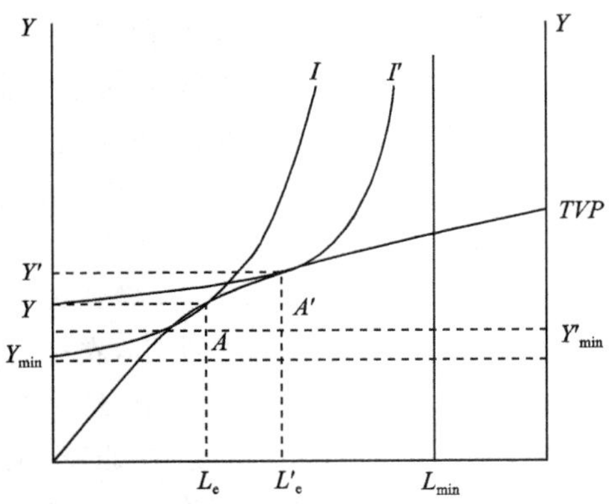

图2.14　劳动消费均衡论（彭文平，2002）

这样，农户的消费—生产决策可用最大化原理来求解：

$$\max U=f(Y,L-L_e) \tag{2.2}$$

$$\text{s.t. } Y=P_Y \cdot f(L_e),Y \geqslant Y_{min},L_e \leqslant L_{max} \tag{2.3}$$

解得均衡条件：

$$MU_H/MU_Y=dY/d(L-L_e)=MVP_L \tag{2.4}$$

即边际劳动产品价值等于主观工资率等于无差异曲线的斜率。在图2.14中均衡点是点A，这时农户投入L_e的劳动获得$L-L_e$的闲暇和Y的收入（彭文平，2002）。

恰亚诺夫认为其理论不适合于那些雇工劳动非常普遍的小农社区；同时，他也认为他的理论不适合于人口密度很高、地租制度非常强的地区，因为这些地区里农民很难在小农家庭成长时获取土地以使经营规模扩大。

2.4.4　利润最大化理论

“利润最大化”理论与“劳动消费均衡”理论的观点截然不同，该理论的基本观点是：传统社会的农民与现代资本主义社会的农场主，在经济行为上没有本质性差别，都遵循经济学的“利润最大化”原则，该理论最具代表性的人物是美国学者西奥多·舒尔茨（Shultz T W）。

在舒尔茨出版《改造传统农业》（1999）之前，发展经济学家先验地认为农民是懒惰、愚昧的，对经济刺激不能做出正常反应。一句话，农民的经济行为是非理性的，新古典分析方法是不适用的。在《改造传统农业》一书中，舒尔茨驳斥了两种长期流行且影响深远的观点：一种是认为传统农业中生产要素配置效率低下，另一种是有名的隐蔽失业理论。舒尔茨根据社会学家对危地马拉的帕那加撒尔和印度的塞纳普尔所做的详细调查资料证明，“在传统农业中，生产要素配置效率低下的情况是比较少见的”。农民多年的努力，使现有生产要素的配置达到了最优化，重新配置这些生产要素并不会使生产增长，外来的专家也找不出这里的生产要素配置有什么低效率之处。对于传统农业中有一部分人的边际生产率是零的所谓“隐蔽失业理论”，舒尔茨（1999）详细分析了这一理论的历史渊源与理论基础，并根据印度1918—1919年流行性感冒所引起的农业劳动力减少使农业生产率下降的事实证明：在传统农业中，农业产量的增减与农业人口的增减之间有着极为密切的关系，农业劳动力的减少必然使农业产量下降。所以，“贫穷社会中部分农业劳动力的边际生产率为零的学说是一种错误的学说”。由此，他认为发展中国家的农民也是精打细算的经济人，提出了“发展中国家农民在经济上是有效率的”假说。舒尔茨提出的这个假说，长期影响着发展经济学家对发展中国家农民的理解，它的合理性、限制和隐含的政策建议，仍是农民经济学研究的焦点之一（宋乃平，2004）。

该理论的另一个重要人物是赛谬尔·波普金（Popkin S），他在舒尔茨分析模型的基础上，对农户经济行为“理性”范畴进行延伸。在其代表著作《理性的小农》(1979)中，他提出中心假设——农民是理性的个人或家庭福利的最大化者，并指明“我所指的理性意味着，个人根据他们的偏好和价值观评估他们行为选择的后果，然后做出他认为能够最大化的期望效用的选择”。在“经济理性”和“期望效用最大化”假设的基础上，波普金建立了一个用“公共选择理论”揭示农民社会和农民行为的解释模式。

应该指出，“利润最大化理论”，尤其是舒尔茨的“贫穷而有效率”的学说，尽管“完全竞争市场”假设使其理论解释力受到很大的限制；但是，该理论的生命力在于它打开了对农民行为研究的“理性视角”（郑杭生等，2005）。

2.4.5 “过密化”与“分叉论”理论

黄宗智（Huang P）的“过密化”理论得益于克利福德·吉尔茨（Geertz C）等人的研究，“过密化”即 involution，原译作“内卷化”，后来改译为“过密化”，是吉尔茨在其 *Agricultural Involution：The Press of Ecological in Indonesia* 一书中对印度尼西亚爪哇岛稻作农业中由于劳动力过量投入导致的边际报酬递减现象的称谓（张常勇，2004；李秀彬，2008）。恰亚诺夫(1996)认为，在一定的生产力水平上，家庭农场的要素结合，客观上要求最适度的生产规模。在人口过剩地区，家庭农场不总是能够从手工业、商业等部门找到多余劳动力的出路。于是，农场常常增加单位土地面积上的劳动和资本，提高农业集约化程度，虽然它也会增加农业总收入，但必定会降低单位劳动的报酬。黄宗智对吉尔茨与恰亚诺夫的观点做了进一步延伸，被称为“过密化”理论。

黄宗智（1986，1992，2000）认为中国的农户经济行为既受“家庭劳动结构”的限制，又部分受到“市场经济”的冲击；同时，农民所居于的劣势社会阶层地位，对其经济行为也有一定程度的影响。所以，不能单纯用上述任何一种理论对中国农户的经济行为进行解释。黄宗智认为对于“经营式农场”，更适合用舒尔茨的“利润最大化”理论解释，对于“家庭式农场”则更适合用恰亚诺夫的“劳动消费均衡”理论解释。对于恰亚诺夫提出的“劳动消费均衡”理论，黄宗智也提出不同的见解：“小农家庭在边际报酬十分低的情况下继续投入劳动力，可能只是由于小农家庭没有相对于边际劳动投入的边际报酬概念，因为在他们心中，全年的劳动力投入和收成都是不可分割的整体。耕地不足带来的生存压力会导致这样的劳动投入达到非常高的水平，直至在逻辑上它的边际产品接近于零。”——这就是“总产出在以单位工作日边际报酬递减为代价的条件下扩展”的“过密化”学说。黄宗智以“没有发展的增长”、“过密型商品化”解释数百年来中国农村经济的变迁（张家炎，2003）。

黄宗智“过密化”假设是针对农业而言，或者说主要指农业“过密化”。黄宗智“过密化”假设是针对劳动投入而言，或者说侧重于由劳动投入所引发的“过密化”。该假设把“过密化”的主要特征定义为总产出增加，边际报酬递减。也可以认为，黄宗智“过密化”假设是以边际报酬为尺度在构建一个评价体系；或者，农业“过密化”假设以边际报酬递减为基本特征。简单来说，农业生产“过密化”状态可以由图2.15来反映。在图2.15中，劳动生产率（AP线）递减，边际报酬（MP线）递减，但总产出（TP线）表现出一种“扩展”的趋势，这就是农业生产中的过密化状态（陈勇勤，2007）。

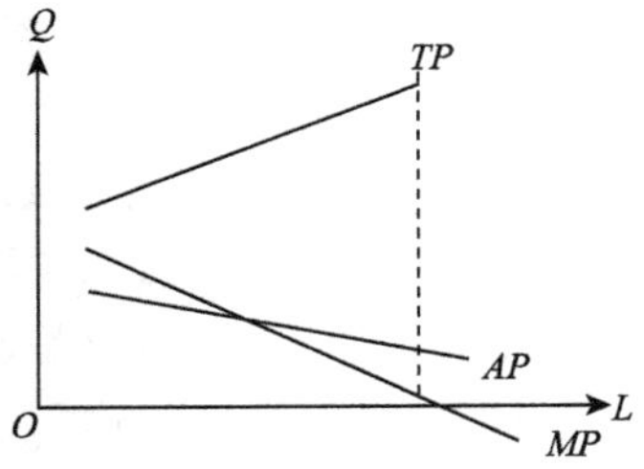

图2.15 过密化状态
（陈勇勤，2007）

在黄宗智之后对中国小农经济提出新的解释的是彭幕兰（Pomeranz，2000）的“分岔论”。在彭幕兰看来，18世纪以前的中国（江南）农业与欧洲（英格兰）基本相似，江南甚至不少地方领先，只是约公元1800年后才出现根本性的分岔，主要原因则是英国能从美洲殖民地得到大量原材料及英国国内有容易开采、接近的煤矿（而江南均没有）。此说法在不少方面对既有的学术成果进行挑战，最重要的即是认为18世纪江南不存在黄宗智所说的内卷现象，从而从根本上否认黄宗智内卷化理论的成立。

本章小结

通过农业资源利用基础理论的探讨，可以得出以下4点认知：

（1）农业资源利用系统是一个十分复杂的生态经济巨系统。这个系统不同于纯粹的自然生态系统，而是一个受到人类活动干扰的人工开放系统。

（2）在这个系统内，作物的生长系统处于核心地位。作物的生长和产量形成的基本原理是作物的“源、库、流”理论。

（3）在农业资源利用系统内，既有物质的流动，还有能量的循环。所以，能量的流动与转换理论，能值理论都是农业资源利用效率的基础理论。由于受到能量转化与守恒定律等的影响，农业资源系统内部能量流动的转化永远无法达到100%，而只能无限逼近于某一个具体值。

（4）作为一个开放的人工系统，农户进行的农业生产活动是人类干预农业资源利用系统的最直接的行为，而农户对于农业生产的干预又主要遵循农户经济学的基本理论。这些农户经济学的基本理论包括技术要素组合理论、诱致性技术创新理论、劳动消费均衡理论、利润最大化理论、“过密化”与“分叉论”。

综上所述，人工开放系统理论、作物产量形成的“源、库、流”理论、农业生产中能量转化与流动理论、农户资源利用相关经济理论四个部分共同组成了农业资源利用效率评价的基础理论框架。

第3章 农业资源利用效率评价的基本框架与方法

在着手开展农业资源利用效率评价的具体工作之前，本章要对农业资源利用效率这个概念进行一个重新地诠释，并以此作为农业资源利用效率评价的目标性框架。在此基础上，本章还将介绍宏观层次农业资源利用效率评价方法和指标体系。

3.1 农业资源利用系统的组成

3.1.1 粮食生产中的农业资源范围

粮食生产系统是指由粮食作物及其自然环境因素和人文环境因素耦合而成的、具有非线性特征的开放系统，系统内部及系统之间不断地进行着物质交换、能量转化和信息传递，从而使系统能够保持一种时间、空间及功能上的有序结构和动态平衡(王秀芬，2006)。粮食生产系统既利用植物的生命过程取得产品，又有人类劳动的投入。所以，粮食生产系统既有生态系统的特征，又有经济系统的特征，是一个复杂的生态、经济系统复合体(郝庆生，2002)。

从不同的角度分析，粮食生产系统的组成可以有不同的划分方法。用政治经济学的观点看，粮食生产系统包括生产力和生产关系两个方面；用系统科学的观点看，粮食生产系统包括生产力的各个要素及其相互关系，而生产关系即人与物及其所体现的人与人的关系，不过是生产力各要素之间关系的一部分。粮食生产系统中的劳动者占有或改进劳动资料，并使用劳动资料来改造和维护劳动对象。劳动资料中的生产工具、能源和基础设施都作用于劳动对象中的土地和生物构成的农业生态系统；生产工具和能源及劳动对象中的原材料又用于基础设施建设。劳动者通过科研活动提高科学技术和经营管理水平。

以上的粮食生产系统分析主要是从劳动者的角度进行探讨，而资源利用效率评价更多地需要从物的角度进行衡量。根据农业资源对粮食产量形成的作用，可以把农业资源分为直接作用资源和辅助作用资源(王秀芬，2006)。直接作用资源主要指粮食生产过程中必不可少的农业资源，主要包括气候资源、土地资源、水资源和肥料资源。而辅助资源主要指那些能够促进或减缓粮食产量形成的因素，主要包括劳动力、机械、地膜、农药、科技、管理等。

3.1.2 粮食生产资源利用系统的组成和划分

在明晰了粮食作物生产系统的组成后，为了便于开展粮食生产中农业资源利用效率的评价，需要对粮食生产系统进行更为规范的划分。总体上，粮食生产系统可以划分为5个组成部分,即作物生长子系统、气候资源子系统、农业水资源子系统、土地资源子系统和辅助资源子系统。

3.1.2.1 作物生长子系统

粮食作物生长子系统包括粮食作物种类、种植结构与种植制度等要素,在系统中起着“加工厂”作用,相当于整个系统的“汇”,来自其他子系统的资源汇集于此,通过作物生育将相关资源转化为延续自身生存需要和满足人类社会发展需求的生物产品或经济产品,是粮食生产系统终端输出和资源利用的系统核心(刘新卫,2005)。

作物生长子系统是粮食生产系统中物质循环和能量流动的主要场所。光合作用是作物进行物质和能量转化的主要手段。作物通过光合作用不断将太阳能转化为生物有机能,使粮食作物在维持正常生理过程的同时达到一定的能量积累并最终形成产量。不同的粮食作物品种,由于生物生理特点的差异,对于能量转化的能力也有差别。粮食作物的品种也是限制和影响粮食生产子系统发展的重要因素。

3.1.2.2 气候资源子系统

气候资源指气候条件对粮食生产提供自然物质、能源及其对粮食生产发展的潜在能力(谢高地等,2002),主要包括光能、热量、降水和空气等要素。除了粮食作物子系统外,外界的光能、热量和降水等对于粮食生产也有着重要的影响。热量是作物体内生化反应得以进行和正常发育的重要环境条件。作物的生长发育需要一定的适宜温度,温度过高或过低都不适宜粮食生产的进行。

水分因素也是作物的基本生存因子之一,粮食作物的生产离不开水分的支持。在许多地表水不太丰富的区域,大气降水就成为粮食生产系统中水分的主要来源。此外,空气也是粮食作物生长发育所必需的条件,作物进行呼吸作用都离不开空气。

3.1.2.3 农业水资源子系统

除了大气降水外,粮食作物系统中的水资源还包括灌溉水、地下水和土壤水三个部分。粮食作物对水资源利用主要表现为:通过水的溶解和运输获得土壤中的营养物质,利用水在叶面蒸腾作用调节作物体内温度;另外,水还是粮食作物在其生理过程中完成碳水化合物制造的前提(刘新卫,2005)。在各类水资源中,大气降水是其他水资源的直接或间接来源;灌溉水则兼具自然和经济社会两种属性;地下水指地下含水层的动态水量,对于粮食生产而言,只有浅层地下水才具有利用价值;土壤水作为农作物生长所需水分的直接补充来源,是农作物吸收养分的主要渠道(王秀芬,2006)。

3.1.2.4 土地资源子系统

本书所指的土地资源主要指与粮食生产密切相关的土地质量因素,主要包括土壤养分、立地条件和土壤水分。土壤养分主要指粮食作物生产所需水分和 N,P,K,Ca,Mg,S 以及各种微量营养元素;立地条件主要指影响粮食生产的地貌、地面坡度等,可以为粮食生产提供空间场所;土壤水分的概念与农业水资源子系统中的概念相同。土地一方面是作物生长的必需载体,另一方面土地也能够为作物的生长提供一些必需的水分、肥料等物质。

3.1.2.5 辅助资源子系统

辅助资源子系统包括地膜、农药、化肥、劳动力、机械动力、科学技术、政策等。相对于直接作用资源而言,这类资源的共同特点是它们并不直接参与粮食产量的形成过程,但对于提高粮食产量的意义重大。它们能使作物生长方式或生活过程较好地适应自然环境变化,或者通过改善自然环境条件使之更适宜于作物生长,使粮食生产过程更为有序,粮食产量得到很大提高(王秀芬,2006)。

劳动力(主要指劳动者)是粮食生产中最具影响力和最活跃的关键因素。劳动者能够有目的和针对性地干预粮食生产,有效地扩大粮食生产目标产出物。其他辅助资源的投入,诸如地膜的使用、化肥的施用、机械的投入等都需要劳动者作为媒介。此外,作物成长过程中的管理,科学技术的运用也都离不开劳动者的参与。除了劳动者外,劳动者使用的劳动工具或劳动者借助的辅助材料也是辅助资源的主要组成部分。例如,劳动者可以通过对粮食作物覆盖地膜的方式,提高粮食生产过程中的温度;可以通过有选择地施用化肥的方式,帮助增加作物所需肥料;可以通过运用农业机械的方式,进行粮食的播种或收割;劳动者可以通过农药的喷洒,有效解决作物生长过程中的病虫害问题。

总之,粮食生产系统是一个复杂的生态经济巨系统。在这个系统中主要包括作物、气候资源、水资源、土地资源和辅助资源5个作物子系统。5个子系统之间相互制约、相互影响、相互促进,以粮食作物生长为载体,不断进行着物质、能量、价值和信息的交流传递,从而使得各农业资源得到有效利用,最终完成粮食产量的形成过程。

3.2 农业资源利用效率的重新诠释

3.2.1 农业资源利用效率的再认识

“农业资源利用效率”这一概念是在开展农业资源高效利用时提出的,其内涵也大多围绕农业资源高效利用的内涵给出。封志明等(2002)认为,农业资源的高效利用是高的资源效益、经济效益和生态效益的三统一,而结合中国资源有限的基本国情,农业资源高效利用的第一含义应是资源利用效率高。在此基础上,农业资源利用效率一般被认为指资源利用的程度和有效性,包括资源利用率与资源产出率两层含义。郑海霞(2004)、刘新卫(2005)、王秀芬(2006)等研究者也基本认同这个定义。其后的诸多农业资源利用效率的评价也基本围绕这个内涵展开。

通过对前人诸多研究成果的综述,本书尝试提出一种新的农业资源利用效率概念的理解。即,本书认为“农业资源利用效率”这个概念应该是“农业资源+利用(率)+(生产)效率”的组合。这里的“农业资源利用率”与常规农业资源利用效率含义中所包含的“资源利用率”的内涵是相同的,而农业生产效率则与常规农业资源利用效率含义中所包含的“资源产出率”理解略有差别。本书的下述部分将分别针对这两个概念展开深入的探讨。

3.2.2 农业资源利用率

农业资源的利用率这个概念并不难以理解，它其实是指农业资源利用的广度。比如在目前农业水资源利用效率评价中常用的灌溉指数，它只是表明农业水资源利用的广度。应该说，灌溉指数高，并不代表农业水资源被高效利用；灌溉指数低，也不代表农业水资源被粗放利用。农业水资源的高效利用与否主要还是取决于一些表征农业水资源利用深度或者程度的指标。

根据这个理解，可以大致将农业资源利用率定义做如下表达：

农业资源利用率＝利用的农业资源量/农业资源总量

当然，这种理解只是一个一般化和概念化的理解，并不是放在所有利用率的指标上都合适。

3.2.3 效率的内涵

在分析生产效率的内涵之前，可以先简单回顾效率的概念。在效率的论述中最主要的概念是帕累托效率(Pareto efficiency)。帕累托效率也称为帕累托最优、帕累托改善，是博弈论中的重要概念，并且在经济学、工程学和社会科学中有着广泛的应用。帕累托最优是指资源分配的一种理想状态，假定固有的一群人和可分配的资源，从一种分配状态到另一种状态的变化中，在没有使任何人境况变坏的前提下，使得至少一个人变得更好，这就是帕累托改进或帕累托最优化。帕累托最优的状态就是不可能有更多的帕累托改进的余地；换句话说，帕累托改进是达到帕累托最优的路径和方法。帕累托最优是公平与效率的“理想王国”。

一般来说，达到帕累托最优时，会同时满足以下 3 个条件：①交换最优：即使再交易，个人也不能从中得到更大的利益。此时对任意两个消费者，任意两种商品的边际替代率是相同的，且两个消费者的效用同时得到最大化；②生产最优：这个经济体必须在自己的生产可能性边界上。此时对任意两个生产不同产品的生产者，需要投入的两种生产要素的边际技术替代率是相同的，且两个消费者的产量同时达到最大化；③产品混合最优：经济体产出产品的组合必须反映消费者的偏好。此时任意两种商品之间的边际替代率必须与任何生产者在这两种商品之间的边际产品转换率相同。通过以上分析可知，“效率”概念描述的是理论上的一种资源配置“最适度”或“最佳”的理想状态，现实中不可能完全达到(徐涛，2003)。

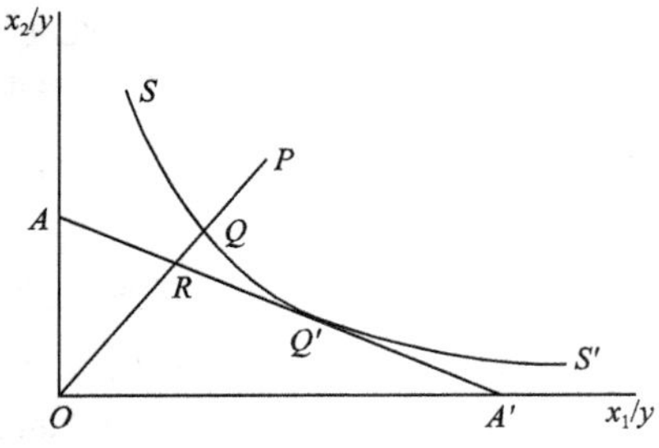

图 3.1 效率概念示意
(李双杰等，2006)

对于效率的评价最初主要由 Farrell(1957)提出。Farrell 在 Debreu(1951)的工作基础上，定义了一个考虑多投入的企业效率评价的概念。后来，Färe 等(1994a，1994b)和 Lovell(1993)等人对企业效率评价进行了详细的讨论。Farrell 提出的效率包括技术效率和配置效率两种。Coelli(1996)用两种投入和一种产出直观表达了 Farrell 效率的基本概念[假设前沿生产函数 $y=f(x_1,x_2)$ 为规模报酬不变](李双杰等，2006)。如图 3.1 所示，x_1 和 x_2 是两种投入，y 是产出。令 $y_{Q'}=y$，SS' 表示产出水平为 y_0 的等产量曲线。由于 y'_Q 是 SS' 上的投入组合在现有技术水平下所能生产出来的最高产出水平，所以 SS' 表示了完全技术效率的决策单元集(DMUs)。当决策单元在 P 点生产时，线段 QP 代表其技术无效率。技术效率可以表示为：

$$TE = OQ/OP$$

图 3.1 中，AA' 是决策单元的成本预算线，AA' 与 SS' 相切于 Q' 点。如果决策单元在 Q' 点进行生产，则能以最小成本、最佳投入配置进行生产。在 P 点组织生产时，必须用更大的投入量来生产 OR，实际生产成本为 OP，则决策单元的总经济效率为：

$$EE = OR/OP$$

总经济效率中不能用技术效率解释的部分定义为(资源)配置效率，图 3.1 中 RP 表示配置无效率，配置效率可以表示为：

$$AE = OR/OQ$$

所以，$EE = OR/OP = (OQ/OP) \times (OR/OQ) = TE \times AE$

由以上分析可知，只有当 DMU 在切点 Q' 上生产时，EE 与 AE 才等于 1，这时 TE 也等于 1。当 TE 等于 1 时，DMU 必定在等产量曲线上生产，这时 EE 等于 AE，但不一定等于 1。以上分析可以扩展到 DMU 为多投入、多产出的情况，仅需要将图 3.1 中的等产量曲线变为多维等产量超平面(李双杰等，2006)。

3.2.4 生产效率的内涵

在经济学理论研究和实践中，“效率”一词并没有得到与上述概念相似的确切统一定义。“帕累托效率”虽然描述出了资源有效配置的可能边界，但定义它的一系列“边际条件”①却无法给出衡量资源实际配置状态与有效配置状态差距的具体位置，基于此很难继续做出可行的扩展研究。因此，众多学者在使用“效率”这个概念时，各人只是根据自身所涉及的具体内容给出一个相应大致准确的含义。其中，一种具体反映资源实际配置和利用情况的“效率”概念逐渐得到承认并被广泛应用，其一般被定义为达成目标之资源使用程度。显然，这一“效率”概念不仅能够体现资源的实际配置与利用状态，甚至可以反映出相对于资源有效配置的“最优”状态，反映出目前资源利用中所存在的改进空间(王学渊，2008)。

根据这一“效率”概念的理解，生产效率一般被定义为一定经济、社会条件下，实际产出与最大产出两者间的比率或者最小投入与实际投入之间的比率。可反映出达成最大产出、预定目标或是最佳营运服务的程度。亦可衡量经济个体在产出量、成本、收入，或是利润等目标下的绩效(樊纲，1992)。如果生产者以最少量的生产资源耗费生产出了最大可能的产量，此时就实现了生产资源的合理有效配置；否则，实际的生产资源配置利用状态就只是低效率的或者无效率的。生产效率又可以进一步分解为生产率和生产配置效率。

3.2.4.1 生产率的内涵

生产率的含义起源于西方 18 世纪，当时认为劳动力是唯一的生产性资源，劳动生产率是

---

① 条件之一：任意两种商品的边际替代率，对于任意两个消费者来说都是相等的，即消费品的配置达到最优。条件之二：不管出于任何目的，对任何两种生产要素做何用途，其边际替代率相等，即生产要素的配置达到最优。条件之三：任何两种物品的边际转换率(相当于机会成本)等于它们在消费者的边际替代率，即此时的生产和消费的关系达到最佳，生产结构和消费结构实现了最优组合。

有意义的。之后很多专家学者根据自身研究的需要分别给出自己的定义。美国国家标准I94《工业工程术语》(1982年)给生产率下的定义是:产出与总投入的比值。我国《辞海》(夏征农,1989)的解释是:一般指单位设备或设备的单位容量,在单位时间内生产的合格产品数量。由此可以看出,生产率是一般指生产过程中产出与所需投入之间的比率。在具体研究中,根据投入要素的数量,可将生产率分为单要素生产率、多要素生产率或全要素生产率(张忠明,2008)。

下面通过一个仅有三个要素投入的生产函数对生产率进一步明确界定:

令
$$Y=Af(X)=Af(K,L,S)$$
其中Y代表产出量,A为综合技术水平,X是投入的所有要素,K,L,S分别代表资本、劳动和土地的投入。

单要素生产率是指某一投入的要素与总产出之间的比例关系,即单要素生产率等于Y/X_i(X_i指某一投入要素),对于投入的土地要素而言,其生产率等于Y/S。多要素生产率指对投入要素根据一定的权重进行加总后得到的投入与产出之间的比例关系,即全要素生产率可表示$Y/\sum w_i x_i$。其中w_i为各个要素x_i的权重,一般可用要素x_i的产出弹性表达(张忠明,2008)。

用生产率指标来衡量生产效率的最大的缺陷在于它没有考虑到生产中其他投入要素的影响,所以难以度量潜在的产出水平。农业生产,特别是粮食生产是由光、温、水、土、劳动力、化肥等多投入要素共同参与和发挥作用的过程,任何一种要素都不能离开其他投入要素而独立地生产出农产品,各种资源必须与其他投入要素结合在一起才能实现农业生产。常规的生产率指标只能衡量资源投入和产出之间的比例关系,而在实际生产中,产出总是和所有投入要素相关联。所以,农业生产效率的评价如果只考虑农业资源生产率将存在很大的局限性。

3.2.4.2 生产配置效率的内涵

生产资源的有效配置是指在特定经济环境和技术条件下,使获得的所需资源得到最大限度的利用,实现产出最大化的资源配置状态,投入最小化与产出最大化是生产资源有效配置的根本标志和最终目的(孙巍,1999)。实际经济活动中,由于生产技术和管理水平难以充分发挥,且受规模经济的限制,资源有效配置状态和实际无效配置状态的差距难以避免。为寻找出尽可能减少相关效率损失的可行措施,就要求对资源实际无效配置状态和有效配置状态的差距进行具体测算与分析,而生产配置效率恰恰为清晰全面地衡量这种差距提供了基本的概念框架(王学渊,2008)。

生产配置效率是评价资源生产效率的相对指标,是度量在固定数量的要素投入下实际农业生产达到最大产出的程度,或者是在固定产出条件下所能实现最小要素投入的程度,它是一个不大于1的正数。相对于单要素的生产率指标,生产配置效率作为相对指标无量纲,不会受变量单位变化的影响,能够很好地测度出农业资源各要素在农业生产中的经济与技术效率。此外,生产配置效率可以反映长期均衡中的实际配置状态与有效配置状态之间的生产资源使用差异,说明生产资源真正能得到有效利用的改进空间,而且其中也能够体现各种生产要素之间的相互影响。由微观经济学中的生产可能性最大产出边界和等产量线的最小投入边界的描述可知,在假定投入确定条件下的产出扩张和在假定产出确定条件下的投入压缩是提高资源生产配置效率的两个基本途径(孙巍,1999)。那么,在具体衡量资源实际配置状态与有效配置状态之间的差距时,就可以分别基于产出或投入的不同角度对经济资源的生产配置效率进行测算(王学渊,2008)。

生产配置效率可以用综合技术效率(technology efficiency,TE)来度量,而综合技术效率又可以进一步分解为纯技术效率(pure technology efficiency,PTE)和规模效率(scale efficiency,SE)。其中,纯技术效率是指特定的生产技术水平决定的投入要素利用程度;规模效率是指实际生产状态比较规模有效状态的投入要素利用程度。总的说来,在不考虑价格因素的条件下,基于投入的生产配置效率反映的是最小投入或成本与观测投入和成本的比值,是考虑了所有效率损失的综合效率,而效率损失则主要由生产过程中的技术条件、投入和产出可处置度以及规模经济性决定。

3.2.5 农业资源利用效率评价框架

通过前文对于农业资源利用效率、农业资源利用率、效率、生产效率、生产率、生产配置效率这几个概念的分析可知,完整的农业资源利用效率应该包括两部分:利用率和生产效率。利用率的概念相对简单,不需要再进一步分解,但生产效率这个概念则可以再进一步细分。生产效率可以进一步划分为生产率和生产配置效率。生产率又可以分为单要素生产率、多要素生产率和全要素生产率;生产配置效率也可以进一步分解为纯技术效率和规模效率。所以,本书的农业资源利用效率评价框架要能兼顾各分解后的各类型农业资源利用效率(图 3.2)。

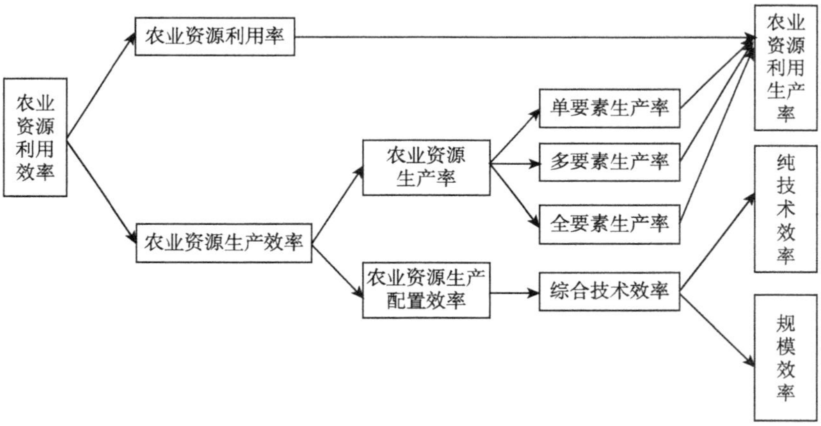

图 3.2 农业资源利用效率评价的框架

农业资源利用率的内涵及其评价相对简单,此处不再赘述。农业资源生产率的评价则不仅要考虑单要素的生产率评价,还要考虑多要素甚至是全要素的生产率评价,以此来反映农业资源生产过程中产出与所需投入之间的比率。考虑到目前许多农业资源利用效率研究中都将农业资源利用率指标和农业资源生产率指标混合使用,本书也将这两者组合在一起,形成“农业资源利用生产率”的概念。农业资源利用生产率的评价主要利用统计数据进行宏观层面上的分析。但是,由于实际生产中产出总是和所有投入要素相关联,宏观层面的农业资源利用生产率评价将会存在很大的局限性,难以反映不同资源利用效率之间的配置组合关系,而且也是不完全的。所以,在开展宏观层面上的农业资源利用生产率评价的同时,仍要进行农业资源生产配置效率的评价。农业资源生产配置效率的评价将分别进行技术效率和规模效率的评价,其数据主要来源于农户调查。

通过以上分析，最终建立了本书的农业资源利用效率评价框架(图 3.2)，本书的农业资源利用效率评价最终分解为农业资源利用生产率评价、农业生产技术效率评价和农业生产规模效率评价 3 个部分。

3.3 农业资源利用生产率评价指标及其解释

指标评价法是宏观层面上评价农业资源利用生产率的常用方法。能否科学、合理地选取评价指标对于能否获得一个科学、合理的评价结果至关重要。因此，下面将主要讨论农业资源利用生产率的各单项资源指标和综合指标的选取。

3.3.1 农业气候资源利用生产率评价指标及其解释

气候资源包括光照、温度、降水等资源，粮食生产的气候资源利用生产率指标也主要从这几个方面选取。气候资源利用生产率评价指标主要包括光能利用率、光合潜力利用率、光温潜力利用率、热量产出率、耗热系数、降水产出率、耗水系数等。其中，由于在灌溉农区降水产出率受灌溉的影响较大，因此把降水资源利用生产率放到农业水资源利用生产率的评价指标体系中。结合数据的可获取性，本书初步选取了以下 4 个指标进行气候资源利用生产率的评价。

3.3.1.1 光能利用率

光能利用率指单位面积上作物经济产量折能与同期、同面积上的太阳总辐射之比。该指标主要用以评价一个地区作物生产的基本状况，反映作物生产第一环节的生产效率。其计算公式为：

$$LUE = (h \times m)/\sum Q \times 100\% \tag{3.1}$$

式(3.1)中，LUE 为光能利用率(%)，m 为单位面积上作物经济产量(kg/hm^2)，$\sum Q$ 为作物生长期间的太阳总辐射量(MJ/m^2)，h 为单位干物重燃烧热，取 1.779×10^4 kJ/kg。

3.3.1.2 光合潜力利用率

光合潜力利用率指单位面积粮食产量与同期、同面积上的光合生产潜力的比值，用以反映现实粮食作物生产相对于光合生产潜力的实现程度，单位为%。

3.3.1.3 光温潜力利用率

光温潜力利用率指单位面积粮食产量与同期、同面积上的光温生产潜力的比值，用以反映现实粮食作物生产相对于光温生产潜力的实现程度，单位为%。

3.3.1.4 热量产出率

农业气象学的热量条件用积温表示，≥0℃的积温表示全年生长期的热量条件，≥10℃的

积温表示喜温作物生长的热量条件。热量产出率的计算一般采用≥0℃的积温来表示作物的热量条件,其计算公式为:

$$HUE = Y/\sum t \geqslant 0℃ \tag{3.2}$$

式(3.2)中,HUE 为热量产出率[kg/(℃·d·hm^2)],Y 为粮食单产(kg/hm^2),$\sum t \geqslant 0℃$ 表示≥0℃的积温(℃·d)。

3.3.2 农业水资源利用生产率评价指标及其解释

农业水资源系统是农业生产系统中较为复杂的一个子系统。水资源的类型不仅多样而且参与了农业生产活动的多个环节。通常,根据评价目标的不同,农业水资源利用生产率一般可以分为宏观层次和微观层次的两类评价指标。宏观层次的水资源利用生产率评价指标主要有降水产出率、灌溉水产出率、灌溉指数、水资源潜力利用率、总水分生产率等;微观层次的水资源利用生产率评价指标主要有作物耗水生产效率、作物耗需水比率等。

由于本书主要从宏观上比较常熟市、泰和县和安塞县的资源利用生产率的差异,反映作物生理特征的水资源利用生产率指标数据较难获取。因此,本书仅从宏观层次上选取以下5个指标对农业水资源的利用生产率进行了评价。

3.3.2.1 降水产出率

降水产出率是粮食生产的农业水资源利用生产率评价的基础,通过单位耕地面积粮食产量与全年降水量之比表达。用全年降水量主要是考虑到降水渗入土壤影响土壤墒情的原因。降水产出率的计算公式为:

$$PUE = Y/P \tag{3.3}$$

式(3.3)中,PUE 为降水产出率[kg/(mm·hm^2)或 kg/m^3];Y 为单位面积粮食产量(kg/hm^2);P 为全年降水量(mm)。

3.3.2.2 灌溉水产出率

灌溉水产出率指单位灌溉水量所能获得的粮食产量,用来衡量灌溉水对粮食生产的有效程度。灌溉水产出率的计算公式为:

$$IUE = Y/IPCLA \tag{3.4}$$

式(3.4)中,IUE 为灌溉水产出率[kg/(mm·hm^2)或 kg/m^3];Y 为单位耕地面积粮食产量(kg/hm^2);$IPCLA$ 为单位耕地面积平均灌水量(m^3/hm^2)。

3.3.2.3 灌溉指数

灌溉指数,也称作有效灌溉率,是反映灌溉水利用程度的一个宏观统计指标,在缺乏资料的情况下用有效灌溉面积占耕地总面积的比例表达。其计算公式为:

$$II = EI/TC \times 100\% \tag{3.5}$$

式(3.5)中,II 为灌溉指数(%);EI 为有效灌溉面积(hm^2);TC 为总耕地面积(hm^2)。

3.3.2.4 水资源潜力利用率

水资源潜力利用率是反映水资源潜力开发利用程度的指标，通过单位面积粮食产量与同期、同面积水资源生产潜力的比值表达。其计算公式为：

$$UEP = Y/PTWP \times 100\% \tag{3.6}$$

式(3.6)中，UEP 为水资源潜力利用率(%)；Y 为单位耕地面积粮食产量(kg/hm^2)；$PTWP$ 为水资源生产潜力(kg/hm^2)。

3.3.2.5 总水分生产率

总水分生产率是指在一定生产条件下单位水资源量所能获得的粮食产量，从总体上反映粮食生产中天然降水和灌溉水资源总的产出效果。其计算公式为：

$$WUE = Y/(PPCLA + IPCLA) \tag{3.7}$$

式(3.7)中，WUE 为总水分生产率[$kg/(mm \cdot hm^2)$或 kg/m^3]；Y 为单位耕地面积粮食产量(kg/hm^2)，$PPCLA$ 为单位耕地面积降水量(m^3/hm^2)；$IPCLA$ 为单位耕地面积平均灌水量(m^3/hm^2)。

3.3.3 耕地资源利用生产率评价指标及其解释

耕地是粮食生产的载体，粮食总产量首先决定于耕地资源数量及其利用效率。特别是在我国人均耕地资源相对紧张的背景下，耕地资源利用生产率对于粮食生产显得尤其重要。粮食生产的耕地资源利用生产率主要有反映耕地利用率的复种指数，反映粮食生产对耕地吸引力的粮播面积比例，反映耕地质量的土地有效系数，反映耕地产出能力的土地生产率以及反映现实产量相对于土地生产潜力挖掘程度的土地潜力利用率等。本书主要选择了以下 5 个指标评价耕地资源的利用生产率。

3.3.3.1 复种指数

复种指数指农作物的播种面积与耕地面积的比值，用以表示单位耕地面积在一年内重复利用的比例，是反映耕地利用程度的指标。也有学者认为它是衡量热量利用状况的指标，单位为%。

3.3.3.2 粮播面积比例

用以反映粮食生产对耕地资源的吸引力和利用程度，通过区域粮食作物播种面积与区域农作物总播种面积的比值表达(%)。

3.3.3.3 土地有效系数

土地有效系数是综合考虑土壤质量、地形坡度、水土流失等因素对土地生产力的影响，利用土壤质量、立地条件和地形坡度等指标进行综合评分，得到土壤对土地生产力衰减程度的指标。具体计算方法见 3.4.4 节。

3.3.3.4 土地生产率

土地生产率用单位耕地面积上形成的农作物总产量表达，也即粮食单产，单位为 kg/hm^2；它是其他一切农业资源产出率评价的基础。对土地资源而言它是一个单项指标；但由于粮食生产以土地资源为载体，实际上单位面积土地内涵上包含了粮食生产的其他各类农业资源，因而它又是一个综合指标。

3.3.3.5 土地潜力利用率

土地潜力利用率是单位面积粮食产量与同期、同面积土地生产潜力的比值，反映土地生产潜力被开发利用的程度(%)。

3.3.4 生物资源利用生产率评价指标及其解释

生物资源的利用效率在一定程度上也影响着粮食资源利用生产率，本书主要选择了良种普及率和秸秆还田率2项指标进行评价。

3.3.4.1 良种普及率

良种普及率(%)是反映人们对粮食作物优良品种资源利用程度的指标，计算公式为：

良种普及率=(良种作物播种面积/粮食作物总播种面积)×100%

3.3.4.2 秸秆还田率

秸秆还田率(%)在一定程度上反映了作物秸秆资源科学利用情况，计算公式为：

秸秆还田率=(还田秸秆量/总秸秆量)×100%

主要通过农户调查的方式获取。

3.3.5 辅助资源利用生产率评价指标及其解释

农业生产过程中的辅助资源投入包括肥料、灌溉、地膜、农药和劳动力等方面，其中灌溉已在农业水资源评价予以考虑，而地膜、农药和农业机械投入带来的产量增长的完整数据难以获取，因此这里仅选择了化肥产出率、化肥利用率和劳动生产率3项指标进行辅助资源利用生产率的评价。

3.3.5.1 化肥产出率

科学计算化肥产出效果应通过田间实验从实物量角度进行，用单位纯量投入除以粮食产品增量表达。但因条件限制，通常只能以化肥产出率作为衡量化肥农田生产率的指标。其计算公式为：

化肥产出率(kg/kg)=单位面积单位时间粮食总产(kg/hm^2)/同时间同面积化肥折纯投入总量(kg/hm^2)

由于统计年鉴的化肥总投入既包括粮食作物生产的化肥投入，还包括其他农作物的化肥投入，所以化肥产出率可以进一步用以下公式求取：

$$化肥产出率=\frac{粮食总产量}{粮食作物播种面积}/\frac{化肥总投入}{农作物播种面积} \tag{3.8}$$

3.3.5.2 化肥利用率

化肥利用率也叫化肥利用系数，或化肥中养分回收率。通常指的是某种养分被当季作物吸收利用的数量占施用肥料中该养分的百分数。数量上等于化肥的农田生产率与生理生产率的比值，或施入农田的单位化肥纯量所得的作物产品增量与作物吸收到体内的单位化肥纯量所增产之比，用百分率表达。计算公式如下：

$$F_{ur}(\%)=\frac{F_{pr}}{F_{ppr}}\times 100\%=\frac{F_{uo}-F_{a}}{F_{u}}\times 100\% \tag{3.9}$$

式(3.9)中，F_{ur}为化肥利用率；F_{pr}为化肥的农田生产率；F_{ppr}为化肥生理生产率；F_{uo}为施肥区作物吸收某种养分的量；F_{a}为无肥对照区作物吸收某种养分的量；F_{u}为养分肥料投入量（折纯量）。

化肥利用率一般通过试验得出，但由于本书所选三个案例区的化肥利用率试验不多，难以全部获取到化肥利用率的试验数据。所以，三个案例区中有区域化肥利用率试验数据的直接采用试验数据；没有试验数据的采用陈同斌等(2002)等提出的化肥利用率的计算方法，该方法的主要步骤如下：

(1)预备计算

根据现有数据资料，首先求出不同地区单位播种面积化肥施用量和单位播种面积的作物产量，再根据所得结果求出化肥的产出率：

化肥产出率(kg/kg)＝单位播种面积粮食产量(kg/hm^2)/单位播种面积化肥施用量(kg/hm^2) (3.10)

根据预备计算得出某一区域作物的不施肥产量、最高产量及最高产量施肥量，这3个指标计算的具体步骤为：

①根据1990—2005年单位播种面积化肥施用量和单位播种面积粮食产量的变化，为保证计算时有足够的数据点，可以选用案例区所在省份内以行政县为基本单元①，计算二者的回归方程式。根据前人的大量研究结果，化肥施用量与粮食产量间的效应曲线符合报酬递减规律，即满足下述抛物线方程：

$$Y=b_0+b_1X+b_2X^2 \tag{3.11}$$

式(3.11)中，Y为粮食单产(kg/hm^2)；X为单位播种面积化肥施用量(kg/hm^2)。

②根据所求得的回归方程（肥料效应函数），求出相应地区的对照产量（不施肥时产量b_0）、最高产量（现有条件下通过施肥可达到的最高产量）及达到最高产量时相应施肥量。

③根据参与计算范围内各县的实际施肥及产量变化情况，在求得各组中所有县施肥量和粮食产量平均值的基础上，计算各县的实际施肥量与粮食产量和平均值的距离，并以此为依据，对上述3组数据进行重新计算。

① 例如，泰和县的肥料方程由江西省1990—2005年间各县的化肥投入与产量数据回归而成。

(2)计算化肥利用率

本书中化肥利用率的计算是在前述不施肥产量、最高产量及最高产量施肥量3个参数计算的基础上,参照化肥利用率计算的差值法进行的,具体步骤为:

①计算施肥产量:将各县2000—2005年产量的平均值作为当前产量,以当前产量减去前述计算所得的不施肥产量,即为施肥产量(肥料效应)。

②计算当前施肥水平下的养分吸收量:首先,假定粮食作物仅包括水稻、小麦和玉米3类,分别计算3类作物占粮食总产量的百分数,并以此作为每种作物占粮食作物播种面积百分数之依据;其次,按有关结果计算获得相应施肥产量时的秸秆产量,即水稻产量×0.9、小麦产量×1.1、玉米产量×1.2;再次,按水稻稻谷中平均含N 1.18%、P 0.29%、K 0.35%,稻草中含N 0.91%、P 0.13%、K 1.89%,小麦籽粒中含N 2.05%、P 0.36%、K 0.52%,麦秸中含N 0.65%、P 0.08%、K 1.05%,玉米籽粒中含N 1.56%、P 0.31%、K 0.57%,玉米秸秆中含N 0.92%、P 0.15%、K 1.18%,计算相应的粮食作物吸收的氮、磷、钾总量。

③计算化肥利用率:以上述计算所得的粮食作物吸收的氮、磷、钾总量除以化肥总施用量,再乘以100%。利用该方法所求得不同地区的化肥利用率,虽然与试验方法所求得的结果相比,其精确度较低,但也具有一定的实际意义和参考价值。

3.3.5.3 劳动生产率

劳动生产率(kg/人)是衡量粮食生产劳动效率的综合指标,反映了一定时间内劳动力粮食生产能力,计算公式为:

$$\text{劳动生产率}=\text{某地区单位时间粮食生产总量}/\text{同地区农业劳动力总数} \tag{3.12}$$

3.3.6 农业资源综合利用生产率评价指标体系

粮食生产的农业资源利用过程是各类资源相互耦合的过程,农产品的形成是多项农业资源共同作用的结果,任何一项资源的丰缺,都会对农业资源综合利用生产率产生影响。即粮食生产的农业资源利用过程是多项农业资源以粮食作物为载体共同作用形成农产品的过程,而农业资源综合利用生产率则是多项农业资源相互影响、相互作用的结果。因此,在粮食生产的单项农业资源利用生产率评价的基础上,提取各单项指标中相对独立的代表性指标进行农业资源综合利用生产率的评价(刘新卫,2005;王秀芬,2006)。

3.3.6.1 构建农业资源综合利用生产率评价指标体系的原则

(1)科学性原则

综合评价指标体系应能科学、合理地反映出农业资源在粮食生产系统内部的运动、转化状况和区域农业资源的主体特征、发展趋势以及主要问题。

(2)层次性原则

农业资源在粮食生产系统中相互联系、彼此依存的耦合性要求在构建评价指标体系时,指标应具有较强的结构层次性和顺序性。粮食生产农业资源利用系统包括气候资源系统、水资源系统、土地资源系统等子系统,每一子系统又可以用众多的指标进行测度。综合性评价指标体系一般由3～4层构成,越往上指标越综合,越往下指标越具体。

(3)可操作性原则

评价指标的可操作性决定了评价结果的精度。各指标应简单明了，便于获取，易于量化。指标具有较强的可测性和可比性，指标的设置应尽可能简洁，避免繁杂。

(4)相互独立性原则

独立性原则是评价指标体系选取的基本原则，所选取的评价指标不能具有太大的相关性。

3.3.6.2 农业资源综合利用生产率评价指标体系的构建

根据以上原则，结合专家知识，最后筛选确定了 17 个农业资源利用生产率的综合评价指标(表 3.1)。其中，气候资源利用生产率指标有 3 个，占评价指标总量的 17.65%；水资源利用生产率指标有 4 个，占评价指标总量的 22.53%；土地资源利用生产率指标有 5 个，占评价指标总量的 29.41%；生物资源利用生产率指标有 2 个，占评价指标总量的 11.76%；辅助资源利用生产率指标有 3 个，占评价指标总量的 17.65%。

表 3.1 粮食生产的农业资源综合利用生产率评价指标体系

资源类型	评价指标	指标解释
气候资源	光能利用率	作物经济产量折能/太阳总辐射×100%
	热量产出率	粮食单产/≥0℃的积温
	光温潜力利用率	粮食单产/光温生产潜力×100%
水资源	灌溉指数	有效灌溉面积/总耕地面积×100%
	降水产出率	粮食单产/全年降水量
	总水分生产率	粮食单产/(单位耕地面积降水量+单位耕地面积灌溉水量)
	水资源潜力利用率	粮食单产/水资源生产潜力×100%
土地资源	土地生产率	粮食单产
	复种指数	农作物播种面积/耕地面积×100%
	粮播面积比例	粮食作物播种面积/农作物总播种面积×100%
	土地有效系数	由土壤养分含量、土壤侵蚀、土壤酸碱度等因素综合求取
	土地潜力利用率	粮食单产/土地生产潜力×100%
生物资源	良种普及率	良种作物播种面积/粮食作物总播种面积×100%
	秸秆还田率	还田秸秆量/总秸秆量×100%
辅助资源	化肥产出率	粮食单产/单位面积化肥折纯投入量
	化肥利用率	养分被作物吸收利用量/化肥折纯施用量×100%
	劳动生产率	粮食单产/单位耕地面积劳动力投入量

3.4 作物生产潜力模型的构建

农业生产潜力是诸多农业资源利用生产率评价指标的数据基础。因此，下面将主要讨论确定测算农业生产潜力的方法。纵观国内外粮食生产潜力的研究方法，主要包括作物生长模型、经验公式、产量调查、机制法等几个方法，不同方法各有优缺点。作物生长模型法的优点是测算农业生产潜力省时、省力，但由于许多模型适用性研究和参数调整尚未大范围展开，许多模型参数有待检验，有些模型模拟的结果不甚理想。经验公式法的优点在于能考虑较少的、主要影响粮食生产的因素来估算农业生产潜力，但由于考虑的因素不全，准确性不高。产量调查法获得的粮食作物生产潜力更具有现实性，但由于需要大量调查工作，其操作性较差。机制法依据作物生产力形成的机理，考虑光、温、水、土等自然生态因子及施肥、灌溉、耕作、育种等农业技术因子，根据作物能量转化及粮食产量形成过程，逐步"衰减"来估算农业土地生产潜力。由于机制法机理性强、逻辑思维严密而被人们广泛接受。

根据相关文献的研究（郑海霞，2004；刘新卫，2005），并结合常熟市、泰和县、安塞县的生产实际和数据的可获得性，主要作物和县域不同层次粮食生产潜力的计算规定如下。

3.4.1 光合生产潜力

光合生产潜力指除太阳能以外的其他生态条件（温度、水分、土地）和生产条件（肥料、灌溉、技术）均适宜时，理想作物群体在当地光照条件下单位面积上所形成的最高产量。光合生产潜力被认为是粮食产量的理论上限，是粮食生产潜力的最高层次。计算公式如下：

$$Y_Q = \sum_{i=1}^{m} 0.219 \cdot Q_i \cdot L_i \cdot E_i \tag{3.13}$$

式(3.13)中，Y_Q 为作物光合生产潜力；m 为作物生育期月份数；Q_i 为第 i 月太阳总辐射；L_i 为第 i 月作物生长天数占该月总天数比例；E_i 为第 i 种作物经济系数；0.219 是经验系数，是由黄秉维院士提出的光合生产潜力的估算方法，获取过程（封志明等，2002）如下：

(a)太阳总辐射[J/(cm^2 · a)]；

(b)太阳总辐射中波长 0.4～0.7 μm 可见光约占 50%，(b)=(a)×0.50；

(c)投射于田间的可见光，有 20%落在土面上，减去这部分后=(b)×0.80；

(d)投射于植物体上可见光有 10%落在非光合器官上，减去这部分后=(c)×0.90；

(e)投射于植物体上可见光有 14%被反射掉，也要扣除，余下部分=(d)×0.86；

(f)太阳辐射中可见光量子数为 4.5 μmol/J，将(e)换算为量子数，(f)=(e)×4.5；

(g)光合量子需要数为 12，即合成 1 μmol 碳水化合物需要 12 μmol 光量子，因此植物光合器官所吸收可见光所能产生碳水化合物=(f)×1/12=(f)×0.08；

(h)光合作用的碳水化合物有 50%被氧化为 CO_2，减去这部分=(g)×0.50(μmol/cm^2)；

(i)1 μmol/cm^2 碳水化合物=30/1000000 g，按此将(h)换算=(h)×3(kg/hm^2)；

(j)干物质中含有机养分约为 10%，将此数加进=(i)/0.9；

(k)植物质（包括根、茎、叶、籽粒和果实在内）以含水分 15%计=(j)/0.85(kg/hm^2)，将从(a)到(k)各项系数相乘，得出系数=0.219。

其中，太阳总辐射的计算公式如下（杜尧东等，2003）：

$$Q_i = (a + b\frac{n}{N}) \times R_{ai} \tag{3.14}$$

式(3.14)中，Q_i 为第 i 月的太阳总辐射；R_{ai} 为第 i 月的天文辐射，计算公式见式(3.27)；n 为日照计测得的日照时数；N 为天文昼长（可照时数）；a 和 b 为地区经验辐射系数，FAO56 的推荐值分别为 0.25 和 0.5；尹云鹤(2006)则根据中国气象站点的实测总辐射月值与天文辐射的比值与日照百分率进行线性回归，给出了适合中国的 a,b 系数（表 3.2），本书地区经验辐射系数直接采用了这一研究结果。

表 3.2　中国不同月份的总辐射经验系数

月份	a	b
1	0.131	0.646
2	0.130	0.653
3	0.121	0.672
4	0.137	0.633
5	0.156	0.598
6	0.171	0.568
7	0.194	0.516
8	0.197	0.509
9	0.167	0.569
10	0.155	0.600
11	0.140	0.628
12	0.139	0.623
平均	0.153	0.601

3.4.2　光温生产潜力

光温生产潜力是在保持水、肥等相关要素最适宜的状态下，由光温条件共同决定的潜在产量，光温生产潜力被认为是灌溉农业粮食产量的上限。计算公式如下：

$$Y_T = \sum_{i=1}^{m} Y_Q \cdot f(t_i) \tag{3.15}$$

式(3.15)中，Y_T 为作物光温生产潜力；$f(t_i)$为第 i 月温度有效系数(分喜凉作物和喜温作物)；t_i 为第 i 月平均气温。喜凉和喜温作物的订正公式分别如下(郑海霞等，2003，2004；刘新卫等，2004)：

喜凉作物

$$f(t_i) = \begin{cases} 0 & t_i \leqslant 3 \text{ 或 } t_i \geqslant 25 \\ (t_i - 3)/15 & 3 < t_i < 18 \\ 1 & 18 \leqslant t_i \leqslant 21 \\ (25 - t_i)/4 & 21 < t_i < 25 \end{cases}$$

喜温作物

$$f(t_i) = \begin{cases} 0 & t_i \leqslant 8 \\ (t_i - 8)/15 & 8 < t_i < 23 \\ 1 & t_i \geqslant 23 \end{cases} \tag{3.16}$$

3.4.3　水分生产潜力

水分生产潜力指光温生产潜力受水分条件限制而衰减后的作物生产潜力，也就是当土壤肥力和农业技术措施等参量处于最适宜的条件下，由辐射、温度和水分等气候因素所确定的作物产量。采用下式对水分生产潜力进行计算：

$$Y_W = Y_T \cdot f(w) \tag{3.17}$$

$$f(w) = \begin{cases} 1 - K_y(1 - ET_a/ET_m) & ET_a < ET_m \\ 1 & ET_a \geqslant ET_m \end{cases} \tag{3.18}$$

$$ET_m = k_c \cdot ET_0 \tag{3.19}$$

式(3.17)~(3.19)中，Y_W 为作物水分生产潜力；Y_T 为作物气候生产潜力；$f(w)$ 为水分有效系数；K_y 为作物产量反映系数；ET_a 为作物实际耗水量；ET_m 为作物生育期需水量；k_c 为作物需水系数；ET_0 为期间参考作物需水量。

1992 年 FAO 对参考作物需水量 ET_0 重新定义为一种假想作物冠层腾发速率，该假想作物高度为 0.12 m，固定叶面阻力为 70 m/s，反射率为 0.23，类似于表面开阔、高度一致、生长旺盛、完全遮盖地面而不缺水绿色草地蒸发蒸腾量。根据重新定义 ET_0 概念，FAO 提供了新的用日气象数据计算参考作物蒸散量的 Penman-Monteith 公式(Pereira，1996；史海滨等，1997)：

$$ET_0 = \frac{0.408\Delta(R_n - G) + \gamma \frac{900}{T + 273}U_2(e_s - e_a)}{\Delta + \gamma(1 + 0.34U_2)} \tag{3.20}$$

式(3.20)中，Δ 为饱和水汽压与温度关系曲线斜率(kPa/℃)：

$$\Delta = \frac{4098\left[0.6108\exp\left(\frac{17.27\,T}{T + 237.3}\right)\right]}{(T + 237.3)^2} \tag{3.21}$$

式(3.21)中，T 为日平均温度(℃)，是最高温度 T_x 和最低温度 T_n 的算术平均值。

R_n 为净辐射，由计算得到，公式为(杜尧东等，2003；尹云鹤，2006)：

$$R_n = R_{ns} - R_{nl} \tag{3.22}$$

$$R_{ns} = (1 - 0.23) \times \left(a + b\frac{n}{N}\right)R_{so} \tag{3.23}$$

$$R_{nl} = \sigma\left(\frac{T_{x,k}^4 + T_{n,k}^4}{2}\right)\left(c - d\sqrt{e_a}\right)\left(e + f\frac{n}{N}\right) \tag{3.24}$$

$$N = \frac{24}{\pi}\omega_0 \tag{3.25}$$

$$R_{so} = (0.75 + 2 \times 10^{-5}h)R_a \tag{3.26}$$

$$R_a = \frac{MI_0}{\pi\rho^2}(\omega_0 \sin\phi\sin\delta + \cos\phi\cos\delta\sin\omega_0) \tag{3.27}$$

$$\rho = \sqrt{\frac{1}{1 + 0.033\cos(2\pi J/365)}} \tag{3.28}$$

$$\delta = 0.409\sin(0.0172J - 1.39) \tag{3.29}$$

$$\omega_0 = \arccos(-\tan\phi\tan\delta) \tag{3.30}$$

式(3.22)~(3.30)中，R_n 为净辐射[MJ/(m² · d)]；R_{ns} 为净短波辐射[MJ/(m² · d)]；R_{nl} 为净长波辐射[MJ/(m² · d)]；R_a 为天文辐射[MJ/(m² · d)]；M 为周期(24×60×60 s)；n 为日照时数(h)；N 为可照时数(h)；I_0 为太阳常数[13.67×10^{-4} MJ/(m² · s)]；h 为海拔高度(m)；$T_{x,k}$，$T_{n,k}$ 分别为绝对温标的温度(K=℃+273.16)；ρ 为日地相对距离；ω_0 为日落时角(rad)；ϕ 为地理纬度；δ 为太阳赤纬(rad)；J 为年内的天数，从 1 月 1 日的 1 到 12 月 31 日的 365 或 366。$a \sim f$ 为地区辐射经验系数，FAO56 推荐的经验系数为：$a=0.25$，$b=0.50$，$c=0.34$，$d=0.14$，$e=1.35$，$f=0.35$。

G 为土壤热通量[MJ/(m² · d)]，该变量相对净辐射而言很小(尹云鹤，2006)：

$$G_{mon,i} = 0.14(T_{mon,i} - T_{mon,i-1}) \tag{3.31}$$

式(3.31)中，$T_{mon,i}$ 为第 i 月的平均气温；$T_{mon,i-1}$ 为第 $i-1$ 月的平均气温。

γ 为干湿表常数(kPa/℃)：

$$\gamma = 0.000665 \cdot P \tag{3.32}$$

$$P = 101.3 \times \left(\frac{293 - 0.0065\ h}{293}\right)^{5.26} \tag{3.33}$$

$$\lambda = 2.501 - 0.002361 \cdot T \tag{3.34}$$

式(3.32)～(3.34)中，P 为大气压强(kPa)；λ 为蒸发潜热(MJ/kg)。

U_2 为 2 m 高处风速(m/s)，将 10 m 处的风速 U_{10} 校正为 2 m 处的风速 U_2：

$$U_2 = 0.75 \times U_{10} \tag{3.35}$$

e_s 为平均饱和水汽压(kPa)，e_a 为实际水汽压(kPa)：

$$e_s = \frac{e^0(T_x) + e^0(T_n)}{2} \tag{3.36}$$

$$e_a = \frac{RH_{mean}}{100} e_s \tag{3.37}$$

$$e^0(T) = 0.6108\exp\left(\frac{17.27T}{T + 237.3}\right) \tag{3.38}$$

式(3.36)～(3.38)中，RH_{mean} 为平均相对湿度(%)；$e^0(T)$ 为饱和水汽压(kPa)。

作物实际耗水量 ET_a 通过农田水分平衡法计算得到。由于一定时期内，土壤水分收入项目包括大气降水(P)、灌溉水(I)、土壤侧流(F_i)和地下上升水(G_i)；而土壤水分输出项目包括作物耗水(C)、土面蒸发(V)、土壤侧流(F_o)和土壤渗漏(G_o)。作物实际耗水量(ET_a)包括作物蒸腾和土面蒸发两部分($C+V$)，根据农田水分平衡原理，土壤水分动态平衡存在以下关系式：

$$\Delta W = P + I + F_i + G_i - C - V - F_o - G_o = P + I + F_i + G_i - ET_a - F_o - G_o \tag{3.39}$$

ΔW 为计算期初和期末土壤水的变化量。由于本书基于区域层次，土壤侧流、地下上升水和土壤渗漏(两个相反作用过程)在此忽略不计，由此得出作物实际耗水量估算模型为(刘新卫，2004)：

$$ET_a = P + I - \Delta W \tag{3.40}$$

并将其设定为：

$$ET_a = \begin{cases} P + I - \Delta W & P + I - \Delta W < ET_m \\ ET_m & P + I - \Delta W \geqslant ET_m \end{cases} \tag{3.41}$$

3.4.4 土地生产潜力

由于耕种土壤并不能满足作物生长所要求的最适宜条件，所以，有必要进一步考虑实际土壤的肥力状况与理想土壤之差别，估算其对作物生长发育及产量形成的有效性。土地生产潜力是指在其他条件保持最适宜状态下，由光、温度、水分和土壤因子共同决定的产量，它是在水分生产潜力基础上经土地有效系数衰减后形成的。本书采用下式对其进行计算：

$$Y_S = Y_W \cdot f(s) \tag{3.42}$$

$$f(s_i) = \sum_{j=1}^{m} w_j \cdot I_{ij} \tag{3.43}$$

$$f(s)=\frac{\sum_{i=1}^{n} f(s_i)\cdot A_i}{\sum_{i=1}^{n} A_i} \tag{3.44}$$

式(3.42)～(3.44)中，Y_S 为作物土地生产潜力；$f(s_i)$ 为评价单元土地有效系数；$f(s)$ 为研究区土地有效系数；I_{ij} 为第 i 单元第 j 土地要素指标得分；w_j 为第 j 土地要素权重；A_i 为第 i 评价单元面积；m 为土地要素数量；n 为评价单元数量。

由上式可以看出，土地生产潜力计算的关键是土地有效系数的确定。影响土地生产潜力衰减的土壤因子比较复杂，本书只选用了土壤质地、酸碱度、有机质、全氮、全磷、全钾以及土壤侵蚀度 7 项主要指标来确定土地有效系数。对土地有效系数的计算，主要可以分为以下几个步骤（王秀芬，2006）。

(1)划分土壤质地和土壤侵蚀度：采用国际标准对土壤质地进行了划分，具体划分标准见表 3.3（王秀芬，2006），土壤侵蚀度的划分见表 3.4（王秀芬，2006）。

表 3.3　国际制土壤质地划分标准

质地名称	各级土粒含量(%)		
	黏粒(<0.002 mm)	粉粒(0.002～0.02 mm)	砂粒(0.02～2 mm)
黏土、重黏土	45～100	0～35	0～55
砂质壤土	0～15	0～45	55～85
壤土	0～15	35～45	40～55
砂质黏壤土	15～25	0～30	55～85
黏壤土	15～25	20～45	30～55
砂质黏土	25～45	0～20	55～75
壤质黏土	55～75	0～45	10～55
砂土、壤质黏土	0～15	0～15	85～100

表 3.4　土壤侵蚀强度划分标准

分级	平均侵蚀模数[t/(km^2·a)]	平均流失厚度(mm/a)
微度侵蚀	<200,500,1000	<0.15,0.37,0.74
轻度侵蚀	200,500,1000～2500	0.15,0.37,0.74～1.9
中度侵蚀	2500～5000	1.9～3.7
强度侵蚀	5000～8000	3.7～5.9
极强度侵蚀	8000～15000	5.9～11.1
剧烈侵蚀	>15000	>11.1

(2)确定各因子的评分标准及权重：根据各因子对农作物生长发育及产量形成的促进与制约作用，将各因子按其数值划分成一定数量的等级，并分别赋予不同的分数，从而获得土壤有效因子分级评分体系。同时应用层次分析法在参阅文献（王秀芬，2006）和专家咨询的基础上确定各因子的权重（表 3.5）。

表 3.5 土地有效系数评价指标得分标准及其权重

理化性状	权重	指标得分标准					
有机质	0.352	含量(%)	O<1.0	1.0≤O<1.5	1.5≤O<2.5	2.5≤O<3.5	O≥3.5
		得分	0.2	0.4	0.6	0.8	1
全氮	0.068	含量(%)	N<0.05	0.05≤N<0.075	0.075≤N<0.1	0.1≤N<0.2	N≥0.2
		得分	0.2	0.4	0.6	0.8	1
全磷	0.045	含量(%)	P<0.05	0.05≤P<0.07	0.07≤P<0.1	0.1≤P<0.2	P≥0.2
		得分	0.2	0.4	0.6	0.8	1
全钾	0.031	含量(%)	K<0.5	0.5≤K<1.0	1.0≤K<1.5	1.5≤K<3.0	K≥3.0
		得分	0.2	0.4	0.6	0.8	1
pH 值	0.104	范围	pH<4.5 或 pH≥8.5	4.5≤pH<5.5	5.5≤pH<6.5	6.5≤pH<7.5	7.5≤pH<8.5
		得分	0.2	0.5	0.7	0.9	1
土壤质地	0.241	类型	紧砂土、黏土	砂质黏土、壤质黏土	黏壤土	砂质黏壤土	壤土、砂质壤土
		得分	0.3	0.4	0.8	0.9	1
土壤侵蚀	0.16	侵蚀强度	极强度	强度	中度	轻度	微度
		得分	0.2	0.4	0.6	0.8	1

3.4.5 考虑作物种植结构矫正后的生产潜力

采用上述计算流程，计算得到主要粮食作物的光合、光温、水分与土地生产潜力。研究中采用区域现实作物种植结构对粮食生产潜力进行矫正，得到现实种植制度下案例区的粮食生产潜力。粮食生产潜力的计算为粮食生产的农业资源利用生产率评价提供了数据基础。订正公式如下：

$$Y_{i,j}=\frac{\sum_{i=1}^{n}P_{i,j}}{\sum_{i=1}^{n}R_i\cdot CI} \tag{3.45}$$

式(3.45)中，$Y_{i,j}$ 为案例区粮食第 j 类生产潜力，$j=1\sim4$，分别代表光合、光温、水分及土地生产潜力(kg/hm^2)；$P_{i,j}$ 为案例区内第 i 种作物的第 j 类生产潜力(kg/hm^2)；R_i 为该案例区内第 i 种作物的种植比例(%)；n 为作物个数；CI 为该案例区的复种指数(%)。

3.5 农业资源利用生产率评价模型

由于粮食生产系统是一种自然因素和人为因素相互作用形成的复合系统，选择任何单一的评价指标都难以反映综合资源利用生产率的程度，在构建评价模型时，要考虑多个单项资源利用生产率的效果。此外，农业资源利用生产率的高低，在通常情况下是一个量值范围，各因素之间关系错综复杂，甚至是相互矛盾的。传统的评价方法很多，如特尔斐法、主成分分析法、层次分析法、多因素综合评价法等，评价的结果虽然有确定的数字，但是无法消除指标选取中出现的重叠或矛盾关系，从而影响评价结果。可拓评价方法是用形式化的模型，研究事物拓展可能性的规律与方法，常用于处理矛盾问题，在工程科学中应用较多，本书尝试将其应用于农业资源利用生产率的评价中。

3.5.1 物元可拓法的基本原理

物元可拓法的基本原理是我国学者蔡文教授提出的物元可拓分析理论。物元可拓分析理论将评价指标体系及其特征值作为物元，通过评价级别和实测数据，得到经典域、节域及关联度，从而建立定量综合评价方法。物元可拓法属于系统科学类学科，是从定性和定量两个角度去处理现实世界中矛盾问题的一种新方法。

3.5.2 同征物元体

所谓物元，它是以实物 N、特征 C 及事物关于该特征的量值 V 三者所组成的三元组，记作 $\boldsymbol{R}=(N,C,V)$。

设 $\boldsymbol{R}_1=(N_1,C,V_1)$；$\boldsymbol{R}_2=(N_2,C,V_2)$；…；$\boldsymbol{R}_k=(N_k,C,V_k)$ 为 k 个同征 $(C_1,C_2,\cdots,C_n)$ 物元，则称 $\boldsymbol{R}$ 为 k 个同征物元 $R_1,R_2,\cdots,R_k$ 的同征物元体，表达式如下：

$$\boldsymbol{R}=\begin{vmatrix} N & N_1 & N_2 & \cdots & N_k \\ C & V_1 & V_2 & \cdots & V_k \end{vmatrix}=\begin{vmatrix} N & N_1 & N_2 & \cdots & N_k \\ C_1 & V_{11} & V_{12} & \cdots & V_{1k} \\ C_2 & V_{21} & V_{22} & \cdots & V_{2k} \\ \vdots & \vdots & \vdots & \vdots & \vdots \\ C_n & V_{n1} & V_{n2} & \cdots & V_{nk} \end{vmatrix} \tag{3.46}$$

式(3.46)中，N 表示 $N_1,N_2,\cdots,N_k$ 的全体；C 表示事物的特征，$C_1,C_2,\cdots,C_n$ 表示同征物元事物的 n 个特征；其特征对应的量值为 V_{ij}，$(V_{ij})_{\max}$ 称为同征物元阵。

3.5.3 确定事物的经典域物元体与节域物元体

根据农业资源利用生产率的评价指标，可确定农业资源利用生产率评价的经典域物元体及节域物元体为：

$$\boldsymbol{R}_0=\begin{vmatrix} N_0 & N_{01} & N_{02} & \cdots & N_{0k} \\ C & V_{01} & V_{02} & \cdots & V_{0k} \end{vmatrix}=\begin{vmatrix} N_0 & N_{01} & N_{02} & \cdots & N_{0k} \\ C_1 & [a_{11},b_{11}] & [a_{12},b_{12}] & [a_{13},b_{13}] & [a_{1k},b_{1k}] \\ C_2 & [a_{21},b_{21}] & [a_{22},b_{22}] & [a_{23},b_{23}] & [a_{2k},b_{2k}] \\ \vdots & \vdots & \vdots & \vdots & \vdots \\ C_n & [a_{n1},b_{n1}] & [a_{n2},b_{n2}] & [a_{n3},b_{n3}] & [a_{k1},b_{nk}] \end{vmatrix} \tag{3.47}$$

式(3.47)中，$\boldsymbol{R}_0$ 为农业资源利用生产率评价经典物元体；其中 N_{0k} 表示所划分的第 k 个评价级别，C_i 表示第 i 个评价指标；$V_{0ij}=[a_{ij},b_{ij}]$ $(i=1,2,\cdots,n;j=1,2,\cdots,k)$ 分别为 N_{0k} 关于指标 C_i 所规定的量值范围，即各类别关于对应的评价指标所取的数据范围经典域。

令
$$\boldsymbol{R}_p=(P,C,V_p)=\begin{vmatrix} P & C_1 & V_{1p} \\ & C_2 & V_{2p} \\ & \vdots & \vdots \\ & C_n & V_{np} \end{vmatrix}=\begin{vmatrix} P & C_1 & [a_{1p},b_{1p}] \\ & C_2 & [a_{2p},b_{2p}] \\ & \vdots & \vdots \\ & C_n & [a_{np},b_{np}] \end{vmatrix} \tag{3.48}$$

式(3.48)中，$\boldsymbol{R}_p$ 是农业资源利用生产率评价节域物元；P 表示农业资源利用生产率评价级别的全体；$V_{ip}=[a_{ip},b_{ip}]$为 P 关于 C_i 所取的量值范围，即 P 的节域。

3.5.4 确定待评物元体

对待农业资源利用生产率评价对象 $G_1,G_2,\cdots,G_m$，把所得到的数据或分析结果用物元体可表示为：

$$\boldsymbol{R}_G=\begin{vmatrix} G & G_1 & G_2 & \cdots & G_m \\ C_1 & v_{11} & v_{12} & \cdots & v_{1m} \\ C_2 & v_{21} & v_{22} & \cdots & v_{2m} \\ \vdots & \vdots & \vdots & \vdots & \vdots \\ C_n & v_{n1} & v_{n2} & \cdots & v_{nm} \end{vmatrix} \tag{3.49}$$

式(3.49)中，v_{ij} 为 $G_i(i=1,2,\cdots,n;j=1,2,\cdots,m)$的量值，即待评农业资源利用生产率评价指标的数据。

3.5.5 确定各指标 C_i 的权重

鉴于评价工作定性与定量结合需要，本书中选择思路简明、系统性强、需要数据较少，且容易掌握的层次分析法来确定相应评价指标权重，主要步骤如下。

(1)明确问题并构建层次分析图

从需解决问题影响因素中筛选出评价指标，根据其间制约关系构建多层指标体系，按层次划分出包括目标层、准则层和指标层等几类层次的分析图。

(2)构建判断矩阵

假定 A 层中元素 A_k 与下层次 P 中元素 $P_1,P_2,\cdots,P_n$ 有联系，将 P 中元素两两比较构建判断矩阵。

(3)层次单排序

根据专家填写的判断矩阵，计算对于上一层某元素而言本层次与其有关元素重要性次序的权数。判断矩阵权数可通过解特征值方法求出正规化特征向量得到。特征值与特征向量可采用几何平均法或算术平均法近似得到。

(4)一致性检验

计算判断矩阵一致性指标 $CI[CI=(\lambda_{max}-n)/(n-1)]$，当判断矩阵满足完全一致性时，$CI=0$，$\lambda_{max}$越大，则 $\lambda_{max}-n$ 越大，从而 CI 越大，矩阵一致性越差。将 CI 与平均随机一致性指标 RI 进行比较(CI/RI)，得到判断矩阵一致性比例(CR)。当 $CR<0.10$ 时，认为判断矩阵具有满意一致性，否则须重调。

(5)层次总排序

层次总排序是利用层次单排序结果计算各层次组合权值。假定已知层次 A 所有因素 A_1，A_2，…，A_m 组合权值(总排序结果)分别为 a_1，a_2，…，a_m，与 a_j 对应层次 B 中因素 B_1，B_2，…，B_n 单排序结果为 b_{1j}，b_{2j}，…，b_{nj} $(j=1,2,\cdots,m)$。若 B_j 与 A_i 无关，则 $b_{ij}=0$，可计算层次 B 中各因素针对层次 A 而言的组合权值。层次总排序从上至下逐层进行，结果须进行总的一致性检验。当 $CR<0.10$ 时，认为层次总排序结果可接受，否则也须重调。

3.5.6 关联度的计算

关联度函数 $K_j(v_{il})$ 的定义如下：

$$K_j(v_{il})=\begin{cases}\dfrac{-\rho(v_{il},V_{oil})}{|V_{oil}|} & v_{il}\in V_{oil}\\[2ex] \dfrac{\rho(v_{il},V_{oij})}{\rho(v_{il},V_{ip})-\rho(v_{il},V_{oij})} & v_{il}\notin V_{oij}\end{cases} \tag{3.50}$$

式(3.50)中，

$$\rho(v_{il},V_{oij})=\rho(v_{il},<a_{ij},b_{ij}>)=\left|v_{il}-\frac{a_{ij}+b_{ij}}{2}\right|-\frac{1}{2}(b_{ij}-a_{ij}) \tag{3.51}$$

$$|V_{ij}|=|b_{ij}-a_{ij}|=\rho(v_{il},V_{ip})=\rho(v_{il},<a_{ij},b_{ij}>)=\left|v_{il}-\frac{a_{ip}+b_{ip}}{2}\right|-\frac{1}{2}(b_{ip}-a_{ip}) \tag{3.52}$$

3.5.7 等级综合关联度的计算

待评物元 G_i 关于等级 j 的综合关联度的计算公式为：

$$K_j(G_l)=\sum_{i=1}^{n}a_iK_j(v_{il}) \tag{3.53}$$

3.5.8 等级评定

若 $K_{jo}(G_l)=\max\limits_{j\in\{1,2,\cdots,k\}}k_j(G_l)$，则评定 G_l 属于等级 j，令

$$\overline{K}(G_l)=\frac{K_j(G_l)-\min K_j(G_l)}{\max K_j(G_l)-\min K_j(G_l)} \tag{3.54}$$

则

$$J^*=\sum_{j=1}^{k}j\,\overline{K_j}(G_l)/\sum_{j=1}^{k}\overline{K_j}(G_l) \tag{3.55}$$

称 J^* 为 G_l 的级别变量特征值，从 J^* 数值得大小可以判断出待评物元偏向相邻级别的程度。

本章小结

本章首先建立了农业资源利用效率评价的基本框架，继而探讨了农业资源利用生产率的

主要评价指标、农业生产潜力测算模型和农业资源利用生产率评价模型(物元可拓模型)三部分内容。通过以上分析,可以得到以下 5 点认知:

(1)农业资源利用系统主要由作物生长子系统、气候资源子系统、农业水资源子系统、土地资源子系统、辅助资源子系统 5 个子系统组成;农业资源利用效率的评价指标的选择应能兼顾这 5 个子系统。这 5 个子系统的划分是以往农业资源利用效率研究中常用的农业资源利用类型的划分,已为广大研究者所接受,本书继续沿用了这一划分。

(2)农业资源利用效率是一个复合概念,由农业资源利用率与农业资源生产效率组合而成。而后者可以进一步分解为农业生产率和生产配置效率,生产配置效率又可划分为纯技术效率和规模效率。参考以往研究,本书对这几者进行了重新归并,认为农业资源利用效率评价应主要从农业资源利用生产率(农业资源利用率＋农业生产率)、农业生产的纯技术效率和规模效率 3 个方面展开。

(3)农业资源利用生产率的评价指标应主要从气候资源、水资源、土地资源、生物资源、辅助资源 5 个农业资源利用类型中选取。结合以往的研究,本书共选定了包括光能利用率、光温潜力利用率、热量产出率、灌溉指数、降水产出率、总水分生产率、水资源潜力利用率、土地生产率、复种指数、粮播面积比例、土地有效系数、土地潜力利用率、良种普及率、秸秆还田率、化肥产出率、化肥利用率和劳动生产率在内的 17 个农业资源利用生产率评价指标进行农业资源利用生产率的综合评价。

(4)农业资源的生产潜力是诸多农业资源利用生产率评价指标的数据基础。结合以往研究,本书选择了一个机制法计算农业生产潜力的模型来估算农业生产潜力。该模型估算的农业生产潜力共包括光合生产潜力、光温生产潜力、水分生产潜力、土地生产潜力四个层次。

(5)考虑到农业资源利用生产率评价的特点,本书选定了物元可拓法模型作为农业资源利用生产率的综合评价方法。可拓评价方法是用形式化的模型,研究事物拓展可能性的规律与方法,能够很好地处理矛盾问题,是一个合适的农业资源利用生产率评价模型。

第4章 案例区农业资源利用生产率评价

在确定了农业资源利用生产率的评价指标体系及其方法后，本章开展案例区农业资源利用生产率评价的实证研究。为了比较不同地区农业资源利用生产率的高低，本书共选取了三个案例区，分别是位于中国东部的江苏省常熟市(县级市)、中部的江西省泰和县与西部的陕西省安塞县(图 4.1)。三个案例区的选取既考虑到了中国不同区域的代表性，不同经济发展水平的代表性，也考虑到了三个区域均有中科院的生态网络实验站，可以为本书的研究提供丰富的资料和数据。

4.1 案例区概况

4.1.1 自然与经济社会概况

4.1.1.1 常熟市自然与经济社会概况

常熟市位于江苏省东南部，是苏州市下辖的一个县级市。常熟市处于长江三角洲经济发达地区，扼长江黄金水道咽喉，位于东经 120°33′～121°03′，北纬 31°33′～31°50′之间，东邻太仓，距上海 100 km，南连昆山、苏州，西邻无锡、江阴，北濒长江，与南通隔江相望，西北与张家港接壤。境内地势平缓，气候温和，风调雨顺，因年年丰收而得名“常熟”，素有“江南鱼米之乡”的美誉。

常熟境内地势低平，海拔大都在 3～7 m。境内山丘主要有虞山、顾山、福山等。其中以虞山为最高，海拔 261 m，长 6 400 m，东端蜿蜒入古城，素有“十里青山半入城”之说。常熟市境内水网交织，各河流湖荡均属太湖水系，其分布呈以城区为轴心向四周辐射状，东南较密，西北较疏，河道较小，水流平稳。

行政区划上，常熟市隶属江苏省苏州市。1950 年在常熟县城设市，1958 年撤市为县，1999 年以前有 33 个乡镇；1999 年重新划分后，部分乡镇合并；2000 年辖 24 个乡镇(图 4.2)；2003 年以后，24 个乡镇进一步合并为 10 个镇，1 个农林牧渔场，89 个街道办事处，229 个行政村。

2005 年，常熟市工业已初具规模，以现代化轻纺为主，新兴工业不断发展；农业生产以粮食为主，经济作物主要有棉花、油菜籽。近年来，随着农村产业结构调整，家禽饲养、水产养殖有较大增长。自 1978 年以来，市域经济不断发展，2005 年国内生产总值(GDP)高达 678.78×10^8 元，一、二、三产业比重分别为 2.41%，60.68%和 36.91%，第三产业对经济增长作用不断增强，第一产业比重持续下降。2005 年，常熟市总人口 1 047 659 人；农民人均年纯收入 8 148 元，经济发达。

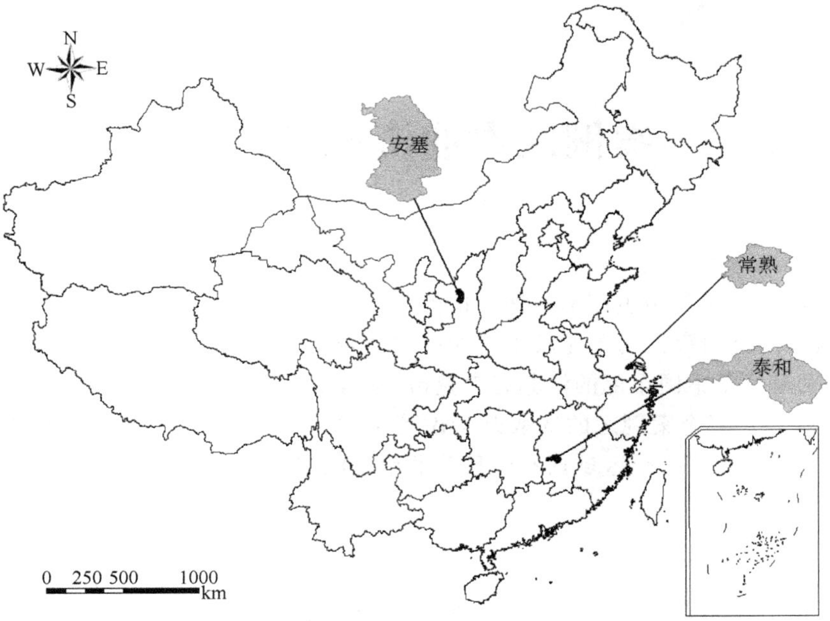

图 4.1　三个案例区位置

图 4.2　江苏省常熟市行政区划(2000 年)

4.1.1.2 泰和县自然与经济社会概况

泰和县地处江西省中部，位于东经 114°27′～114°17′，北纬 26°27′～26°58′；居赣江中游，吉泰盆地中心，与吉安县、永新县、井冈山市、遂川县、万安县、兴国县和青原区接壤。泰和县有 1 700 多年的建县历史，隋开皇十一年，以“地产嘉禾，和气所生”更名“泰和县”。泰和县土地总面积 2 667 km^2，境内地貌以山地、丘陵为主，其中山地占 5.91%，丘陵占 54.52%，平原占 27.6%，水面占 1.1%。泰和县的地貌特征为东西高、中间低，县境东南部山峰林立，有三座山峰的高度达 1 000 m 以上，水槎乡的十八排山峰高达 1 176 m，为全县的最高点；西部山峰均低于 800 m；中部地势低平，海拔 70 m 左右。泰和县河流众多，赣江为境内最大的河流，赣江自南向北纵贯县境中部，构成地势开阔的河谷平原，将全县划分成河东、河西两大块。两岸支流均由东、西部山地向赣江辐辏，形成反映总地势倾斜的羽状水系。

行政区划上，泰和县隶属江西省吉安市，东汉末年建县。2005 年，泰和县共包括 22 个乡镇(图 4.3)，310 个村民委员会，3 354 个村民小组，总人口 515 655 人。工业经济以食品、粮油饮料加工、轻纺、建材、印刷、化工等产业为主。粮食生产以水稻为主，经济作物主要有花生、油菜籽、芝麻。2005 年，泰和县的 GDP 为 8.95×10^8 元，一、二、三产业比重分别为 78.16%，18.54%和 3.30%。县域经济中第一产业所占比重很大，农业在县域经济发展中仍占主要地位。

图 4.3 江西省泰和县行政区划(2005 年)

4.1.1.3 安塞县自然与经济社会概况

安塞县地处西北内陆黄土高原腹地，鄂尔多斯盆地边缘，位于陕西省北部，延安市正北，西毗志丹县，北靠榆林市靖边县，东接子长县，南与甘泉县、宝塔区相连，经纬度为东经 108°5′44″～109°26′18″，北纬 36°30′45″～37°19′3″，属典型的黄土高原丘陵沟壑区。安塞县土地总面积 2 950 km^2，其中 90%为黄土丘陵。海拔高度在 997～1 731 m(多在 1 200～1 500 m)，相对高度一般为 100～200 m。安塞地形地貌复杂多样，境内沟壑纵横、川道狭长、梁峁遍布，由南向北呈梁、峁、塌、湾、坪、川等地貌，山高、坡陡、沟深。全县有 4 条大川，沟壑密度为 4.7 万条/km^2。最高海拔为 1 731.1 m(镰刀湾乡高峁山)，最低海拔为 997 m(沿河湾镇罗家沟)，平均海拔为

1 371.9 m，县城海拔为 1 061 m。地势除王家湾乡南高北低外，其他地区多由西北向东南倾斜。主要山丘有高峁山、雅行山、白猪山、天泽山、玉皇庙岭、神岭山等。安塞境内有延河、大理河、清涧河 3 条水系，主要河流有延河、杏子河、西川河、小川河、小沟河、双阳河等。

在行政区划上，安塞县属于陕西省延安市。2005 年，安塞县有 12 个乡镇(图 4.4)、211 个行政村、1 018 个村民小组，总人口为 16.44 万。其中，农业人口 14.44 万，占总人口的 87.87%。2005 年，国内生产总值(GDP)为 13.66×10^8 元，一、二、三产比重分别为 17.33%，57.81%和 24.86%；2005 年农民人均纯收入 2 399 元。安塞县农业包括种植业、林业、畜牧业和渔业，种植业以种植粮食和大棚蔬菜为主；其次是林业(主要是水果)和畜牧业；渔业产值很低。林业以杏、苹果种植和生态防护林建设为主，畜牧业以舍养羊、生猪和役畜为主。

图 4.4 陕西省安塞县行政区划(2005 年)

4.1.2 粮食生产概况

4.1.2.1 常熟市粮食生产概况

(1)粮食作物播种面积快速下降，粮食生产在农业生产中地位日益弱化

1991—2005 年间，常熟市的粮食作物播种面积由 1991 年的 84 353 hm^2 锐减到 2005 年的

42 600 hm^2，减少了 49.50%(图 4.5)。2000—2005 年，常熟市的粮食作物播种面积占农作物播种面积的比例也快速下降，由 61.23%减少到了 52.65%(图 4.6)，粮食种植在农业生产中的吸引力越来越弱，粮食生产在农业生产中的地位日益弱化。

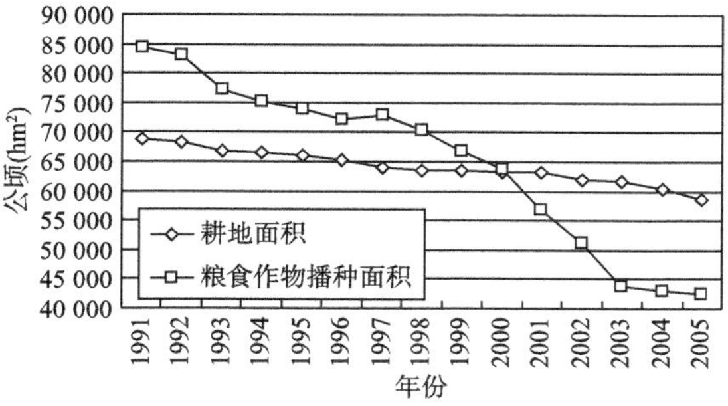

图 4.5　1991—2005 年常熟市耕地与粮食作物播种面积

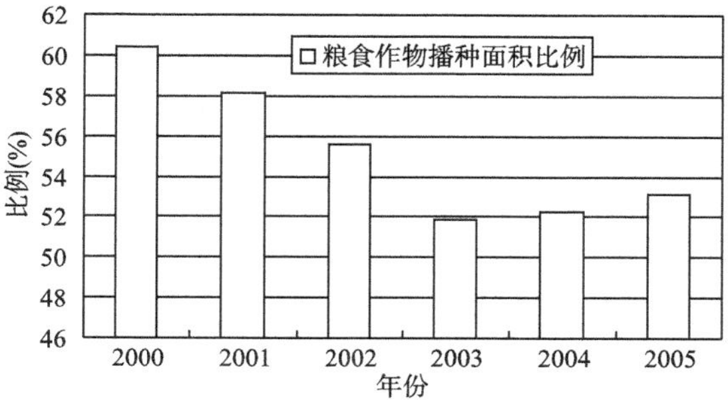

图 4.6　2000—2005 年常熟市粮食作物播种面积比例

(2)粮食种植制度趋向稳定，“麦—稻”一年两熟成为主导

1991—2005 年间，常熟市夏粮占粮食作物总种植面积比重在 38%～46%(平均为 41.93%)，而秋粮占粮食作物总种植面积比重在 54%～62%(平均为 58.07%，见图 4.7)。就总产构成而言，秋粮贡献远较夏粮大，其产量构成比重在 69%～83%(平均为 75.37%)，夏粮的产量构成比重则在 17%～31%，平均为 24.63%(图 4.8)。

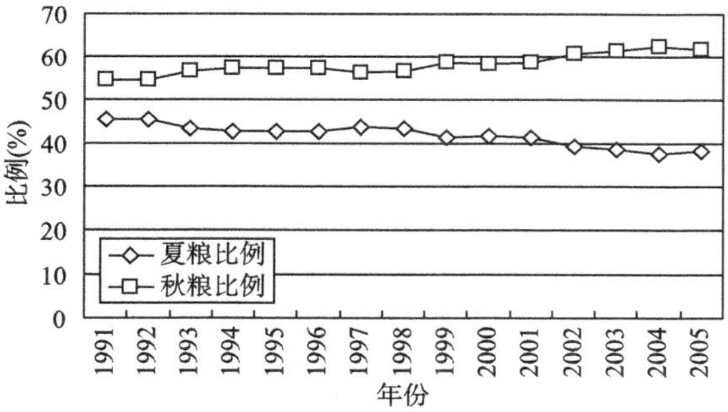

图 4.7　常熟市夏、秋粮的播种面积比例

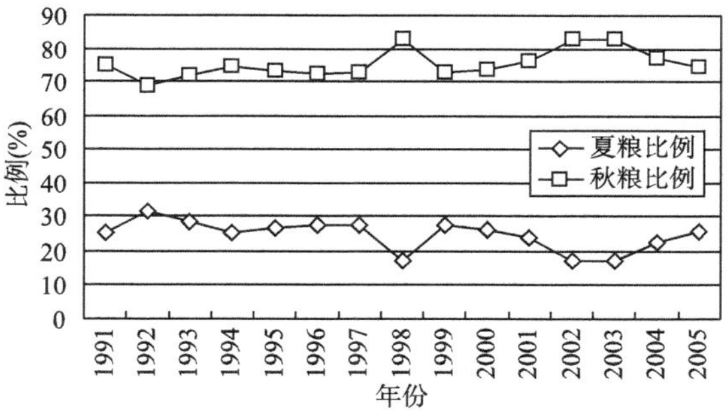

图 4.8　常熟市夏、秋粮的产量构成比例

20 世纪 90 年代以前，常熟市粮食作物的种植结构多样化程度较高，粮食作物的主要种植类型有水稻、小麦、元麦等。水稻中又以早稻的比例较高，其次是单季晚稻，再次是中稻。20 世纪 90 年代以后，麦—稻一年两熟的生产模式成为当地主导种植制度；水稻和小麦的种植比例也有了较大幅度的提高，逐渐由 1945 年的 69%上升到了 2005 年的 94%，其他粮食作物的种植比例已经较少(图 4.9)。

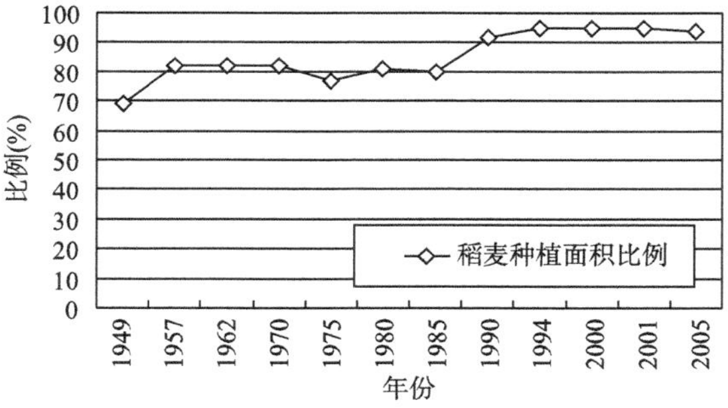

图 4.9　1949—2005 年常熟市稻麦种植结构比例

(3)耕地面积不断减少,耕地季节性撂荒严重

1996—2005 年间,常熟市耕地面积由 64 126 hm^2 减少到了 58 531 $hm^2$①,减少了 8.7%。与此同时,常熟市复种指数由 1996 年的 171%下降到 2005 年的 138%左右(图 4.10),减少了 19.30%。常熟市的主导种植制度是麦—稻一年两熟的模式,复种指数的快速下降表明了常熟市存在严重的季节性撂荒(主要是小麦的季节性撂荒)。此外,虽然同一时期粮食单产保持了较高水平;但粮食总产则持续减少,由 1991 年的 48.9 万 t 锐减到 2005 年的 27.2 万 t(图 4.11)。

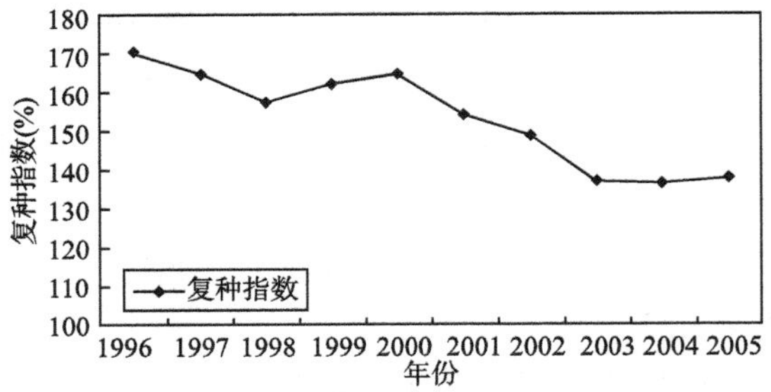

图 4.10 常熟市复种指数的变化

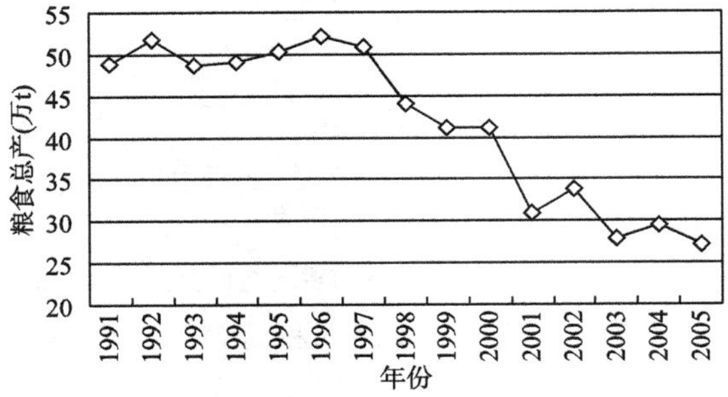

图 4.11 常熟市粮食总产的变化

(4)人均粮食占有量持续减少,粮食安全问题严重

1949—1975 年,常熟市的总人口经历了一个急剧膨胀的阶段,人口增加了约 37.86%(图 4.12);同期的粮食总产增长速度更快,增长了约 188%,人均粮食占有量呈现上升趋势(图 4.13)。1976—1996 年,人口与粮食总产的变化逐渐稳定,人均粮食占有量一直在500 kg左右徘徊。但 1996 年以后,由于城镇建设用地的扩张等造成了耕地的大量流失,粮食总产和人均粮食占有量均急剧下降。到 2005 年,常熟市人均粮食占有量竟跌落至 259.63 kg/人,仅比 1949 年的人均粮食占有量(人均 223.08 kg)略高,粮食安全问题十分令人担忧。

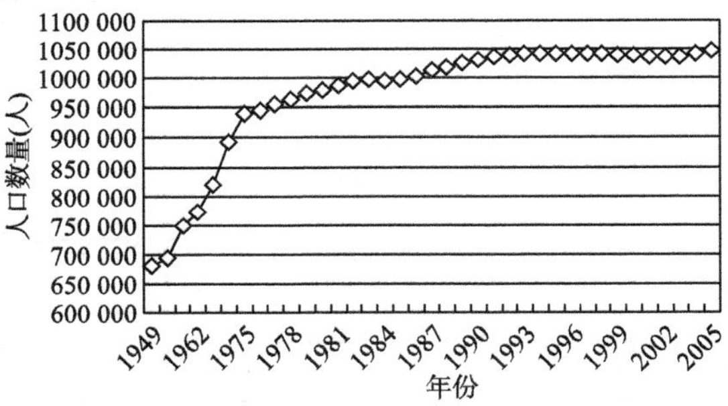

图 4.12 新中国成立后常熟市人口数量的变化②

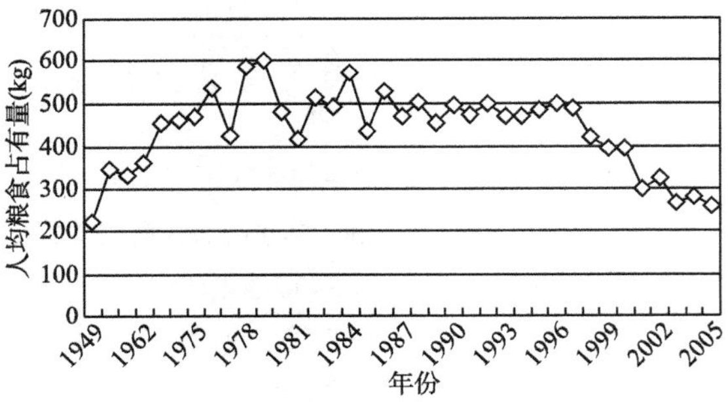

图 4.13 新中国成立后常熟市人均粮食占有量的变化

4.1.2.2 泰和县粮食生产概况

(1)粮食作物种植面积稳中有升,粮食生产在农业生产中基础地位明显

1996—2005 年间,泰和县粮食作物种植面积占农作物种植面积的平均比例为 60.60%,且

① 耕地面积数据来自国土资源部信息中心的土地利用变更数据。

② 图 4.12,图 4.13 横坐标中 1949—1975 年数据间隔时间为 13 年。

波动幅度不大(图 4.14)。2005 年,粮食作物播种比例为 68.86%,比 1996 年的粮播比例(64.12%)增加了 4.74 个百分点。从粮食作物播种面积的数量来看,也呈现出较明显的增加趋势,由 1996 年的 67 614.87 hm^2,增加到了 2005 年的 81 952 hm^2,增加了 21.20%(图 4.15);而同期的农作物播种面积则减少了 13 569.4 hm^2,粮食生产的基础性地位更加明显。

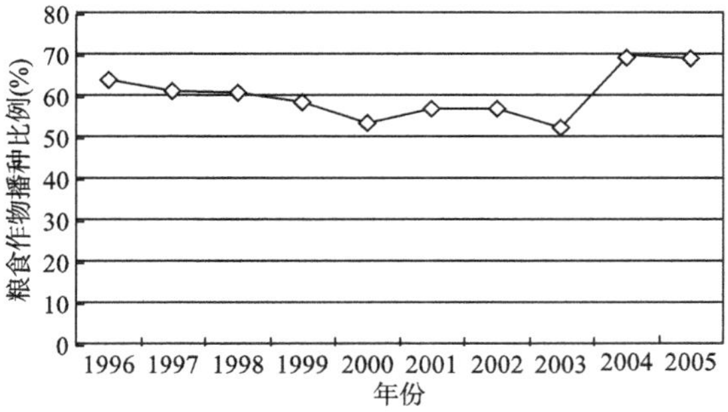

图 4.14 泰和县粮食作物播种面积变化

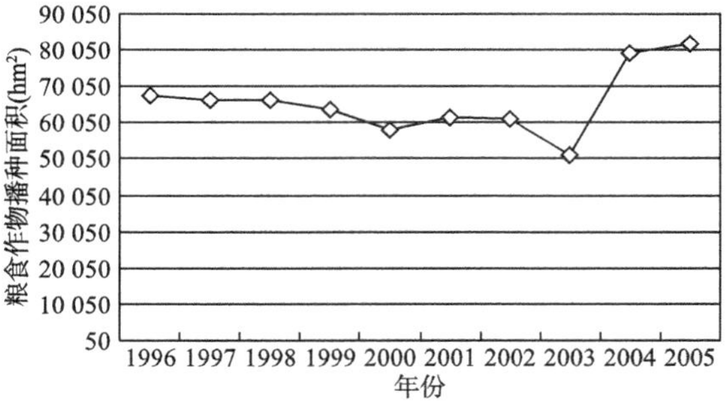

图 4.15 泰和县粮食作物播种面积比例变化

(2)粮食生产以谷类作物为主,谷类作物又以早稻和二季晚稻为主

1996—2005 年间,泰和县谷类作物种植面积占粮食作物种植面积的比重在 86.68%~93.71%(平均为 89.85%,见图 4.16);而稻谷播种面积占谷类作物播种面积平均比例又为 99.89%,其他粮食作物种植面积较少。在稻谷的种植之中,1996—2005 年早稻、中稻及一晚稻、二季晚稻的平均种植比例分别为 46.29%,6.60%和 47.05%,早稻和二季晚稻是其主要稻谷播种作物(图 4.17)。

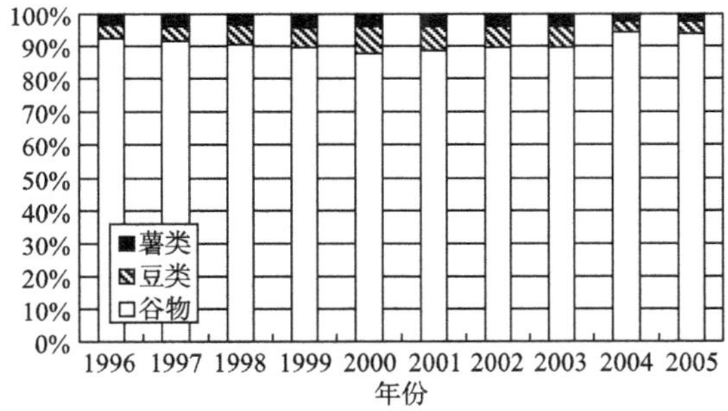

图 4.16 泰和县薯类、豆类和谷物种植结构变化

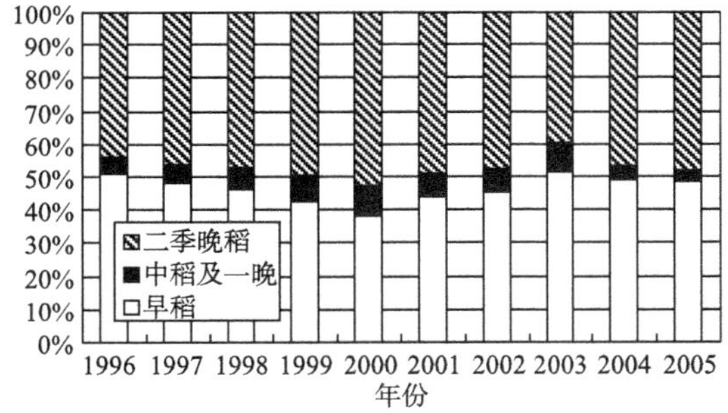

图 4.17 泰和县水稻种植结构变化

(3)耕地面积不断减少,复种指数小幅增加

1996—2005 年间,泰和县耕地面积不断减少,由期初的 56 559.01 hm^2 减少到期末的 55 388.01 hm^2,减少了 1 171 hm^2(图 4.18);但与此同时,受减免农业税政策的刺激,泰和县粮食生产复种指数则由 1996 年的 186.44%增加到 2004 年的 205.25%(图 4.19)。由于复种指数的大幅度增加,耕地面积的小幅度减少并未对粮食总产产生影响,粮食总产由 1996 年的 26 万 t 持续增加 2005 年的 36.57 万 t。

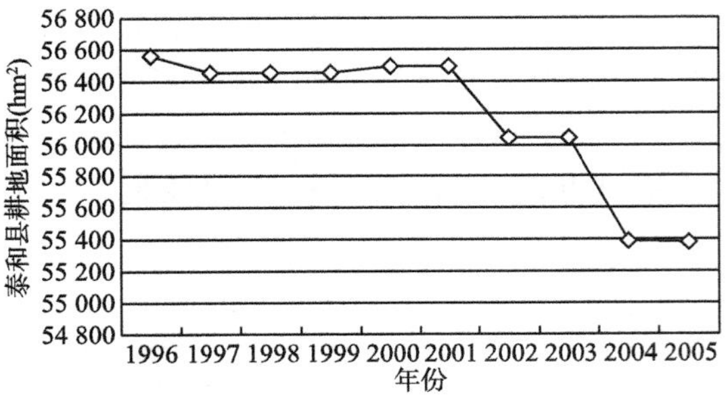

图 4.18　泰和县耕地面积变化

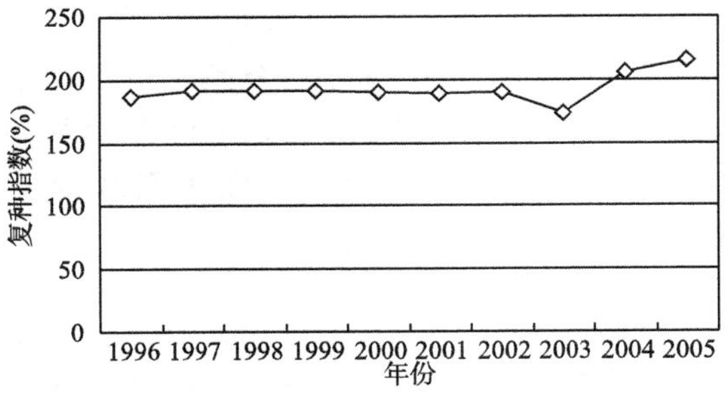

图 4.19　泰和县复种指数变化

(4)人均粮食占有量不断增加,粮食安全基本无忧

1996—2005 年,泰和县总人口总体上保持了增长的趋势,年平均人口增长率约为 0.385%,共增加了 19 114 人(图 4.20)。但同期的粮食总产增加速度更快,达到了年均 4.06%,共增加了约 10.57×10^4 t。因此,泰和县人均粮食占有量不断攀升,由 1996 年的人均 523.64 kg 增加到 2005 年的 709.19 kg,增加了约 35.43%(图 4.21),人均占粮十分充足,粮食安全问题基本无忧。

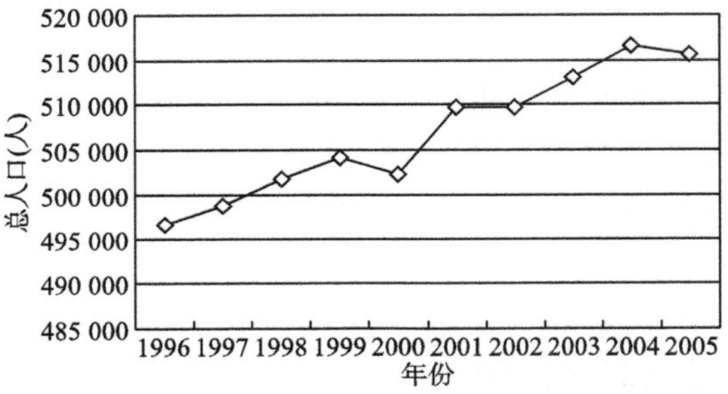

图 4.20　泰和县总人口数量的变化

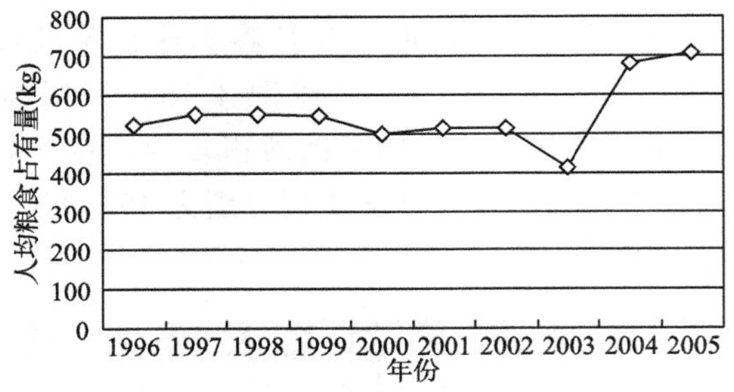

图 4.21　泰和县人均粮食占有量的变化

4.1.2.3　安塞县粮食生产概况

(1)粮食作物播种面积小幅波动,粮食生产在农业生产中处于基础地位

1990—2005 年,安塞县的粮食作物播种面积由 29 220 hm^2 增加到了 29 266 hm^2,增加了 46 hm^2 或 0.16%,变化不大(图 4.22)。1997 年之前,安塞县的播种面积总体上处于上升趋势;1997 年之后粮食作物播种面积则开始出现下降。尤其是 1999 年开始实行退耕还林,1999—2005 年连续退耕 117.46 万亩①之后,粮食作物播种面积有了一个快速下降。2000—2003 年,粮食作物播种面积的年际变化率分别为－6.88%,－12.81%和－8.12%,四年累计下降了 25.26%。但 2004 年与 2003 年相比,粮食作物播种面积发生了一个突变,增加了约 26.22%,致使 2005 年的播种面积与 1999 年相差不大。

1990—2004 年,安塞县粮食作物播种面积占农作物播种面积的比例一直保持在 85%左右(平均为 85.74%),且年度变化不大(图 4.23)。这说明,安塞县粮食生产一直处于农业生产中的基础性地位。

① 安塞县退耕还林办数据;1 亩＝666.7 m^2。

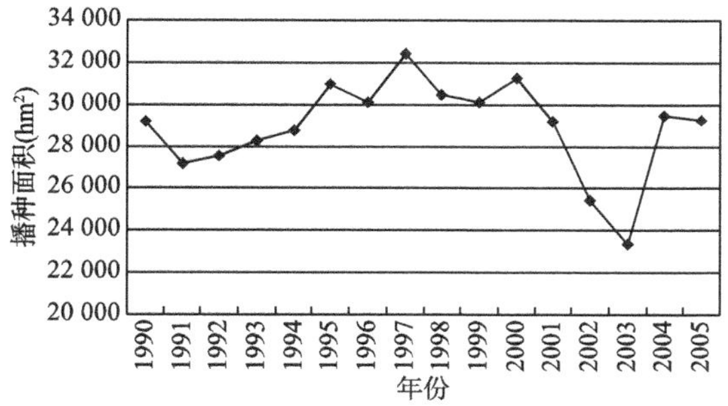

图 4.22　1990—2005 年安塞县粮食作物播种面积变化

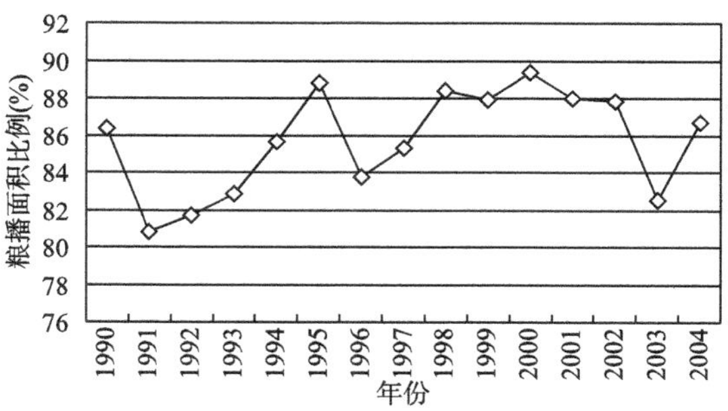

图 4.23　1990—2004 年安塞县粮播面积比例变化

(2)粮食作物种植结构多样化程度较高，以玉米、谷子、秋薯和豆类为主

一直以来，安塞县的粮食作物种植多样化程度一直较高。主要的粮食作物类型有秋薯、豆类、谷子、玉米、糜子、小麦、夏洋芋、夏杂粮、高粱等几个类型。1996—2005 年，秋薯、豆类、谷子、玉米、糜子、小麦、夏洋芋、夏杂粮、高粱 9 个粮食作物平均种植面积的比重合计占到总种植面积的 87.42%。9 种粮食作物类型中，秋薯、豆类、谷子、玉米的种植比重较大，分别为 18.66%，17.40%，16.98%和 14.65%；夏洋芋、夏杂粮和高粱的比重较小，分别只有 0.92%，0.12%和 0.12%(图 4.24)。

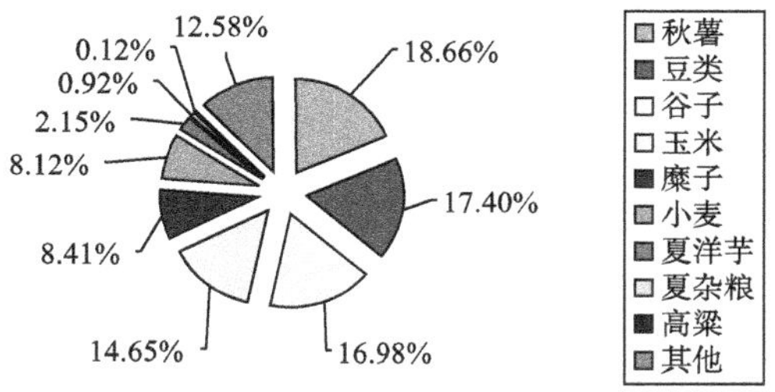

图 4.24　安塞县不同粮食作物的平均种植比例

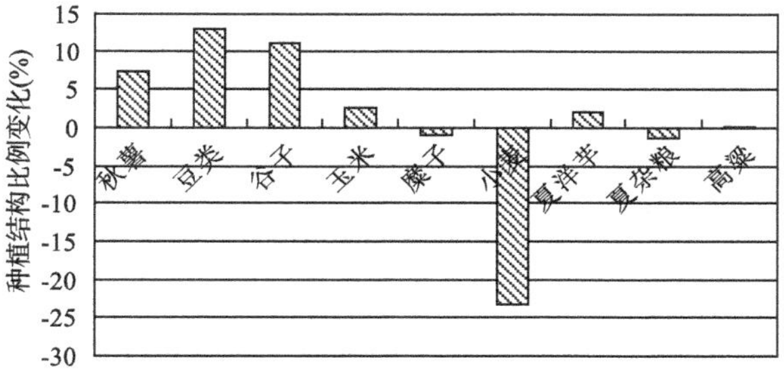

图 4.25　安塞县粮食种植结构的比例变化

1996—2005 年，安塞县的粮食种植结构也发生了一些变化。小麦的种植比例下降得比较多，由 1996 年的 23.86%下降到了 2005 年的 0.55%，下降了 23.31%；豆类、谷子和秋薯的种植比例有了较大的提高，分别上升了 12.99%，11.15%和 7.23%；玉米、糜子和夏杂粮的比例则变化不大(图 4.25)。

(3)耕地面积数据混乱，复种指数波动较小

一直以来，中国耕地的面积数据主要来自两个口径：一个是统计年鉴的统计数据，另一个是国土资源管理部门的土地利用变更数据。在大多数地区，两者的口径是不一致的。一般认为，国土资源管理部门公布的耕地资源数据相对权威。

安塞县耕地面积统计数据也存在着统计部门和国土部门两套数据，并且两者的差别很大。2001 年以前，国土资源管理部门的耕地面积数据一直是统计部门耕地面积数据的 3.3 倍左右(图 4.26)；2002 年以后，统计部门突然变更了耕地面积数据，使得两套数据耕地面积的差别大大减小。耕地面积极大的不确定性给安塞县复种指数的计算带来了很大的不便。假如使用国土部门的耕地面积数据，安塞县近 10 年的复种指数基本保持在 34%～49%的区间内(图 4.27)；假如使用统计数据，则安塞县 2001 年之前的复种指数在 115%上下浮动，2002 年之后保持在 30%～50%的区间内，两套耕地面积数据相差过大给本研究带来了很大的不便。

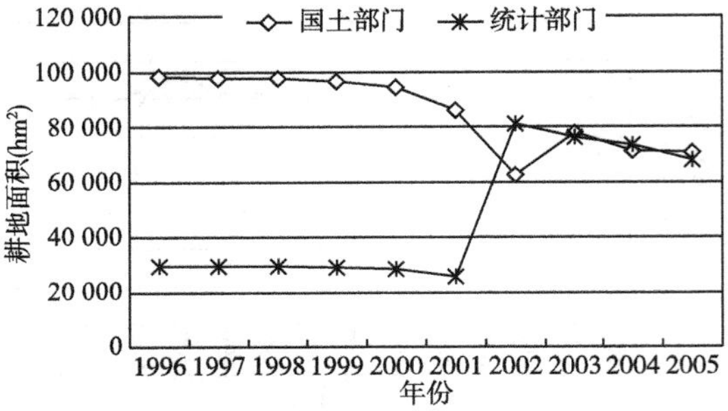

图 4.26　安塞县统计部门与国土部门的耕地面积数据

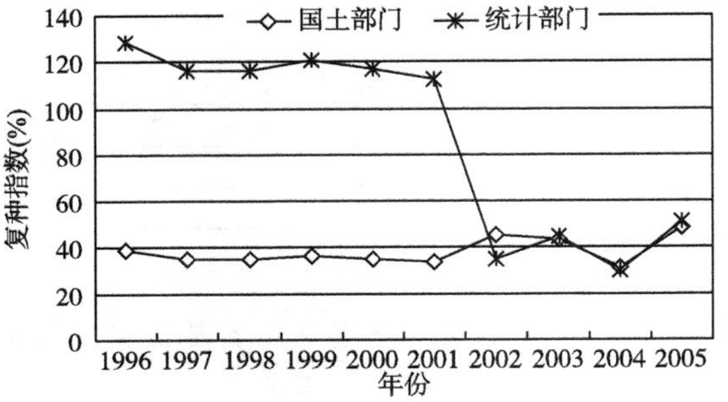

图 4.27　运用安塞县不同部门耕地数据计算的复种指数

鉴于许多关于安塞的研究都认为其复种指数在 110%左右比较合理，本书计算的复种指数将以统计部门的耕地面积数据为主。同时，考虑到统计部门的耕地面积数据在 2002 年发生了突变，安塞县复种指数的计算将进行一些调整。即：

安塞县复种指数＝粮食作物播种面积/常用耕地中粮食作物占用耕地面积

其中，常用耕地中粮食作物占用耕地面积是统计年鉴上提供的数据，而且在 2002 年没有发生突变，是一个完整可参考的系列。本书中其他安塞县耕地面积均使用“常用耕地中粮食作物占用耕地面积”这个数据类别。

根据以上说明，可以分析安塞县耕地面积和复种指数的变化。1996—2005 年间，安塞县的耕地面积总体处于下降趋势(图 4.28)，但幅度较小①。同期，安塞县的复种指数总体处于平缓状态，围绕 120%上下波动(图 4.29)。

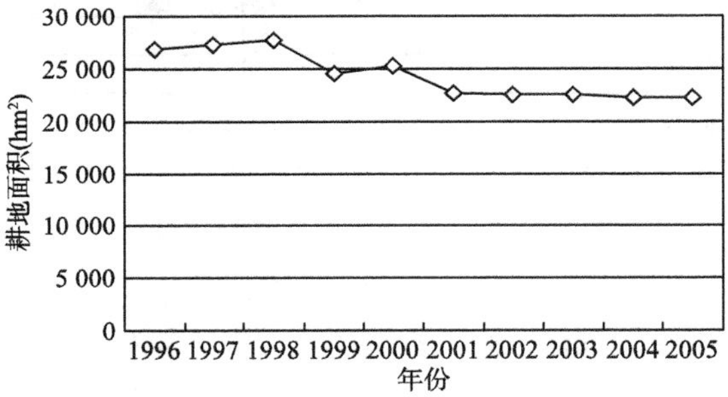

图 4.28　1996—2005 年安塞县耕地面积

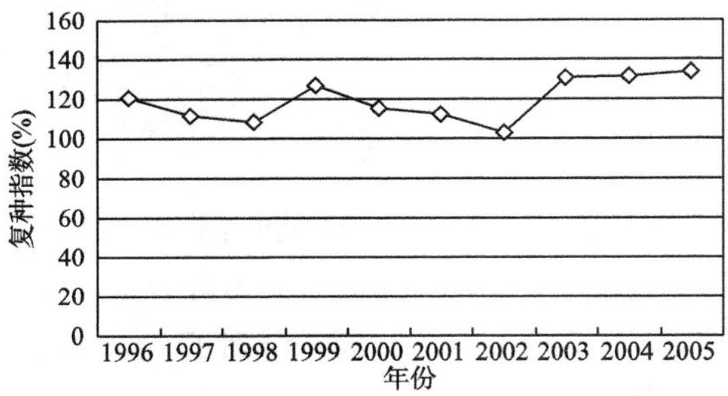

图 4.29　1996—2005 年安塞县复种指数

(4)人均占粮略有上升，但总体粮食安全问题尚未解决

1990—2005 年间，安塞县人均粮食占有量从 384 kg 增加到 415 kg，增加了 41 kg，略有上升。但由于安塞县粮食总产的波动较大，同期安塞县人均粮食占有量仅 387 kg，总体上属较低水平(图 4.30)。如以人均 400 kg作为粮食安全标准，16 年间只有

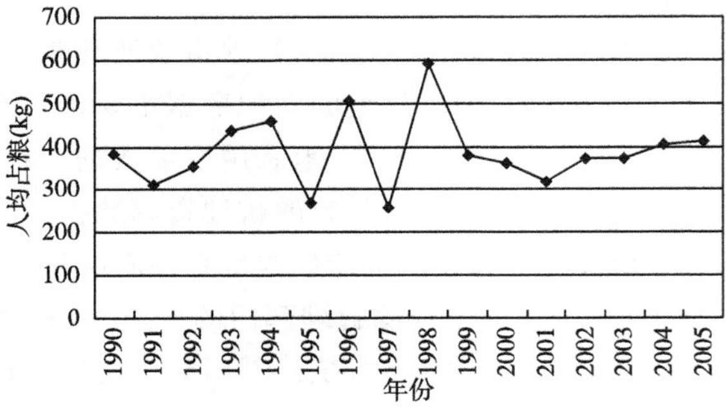

图 4.30　1990—2005 年安塞县人均粮食占有量

①　这个结论明显有不合理之处。由于 1999—2005 年间，安塞县累计退耕还林 59.86 万亩，这相当于统计数据中的年耕地面积，明显不太合理。

1993、1994、1996、1998、2004 和 2005 年达标，而 1997 年人均占有粮食仅 258.20 kg，为 400 kg 标准的 64.60%。

在 1994 年之前和 1999 年之后，安塞县的人均粮食占有量变化总体较为平缓。但 1995—1998 年间，人均粮食占有量波动很大；1998 年安塞县的人均粮食占有量达到了 591 kg，而 1997 年则只有 258 kg，两年变化了 129%。这可能与安塞县频繁发生的自然灾害有关。

4.2 案例区农业资源利用生产率现状

4.2.1 常熟市农业资源利用生产率现状

4.2.1.1 常熟市气候资源利用生产率现状

常熟市的光能资源较丰富。2000—2005 年，常熟市多年太阳总辐射为 4 293 MJ/m^2，大多集中 5—9 月（图 4.31）。常熟市多年日照时数在 1 654 h 左右，日照百分率为 38%，日照时间和日照百分率略显不足。特别是每年 4—5 月时值春雨，日照百分率分别仅为 35%和 33%，由于此时是麦类生长关键期，光照偏紧；7—8 月伏旱，多晴好天气，日照百分率较高，对单季稻生长有利。而到秋末，时值单季晚稻结实时期，日照百分率又开始下降，不利于单季晚稻结实。

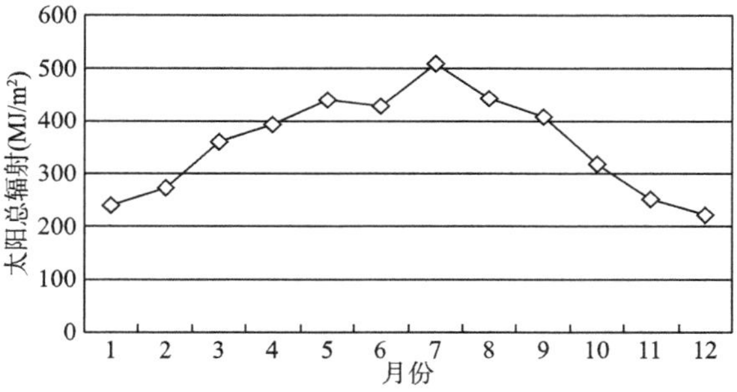

图 4.31 常熟市多年月均太阳总辐射

常熟市的热量资源较丰富。从表征热量资源等级状况的活动积温来看，常熟市≥0℃、5℃、10℃和 15℃活动积温多年平均值分别为 5 660℃ · d、5 280℃ · d、4 920℃ · d 和 4 210℃ · d，多年平均无霜期为 242 d，热量资源相对丰富。但由于温度月份分配的差异，在冬小麦的生育期内，温度略显不足；水稻的生长所需的热量则几乎可以完全满足（图 4.32）。2000—2005 年，常熟市粮食生产的热量产出率为 1.64 kg/(℃ · hm^2)。

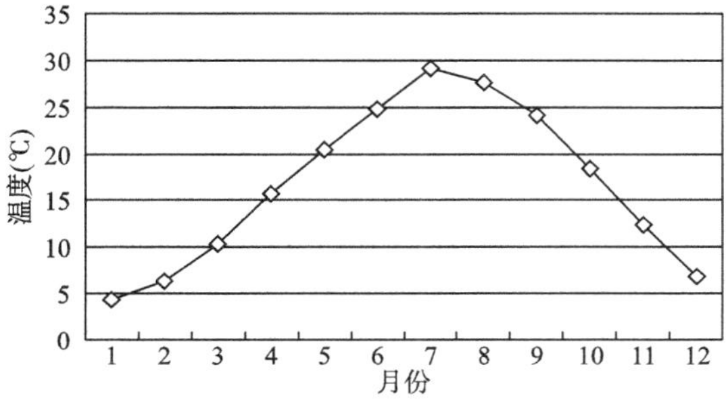

图 4.32 常熟市多年月均气温

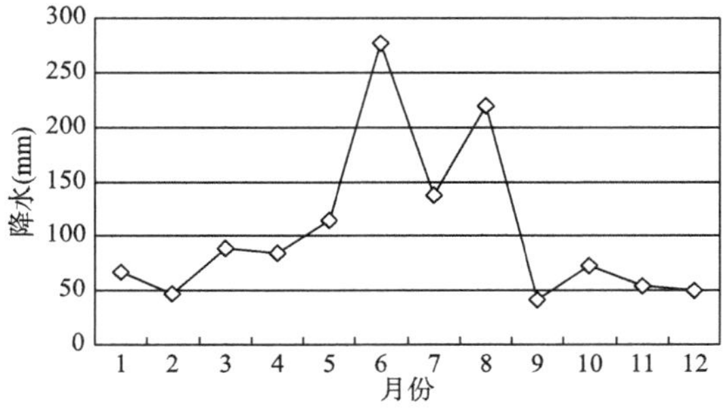

图 4.33 常熟市多年月均降水

常熟市降水资源丰富。2000—2005 年，常熟市年均降水 1 259 mm，较为丰富。全年降水量多分配在 5 月、6 月、7 月、8 月四个月份，约占全年降水量的 59.63%；1 月、2 月、11 月、12 月的降水相对较少，只占全年总降水量的 17.58%（图 4.33）。

2000—2005 年间，常熟市年均太阳总辐射为 4 293 MJ/m^2，粮食平均单产 9 302.68 kg/hm^2，按粮食作物总产结构加权并乘以各自能量折算系数，年均能量产出 16.55 MJ/m^2，理论光能利用率为 0.39%；市域光合经济潜力 32 859 kg/hm^2，光合经济潜力利用率 18.39%。市域粮食光温潜力 25 559.07 kg/hm^2，光温潜力利用率 28.31%（表 4.1）。

表 4.1 常熟市粮食作物光合与光温生产潜力

作物种类	多年太阳总辐射 (MJ/m^2)	光合潜力 (kg/hm^2)	经济系数	光合经济潜力 (kg/hm^2)	温度有效系数	光温潜力 (kg/hm^2)
水稻	2097.07	45925.77	0.40	18370.31	0.93	17093.78
小麦	1890.28	41397.19	0.35	14489.02	0.58	8465.30
合计	3987.35	87322.96	—	32859.32	—	25559.07

4.2.1.2 常熟市水资源利用生产率现状

2000—2005 年间，常熟市冬小麦生育期天然降水量（456.75 mm）比水分需求总量（214.96 mm）多 241.79 mm，水稻生育期降水量（789.56 mm）也多于水稻的水分需求总量（411.09 mm）。但从水稻的逐月需水量与有效降雨来看，9 月份的降雨要小于总需水量，有 30 mm的水分亏缺；小麦生育期内的各月降雨则均大于小麦的水分需求量（表 4.2）。

表 4.2 常熟市小麦与水稻生育期的水分需求量(mm)

月份	水稻的 ET_0	小麦的 ET_0	水稻的 ET_m	小麦的 ET_m	水稻生育期降雨	小麦生育期降雨
1	—	18.93	—	22.38	—	68.18
2	—	23.44	—	27.71	—	47.86
3	—	34.86	—	41.20	—	88.42
4	—	44.73	—	52.87	—	84.16
5	38.56	19.28	41.11	22.79	76.97	38.49
6	62.37	—	75.85	0.00	277.48	—
7	80.21	—	104.12	0.00	138.10	—
8	68.91	—	92.62	0.00	219.46	—
9	58.46	—	70.91	0.00	40.92	—
10	20.41	13.61	26.49	16.08	36.63	24.42
11	—	27.02	—	31.93	—	55.06
12	—	19.42	—	—	—	50.16
合计	328.93	201.28	411.09	214.96	789.56	456.75

由于常熟市地表水资源丰富，灌溉条件优越，水稻 9 月份的实际灌溉水量加上降水量远高于水稻水分需求量。所以，从数量上说，水分对当地粮食生产的限制不大，但过多水分又往往成为制约粮食生产能力持续提高的障碍。如冬小麦生育期降水过多往往导致地下水位上升，产生严重渍害，影响产量提高。就数量而言，常熟市水分要素对粮食生产满足度很高。经计

算，常熟粮食生产潜力的水分订正系数为 1。

常熟市灌溉条件优越，近几年灌溉指数高达 99%；2000—2005 年间，市域粮食水分生产潜力 25 559.07 kg/hm^2，水分潜力实际利用率 28.31%；6 年年均降水 1 258.52 mm，降水产出率 7.39 kg/mm。2000—2005 年，常熟市亩均灌溉用水约 427 m^3(640 mm)，灌溉水产出率(常熟小麦不需灌溉，灌溉用水量均为水田)14.54 kg/(mm · hm^2)，总水分产出率 4.90 kg/(mm · hm^2)。

4.2.1.3 常熟市土地资源利用生产率现状

(1)常熟市的主要土壤类型

受自然和人为成土因素影响，常熟市土壤类型多样，分布上具明显地带性。根据二次土壤普查制定的分类原则和依据，常熟市土壤共分水稻土、沼泽土、潮土和黄棕壤 4 个土类、7 个亚类、18 个土属、52 个土种和 2 个变种。水稻土是常熟市主要耕作土壤，占全市耕地总面积的 73.7%，分布最广。水稻土与旱作土壤相比，腐殖化系数很高，十分有利于有机质的积累。再加上常熟市地势平缓，以平原为主，土壤侵蚀状况轻微。

(2)常熟市的土地有效系数

常熟市的土地有效系数较高，土地质量较好，土地有效系数达到了 0.71(图 4.34)。从常熟市土地有效系数的分布看，土地有效系数较高的土地多集中在常熟市的市区周围的虞城镇和常熟市的东北部长江岸边的新港镇、东张镇、徐市镇、何市镇等区域。这些区域的水稻田多是常熟"稻—麦"双高产吨粮田，土壤肥力高，全剖面无障碍层，养分丰富且协调，土壤水、气协调，物理性状良好，适耕期长，耕层深厚。

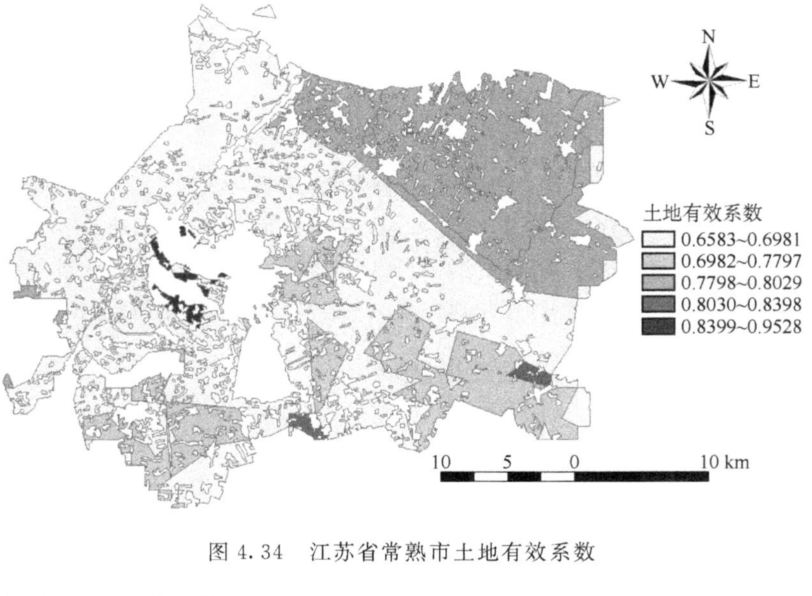

图 4.34 江苏省常熟市土地有效系数

(3)常熟市的土地利用现状

2005 年，常熟市的土地利用率(已利用的土地面积/土地总面积)达到了 78.30%，农用地比例为 57.05%；建设用地比例为 21.25%。在农用地中，耕地比例为 82.47%，占有比较大的优势(图 4.35)。但由于常熟市近年来经济发展速度很快，耕地被占用的数量很多。而且，由于被占用的耕地多位于城镇周围，耕地质量较高，城市扩张占用耕地造成的生产能力损失也比较严重。

(4)常熟市的土地资源利用生产率现状

2000—2005年间，常熟市平均耕地面积为61 483.33 hm^2，根据种植情况概算，粮播面积比例和复种指数分别为55.29%和146.14%；平均土地产出率(粮食全年单产)为9 302.68 kg/hm^2，而粮食土地生产潜力为18 146.94 kg/hm^2，土地潜力利用率为51.26%。

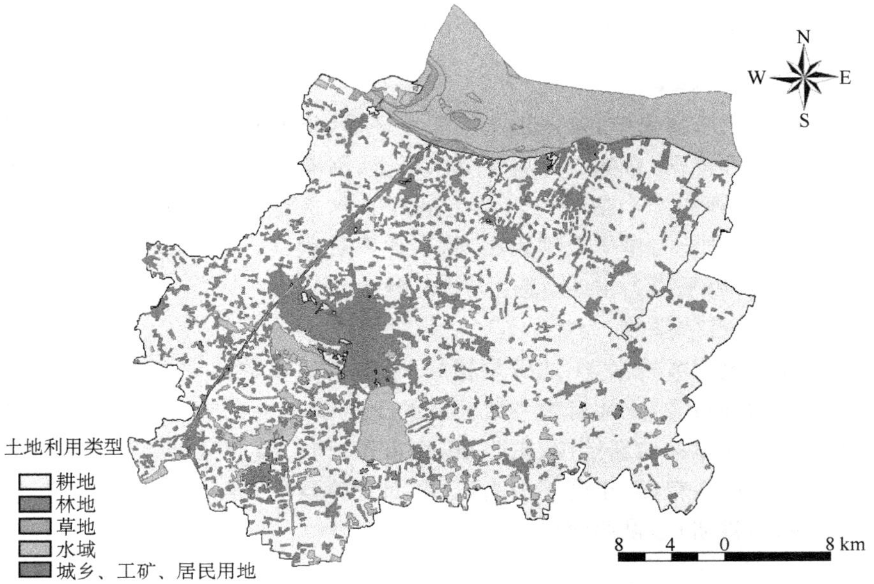

图4.35 江苏省常熟市土地利用现状

4.2.1.4 常熟市生物资源利用生产率现状

鉴于良种增产增效期望，常熟市粮食生产良种推广普及率很高，在95%以上。2000—2005年间，常熟市2种主要粮食作物(小麦、水稻)的播种面积占全部粮食作物播种面积比例较大，秸秆还田率将主要考虑水稻和小麦的秸秆还田状况。常熟市的农户调查结果表明，常熟市农户小麦秸秆的还田率较高，水稻秸秆则多作为燃料使用，平均秸秆还田率约在75%左右。

4.2.1.5 常熟市辅助资源利用生产率现状

2000—2005年间，常熟市农作物氮肥、磷肥、钾肥、复合肥的平均施用强度(折纯量①)分别为154.75 kg/hm^2、10.93 kg/hm^2、0.92 kg/hm^2 和 129.54 kg/hm^2，化肥的总投入强度为296.13 kg/hm^2。同期，粮食平均播面单产6 350.93 kg/hm^2，化肥平均产出率21.45 kg/kg。根据常熟市当地多年试验结果(朱兆良，1998)并参考相关研究，常熟市的氮、磷、钾肥利用率分别在30%，15%和35%左右，按化肥投入结构加权平均后的化肥利用率为28.37%。

2000—2005年，常熟市年均农业劳动力人数和粮食总产分别为129 133人和31.77×10^4 t，劳动生产率2 460.25 kg/人。

① 化肥的折纯量直接使用了统计年鉴提供的折纯量数据。

4.2.2 泰和县农业资源利用生产率现状

4.2.2.1 泰和县气候资源利用生产率现状

泰和县的光能资源较丰富。2000—2005年，泰和县多年年均太阳总辐射4 455 MJ/m²，其中大多集中在5—9月(图4.36)。泰和县多年日照时数在1 558 h左右，日照百分率为35%，日照时间和日照百分率略显不足。特别是每年4—5月早稻的生长季节，光照偏紧；7—10月，多晴好天气，日照百分率较高，对晚稻生长有利(图4.37)。

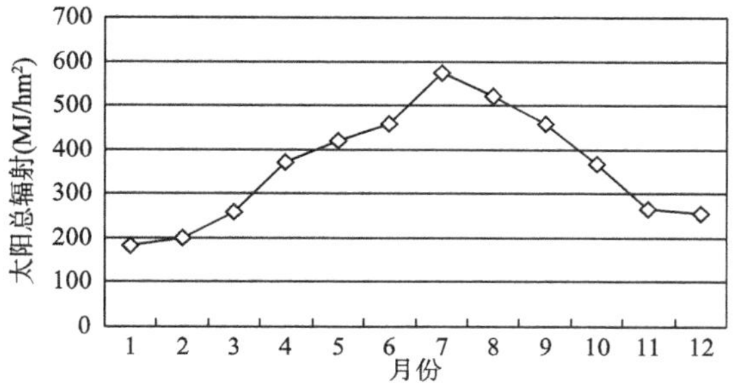

图4.36　泰和县多年月均太阳总辐射

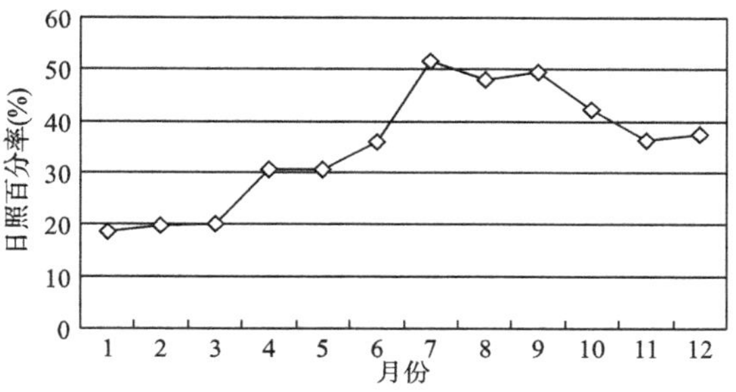

图4.37　泰和县多年月均日照百分率

泰和县的热量资源很丰富。从表征热量资源等级状况的活动积温来看，常熟市≥0℃和≥10℃的活动积温多年平均值分别为6 523℃·d和6 015℃·d，粮食生产的热量产出率为1.26 kg/(℃·hm²)；多年平均无霜期为290 d，热量资源很丰富，基本能满足早稻和晚稻的热量需求(图4.38)。

泰和县的降水资源也较丰富。2000—2005年，泰和县年均降水1 332 mm，主要分配在4月、5月和6月三个月份，约占全年降水量的44.33%；1月、2月、11月、12月的降水相对较少，只占全年总降水量的15.57%(图4.39)。

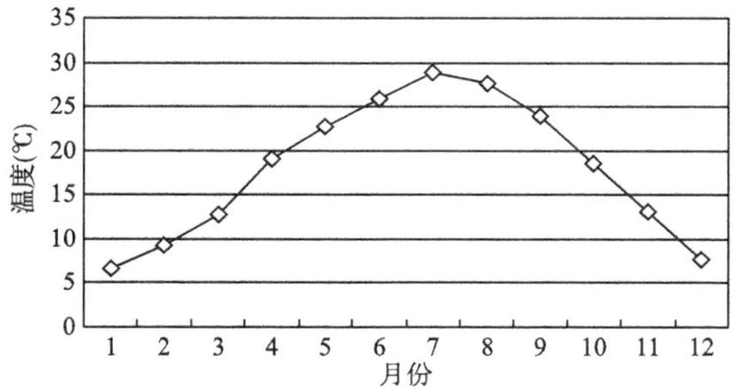

图4.38　泰和县多年月均气温

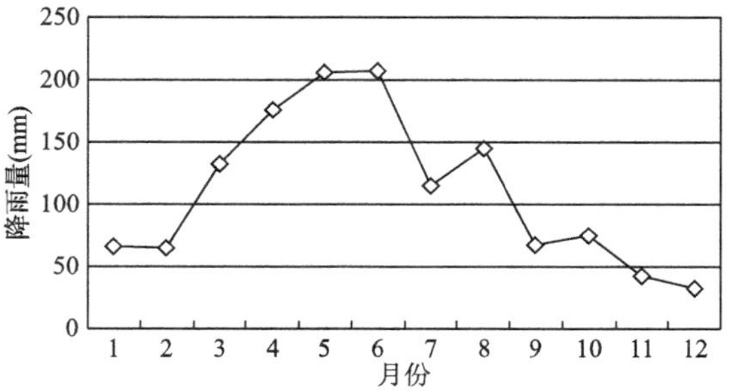

图4.39　泰和县多年月均降水

2000—2005年间，泰和县年均太阳总辐射为4 455 MJ/m²，粮食平均播面单产为4 328.83 kg/hm²，平均复种指数为189.77%，平均粮食全年单产为8 214.82 kg/hm²。按粮食作物总产结构加权并乘以各自能量折算系数，年均能量产出14.61 MJ/m²，理论光能利用率为0.33%；县域光合经济潜力26 917.84 kg/hm²，光合潜力利用率为30.52%。县域粮食光温潜力24 987.13 kg/hm²，光温潜力利用率为32.88%(表4.3)。

表 4.3 泰和县粮食作物光合与光温生产潜力

	多年太阳总辐射（MJ/hm²）	光合潜力（kg/hm²）	经济系数	光合经济潜力（kg/hm²）	温度有效系数	光温潜力（kg/hm²）
早稻	1439.07	31 515.59	0.40	12 606.23	0.93	11 716.44
晚稻	1633.75	35 779.03	0.40	14 311.61	0.93	13 270.68
合计	3072.81	67 294.62	—	26 917.85	—	24 987.13

水稻是喜温作物，通常 12℃以上的温度才开始生长，23℃以上的温度才能正常抽穗开花。在一定范围内，随着温度的增加，水稻生长发育加快，生育期缩短。温度降低，则生长发育减慢，生育期延长（刘新卫，2005）。泰和县的早稻播种时间一般在 4 月初，温度略嫌不够，温度订正系数只有 0.73，温度偏低对其有一定的限制性；泰和县晚稻一般在 10 月份收获，但这个时期的月均温度只有 18.7℃，温度订正系数只有 0.71，温度偏低，不利于水稻结实。泰和县其他月份的月均温度大多高于 23℃，热量资源基本能够满足水稻生长。

4.2.2.2 泰和县水分资源利用生产率现状

2000—2005 年间，泰和县早稻生育期天然降水量（628.83 mm）比水分需求总量（260.36 mm）多 368.47 mm，远多于同期早稻的水分需求量。从早稻各月天然降雨量与早稻水分总需求量的比较看，4，5，6，7 月份的天然降雨都有盈余。此外，根据农户调查，农户一般还在 4 月上旬、5 月上旬、6 月中旬、6 月下旬进行 4 次灌溉，泰和县早稻的水分需求可以完全满足。经计算，泰和县早稻的水分订正系数为 1。

晚稻生育期间总需水量为 353.94 mm，略高于同时期的天然降水量（363.69 mm）。但由于降水月份分配的不均，泰和县 9 月、10 月的降水分别只有 67 mm 和 74 mm，分别有 39.71 mm 和 3.49 mm 的水分缺口。根据农户调查数据，晚稻生育期间农户一般在 7 月上旬、7 月底、8 月中旬和 9 月上旬灌溉 4 次，每次灌溉水量约为 21.53 mm。考虑上述灌溉用水，10 月份的晚稻水分需求基本能够满足；但 9 月份仍然有 18.18 mm 的水分需求缺口。

由于晚稻生育期间降雨极其不均衡，7—8 月份的降雨要达到生育期间总降雨的 61%以上，容易形成晚稻的早涝和晚旱，尤以 9 月份旱情为甚。经计算，晚稻 9 月份的水分订正系数大约为 0.92；晚稻其余月份的水分订正系数经计算为 1；晚稻总的水分订正系数为 0.98（表 4.4）。

表 4.4 泰和县主要粮食作物生育期的水分订正系数

月份	早稻的 ET_m（mm）	晚稻的 ET_m（mm）	早稻生育期降雨（mm）	晚稻生育期降雨（mm）	早稻水分订正系数	晚稻水分订正系数
1	—	—	—	—	—	—
2	—	—	—	—	—	—
3	—	—	—	—	—	—
4	57.17	—	176.50	—	1.00	—
5	77.55	—	206.59	—	1.00	—
6	90.20	—	207.41	—	1.00	—
7	35.43	65.62	38.33	76.67	1.00	1.00
8	—	103.27	—	145.18	—	1.00
9	—	106.83	—	67.11	—	0.92

续表

月份	早稻的 ET_m (mm)	晚稻的 ET_m (mm)	早稻生育期降雨 (mm)	晚稻生育期降雨 (mm)	早稻水分订正系数	晚稻水分订正系数
10	—	78.22	—	74.73	—	1.00
11	—	—	—	—	—	—
12	—	—	—	—	—	—
合计	260.36	353.94	628.83	363.69	1.00	0.98

泰和县灌溉条件中等,近几年的灌溉指数平均为66.89%;2000—2005年间,市域粮食水分生产潜力24 721.71 g/hm²,实际利用率33.23%;6年年均降水1 332 mm,降水产出率6.17 kg/mm。2000—2005年,泰和县亩均灌溉用水约450 m³(674 mm),灌溉水产出率12.19 kg/(mm·hm²),总水分产出率4.10 kg/(mm·hm²)。

4.2.2.3 泰和县土地资源利用生产率现状

(1)泰和县的主要土壤类型

由于某些特殊的岩性差异在成土过程中占据主导地位,泰和县丘陵区有大面积发育年幼的紫色土和红壤性土存在。在人为长期植稻耕种活动影响下,形成了本区主要的农耕性土壤——水稻土。河谷冲积平原还有半水成土——潮土(旱地)。各类土壤的分布与境内大的构造地貌和成土母质类型变化基本一致,即土壤显现层状分布,反映了山丘地区土壤地域性分布特点。以赣江河谷低阶地为起点,向东南随地势逐级上升,土壤大体依次为潮土或平原水稻土(河谷低平原)——红壤、红壤性土、紫色土及相应的沟谷水稻土(低、中丘陵)——山地红壤及相应的沟谷水稻土(中、高丘陵及低山)——山地黄壤(中山)。

水稻土作为泰和县的主要农耕性土壤,主要分为4个类型存在:淹育型水稻土、潴育型水稻土、潜育型水稻土和漂洗型水稻土。其中,淹育型水稻土属地表型水稻土,地下水位深,灌溉条件差,降水在成土过程中起主导作用。虽然长期植稻,但由于土壤受水作用弱,剖面层段中铁质氧化还原及淋溶淀积现象很不明显。这类水稻土一般距离村庄远,多数为望天田,耕作粗放、施肥较少,属水稻土中的低肥土壤类型。潴育型水稻土属良性水稻土,广泛分布于河谷平原及丘间河谷。地下水埋深1~1.5 m,灌排条件好,土壤渗而不漏,渍而不滞,通常肥力较高。潜育型水稻土属囊水型或滞水型水稻土,多分布于山丘河谷或平原低洼地段,灌排系统不良,土壤受水的作用强烈,土粒分散,松软过湿。土壤物理性状差,养分储量较高,但释放力较弱,稻根发育不良。漂洗型水稻土属侧渗型水稻土,主要分布在第四纪红色黏土低丘缓坡地段,或沟谷中上部,面积很小,无灌溉水源。该类土壤保肥供肥力较弱,尤以速效养分含量低,耕层薄(中国科学院南方山区综合科学考察队,1982)。

(2)泰和县的土壤肥力状况

泰和县土壤中有机质和全氮的含量,因土壤类型的不同,含量变化幅度也较大。如分布在东南部、西部地区的老营盘、中龙、桥头等的山地,土壤有机质多在3%以上。随山体增高,植被覆盖度也相应增大,土壤有机质含量可达9%以上。大量的有机质将土壤染成黑色,并扩展至中心土层。随地势降低,向丘陵岗地过渡,植被覆盖度变小,土壤有机质含量由3%降至1%左右。在自然成土条件的基础上,人为的生产活动,尤其是任意砍伐林木以及不合理的开垦,破坏了原有的生态体系,导致土壤有机质的消耗,同时自然植被遭受强烈破坏,形成剧烈的水土流失，土壤有机质仅含1%，全氮0.05%左右，是山区土壤有机质含量最低的地区(表4.5)。

表4.5 几种土壤(0～20 cm)有机质及全氮含量

地形	土壤	成土母质类型	有机质(%)	全氮(%)
低山	黄壤	石英岩类及泥质岩类风化物	7.84	0.251
			3.39	0.123
	红壤	红色泥砾岩风化物	2.15	0.114
丘陵	紫色土	紫色泥质页岩沙砾岩风化物	1.59	0.071
岗地	红壤	红色砂岩风化物	1.04	0.055
	红壤性土	第四纪红色黏土及网纹红土	1.51	0.068
			14.00	0.004

此外，农地土壤中的有机质及全氮含量的分布状况，也与山丘土壤相似。在山区沟谷水稻中的有机质及全氮含量较高，至开阔的河谷平原区，含量逐渐降低。如东南及西部的山区沟谷中的水稻土，有机质含量在2%～3%，全氮在0.1%～0.7%。在丘陵沟谷及河谷平原区，土壤有机质为2%～2.5%，氮素含量也稍低。水稻土中的全氮含量也存在着差异，这种差异主要受成土母质类型及人为耕种施肥活动影响。如分布在山间沟谷中的水稻土，因地下水位高，土壤水分长年处于饱和状态，多发育成潜育型土壤。土壤通气性不良，有机质不易矿化，故土壤有机质及全氮含量稍高。与潴育型水稻土相比，有机质平均含量高0.3%～0.5%，全氮含量也相应增加0.04%～0.07%。第四纪红色黏土沟谷地区的漂洗型水稻土，耕层土壤中的部分养分及黏粒受侧渗水作用而遭淋失，有机质及全氮含量较低，分别低于2%及0.1%。

泰和县土壤中磷素的含量及其转化成有效磷的状况是决定土壤肥力水平的重要因素。泰和县土壤中全磷含量不一，以水稻土含量最高，在0.092%～0.206%之间，山丘林、草地土壤含量稍低，为0.039%～0.17%，沿江旱地土壤中含量较少，为0.07%左右。泰和县土壤中的钾素含量一般较高，但变化幅度较大。其中，紫色岩类发育的土壤是钾素最高的，约达到3%～3.5%；河流冲积物发育的潮土、水稻土及泥质岩、石英岩类发育的红壤，分布面积最大，全钾含量在2.6%～2.9%；第四纪红色黏土、紫红色岩类发育的土壤，全钾含量最低，只有0.6%～1.4%。

(3)泰和县土地有效系数

泰和县的土地有效系数为0.66，在案例区的三个县域中处于中等水平。从土地有效系数的区域分布看(图4.40)，苏溪、冠朝、塘洲、万合、螺溪等乡镇，大都临近赣江，河流水系分布密，土地自然质量好。土壤熟化程度较高，主要是黄泥田、潮泥田、紫泥田、灰泥田、青泥田等土壤类型，耕层厚，土壤结构良好，水、肥、气、热相对比较协调，保水能力好。

(4)泰和县土地资源利用生产率

2005年，泰和县的土地利用现状以农用地为主，为226 872.3 hm^2，占土地总面积的84.63%；建设用地面积为15 484.15 hm^2，占土地总面积的5.78%；未利用地总面积为25 712.25 hm^2，占土地总面积的9.59%(图4.41)。农用地中以林地为主，比例为68.28%；其次是耕地，比例为24.41%。耕地中以望天田为主，比例为52.59%；其次是灌溉水田，比例为29.42%。

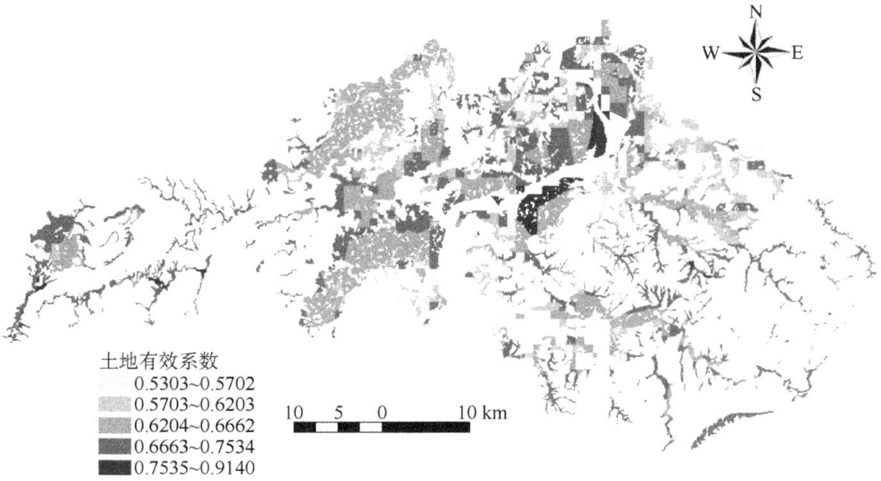

图 4.40 江西省泰和县土地有效系数

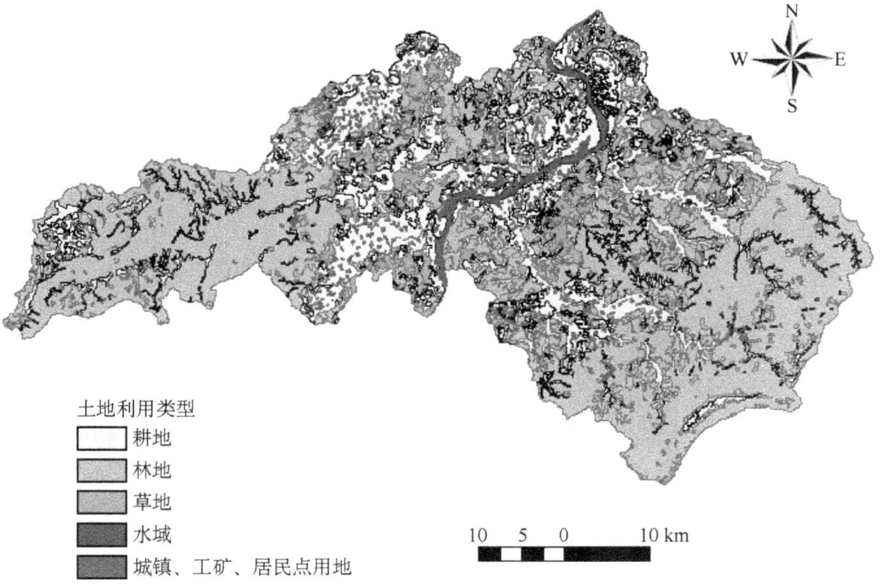

图 4.41 江西省泰和县土地利用现状

2000—2005 年间，泰和县耕地面积平均为 56 176.6 hm^2；根据种植情况概算，粮播面积比例和复种指数分别为 60.03%和 189.77%；多年平均土地产出率为 8 214.82 kg/hm^2，而粮食土地生产潜力为 16 316.33 kg/hm^2，土地潜力利用率为 50.35%。

4.2.2.4 泰和县生物资源利用生产率现状

通过普及良种可以使农民增产、增收，根据泰和县农业局提供的资料，2004 年通过全县推广优质稻 9.6 万亩，亩产增收 118 元；2005 年通过推广优质稻 11.4 万亩，亩产增收 126 元；2006 年推广优质早稻 2.28 万亩，亩产增收 116 元。良种普及产生了比较明显的粮食增产、农民增收的效应。

根据泰和县农业局提供的统计数据，泰和县的良种普及率约为80%。农户调查表明，泰和县水稻秸秆的还田率中等，约为62.94%。

4.2.2.5 泰和县辅助资源利用生产率现状

2000—2005年间，泰和县农作物氮肥、磷肥、钾肥、复合肥的平均施用强度（折纯量）分别为33.28 kg/hm²、12.50 kg/hm²、23.54 kg/hm²和88.17 kg/hm²，化肥的总投入强度为157.49 kg/hm²。同期，泰和县的粮食播面单产为4 254.67 kg/hm²，粮食生产的平均化肥产出率为27.00 kg/kg。根据江西省各个区县1990—2005年的粮食播面单产和化肥投入数据，可以拟合出粮食播面单产与化肥投入之间的二次多项式（图4.42）。根据拟合好的多项式，泰和县不施肥的粮食单产大概在3252.84 kg/hm² 左右。结合泰和化肥折纯量的实际投入和实际粮食作物播面单产，按照化肥利用率的计算公式，可以得出泰和县的化肥利用率大约为29.48%。

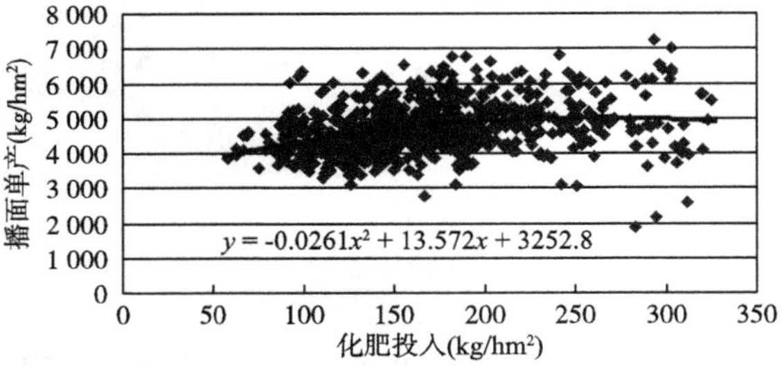

图4.42 江西省粮食播面单产与化肥投入的二次函数

2000—2005年，泰和县年均农业劳动力和粮食总产分别为140 567人和31.77×10⁴ t，劳动生产率为2 027 kg/人。

4.2.3 安塞县农业资源利用生产率现状

4.2.3.1 安塞县气候资源利用生产率现状

安塞县的光能资源较丰富。2000—2005年，安塞县多年年均太阳总辐射5 282 MJ/m²，在三个县域中属于最丰富的。安塞县的太阳总辐射主要集中在5—8月份（图4.43），合计占到全年太阳总辐射的45.95%。安塞县多年日照时数为2 507 h，日照百分率在57.56%左右，日照比较充足。安塞县日照在各个月份间的差异不是很大，2月份和8月份的日照百分率较高，分别为69.60%和72.96%；6月份和9月份日照百分率较低，分别只有51.19%和41.60%（图4.44）。

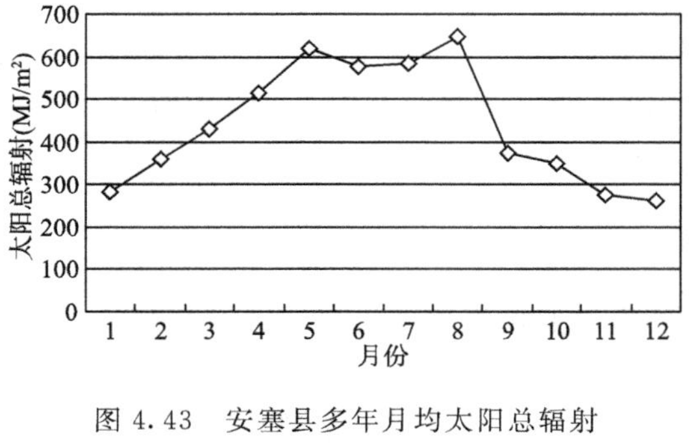

图4.43 安塞县多年月均太阳总辐射

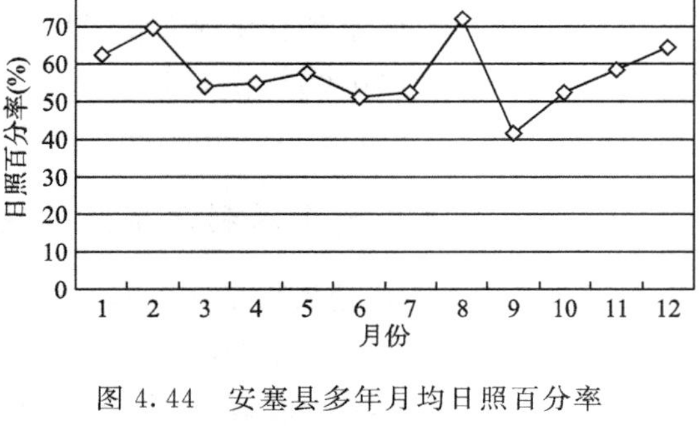

图4.44 安塞县多年月均日照百分率

安塞县的热量资源欠丰富。从表征热量资源等级状况的活动积温来看，安塞县≥0℃、

5℃、10℃和15℃活动积温多年平均值分别为3680℃·d、3630℃·d、3350℃·d和3000℃·d,无霜期一般在125～180 d,热量资源欠丰富。安塞县各月的温度差异也较大,7月份的温度较高,达到了17℃,但1,2,3,11,12月的月均温均要低于0℃,特别是1月份达到了－10.23℃(图4.45)。过低的气温对许多作物的生长,例如冬小麦,产生了严重的限制作用。2000—2005年,安塞粮食生产的热量产出率为0.70 kg/(℃·hm^2)。

安塞县降水贫乏。2000—2005年,安塞县的年均降水仅415.57 mm,较贫乏。同时,各月的降水分配不均,全年降水量多分配在6月、7月、8月、9月4个月份,占到全年降水量的75.98%;1月、2月、11月、12月的降水则很少,只占全年总降水量的3.87%(图4.46)。

2000—2005年间,安塞县年均太阳总辐射为5 282 MJ/m^2,粮食播面单产2 120.75 kg/hm^2,复种指数121.45%,粮食全年单产2 571.34 kg/hm^2。按粮食作物总产结构加权并乘以各自能量折算系数,年均能量产出4.57 MJ/m^2,理论光能利用率为0.087%;县域光合潜力19 167.83 kg/hm^2,光合潜力利用率为13.41%。县域粮食光温潜力12 182.75 kg/hm^2,光温潜力利用率为21.11%(表4.6)。

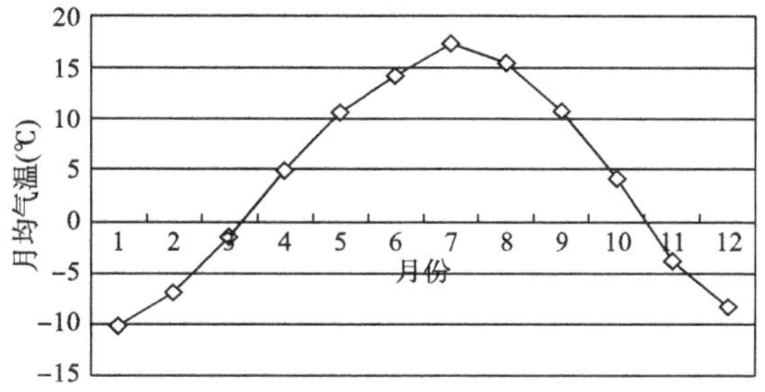

图4.45 安塞县多年月均气温

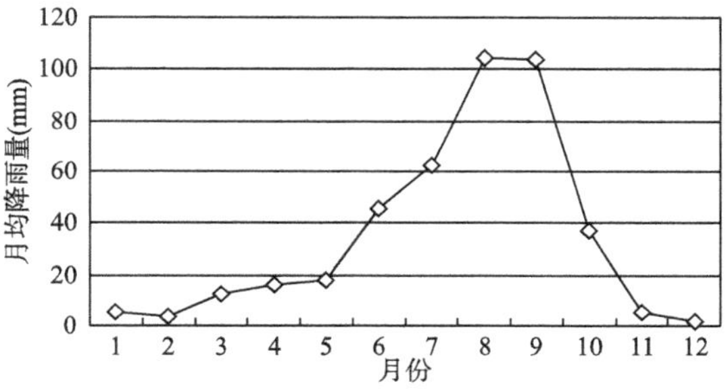

图4.46 安塞县多年月均降水

表4.6 安塞县粮食生产的光合与光温潜力

作物	光合经济产量 (kg/hm^2)	加权光合生产潜力 (kg/hm^2)	温度有效系数	光温生产潜力 (kg/hm^2)
冬小麦	25699.92	4548.89	0.39	1766.27
夏玉米	24547.65	4197.65	0.74	3094.27
谷子	15967.93	2522.93	0.74	1859.77
糜子	14729.65	2047.42	0.63	1287.15
土豆	17929.13	4069.91	0.68	2752.66
大豆	13914.29	1781.03	0.80	1422.62
合计	112788.58	19167.83	0.64	12182.75

注:加权光合、光温潜力指作物光合、光温潜力与其对应种植结构比例的乘积。

从县域温度订正系数看,由于冬小麦生长季节的温度较低,其有效系数较低,仅有0.39;夏玉米、大豆、谷子等农作物受温度制约较小。2000—2005年间,温度对粮食生产有效系数0.64,热量资源在一定程度上制约了当地的粮食生产发展;其中,夏粮作物较秋粮作物更易受温度条件制约。

4.2.3.2 安塞县水资源利用生产率现状

安塞县的灌溉条件较差,多年平均灌溉指数仅6.23%,所以天然降水是安塞县粮食生产最主要水分来源。但由于安塞县的天然降水又欠丰富,水分成为制约安塞县粮食生产的重要因素。在6种主要作物中,冬小麦由于生育期与当地降水时序相差大而受水分因素限制最大。2000—2005年,安塞县小麦全生育期需耗水354.14 mm,但降水仅132.32 mm,仅能满足水分要求的37%左右。即使考虑到土壤的供水状况,也仅满足冬小麦水分需求的60%左右,冬小麦的水分订正系数经计算仅为0.63(表4.7)。其他如秋粮作物,虽然生长季节雨热同期,但由于该县地处半干旱地区,降水总体偏少,很难满足粮食作物生长发育之需,而年际间各生育期降水变化率大的特点更是加重了水分因素的限制性,但受水分制约程度总体上低于夏粮作物(刘新卫,2005)。

总体上,水分对安塞县粮食生产限制程度较高;2000—2005年间,安塞县粮食生产的水分有效系数仅0.74(表4.7)。

表4.7 安塞县主要粮食作物蒸散量

作　物	ET_0(mm)	ET_m(mm)	P(mm)	$\triangle W$(mm)	E_{ta}(mm)	f(w)
冬小麦	299.61	354.14	132.32	−99.42	231.74	0.63
夏玉米	361.81	387.86	333.71	0.93	332.78	0.82
谷　子	316.76	357.93	307.46	55.52	251.94	0.73
糜　子	292.19	344.78	321.98	12.52	309.46	0.89
土　豆	292.73	304.44	171.43	−20.90	192.33	0.59
大　豆	279.82	338.58	221.08	−15.58	236.66	0.74

由于实际灌溉面积所占比重极小,安塞县多年平均灌溉指数仅6.23%。2000—2005年间,安塞县年均降水415.57 mm,以单位面积粮食产量除以年降水量得水分产出率6.19 kg/(mm·hm^2),总的水分产出率忽略灌溉用水量,也为6.19 kg/(mm·hm^2)。2000—2005年,安塞县的水分生产潜力8 864 kg/hm^2,水分潜力利用率为29%。2000—2005年,安塞县灌溉指数平均仅6.23%,但据相关研究,当地有限水的资源也未得到高效地利用,灌溉方式落后(大田漫灌),灌溉水利用率在30%~33%间,浪费严重。

4.2.3.3 安塞县土地资源利用生产率现状

(1)安塞县的土壤类型和肥力概况

安塞县土壤有7个土类、14个亚类、24个土属、71个土种。安塞县的主要土类是黄土性土,包括黄绵土、绵沙土、灰绵土3个亚类,面积达26.07×10^4 hm^2,占总土地面积的88.36%,是安塞县主要耕作土壤。安塞县北部的化子坪、坪桥、镰刀湾、王家湾4乡(镇)为梁峁状丘陵沟壑区,接近毛乌素沙地边缘,受西北风影响,主要分布绵沙土、轻黑垆土;中部的谭家营、真武洞、沿河湾、招安、王窑5个乡(镇)为峁梁丘陵,主要是黄土性土、普通黑垆土;南部的西河口、砖窑湾、高桥、楼坪4个乡(镇)为黄土梁状丘陵,土壤为灰褐土、黄绵土、灰绵土。河谷地带土壤类型有黄土性土、淤土、少量潮土、锈黑垆土等。

在黄土性土中,又以非地带性黄绵土为主,土层深厚,质地组成以粉沙(粒径0.002~0.05 mm)为主,占60%~75%;黏土(粒径<0.002 mm)含量较低,多在9%~15%,沙粒(粒径>0.05 mm)含量一般<30%。经过长时间掠夺式耕作而补给往往不及时和欠充足,当前肥

力水平普遍偏低，土壤贫瘠，除K素外，有机质含量低下(0.5%～0.8%)，N,P素匮乏(速效N,P含量均较低或很低)，而pH值较高(多在8以上)，耕地表土有机C和有机N含量分别只有0.4%～0.7%和0.03%～0.05%(刘新卫,2005)。

(2)安塞县的土壤侵蚀状况

由于地形复杂以及“以粮为纲”的指导思想，安塞县不适于种植的陡坡也常被开垦为耕地。1996年土地普查表明，在全部耕地中，坡度≤2°、2°～6°、6°～15°、15°～25°与>25°耕地面积所占比重分别为1.04%、4.30%、22.73%、37.51%和34.41%，15°以上坡耕地占71.93%；而2000年，在全县全部耕地中15°～25°与>25°坡耕地面积所占比重分别为39.37%和31.91%，合计仍高达71.28%。

所以，安塞县土壤侵蚀状况比较严重。根据相关研究，安塞县现有耕地中位于剧烈侵蚀区的占20.79%，强度侵蚀区的占48.22%，中度侵蚀区的占20.92%，轻度侵蚀区的占7.38%，无明显侵蚀区的占2.70%；按其侵蚀模数分别为1.50×10^4，1.10×10^4，0.90×10^4，0.60×10^4和0.20×10^4 t/(a·km^2)计，耕地年均水土流失1.08×10^4 t/km^2。如果按照一定的标准进行折算(付会芳,1997)，相当于每年每平方千米耕地损失肥料243 t，远远超过每年实际肥料投入量。而根据国外经验，该县允许侵蚀量每年应<1500 t/km^2。

(3)安塞县土地有效系数

经过评价，安塞县的土地有效系数为0.62，在三个案例区之中是最低的。安塞县的土壤侵蚀状况严重，造成的肥料损失较多，土壤肥力普遍不足是其主要原因。从安塞县内部土地有效系数的分布看，土地有效系数最高的土地是川地，集中分布在安塞县延河、大理河和清涧河3条水系的两侧，这也是安塞县的农业中心，土地有效系数可以达到0.7。其次，土地有效系数较高的土地主要是坝地、梯田和湾塌地，土地有效系数在0.6左右(图4.47)。

坝地主要是一些采用筑坝、修堰等方法拦截泥沙淤出的农田。此外，湾塌地也是安塞县土地有效系数较高的区域。由于坝地拦蓄的都是小流域坡面上流失下来的表土，含有大量的牲畜粪便、枯枝落叶等，土壤肥沃；坝地地下水位高，土壤水分充足，墒情好，耐干旱；坝地平坦、宽阔，耕作方便。据测算，一般坝地土壤含水量比坡耕地高1.5倍，比梯田高1倍；单位土壤中氮、磷、钾、有机质含量分别比坡地高1.2,4.0,5.2和1.3倍。由于坝地具有良好的水肥条件，与其他土地类型相比，产量较高。

湾塌地是滑坡重力侵蚀的结果。弧形滑坡壁的汇水和滑床的隔水作用，再加上滑坡体表面的微地形，如陡坎与反向坡之间的洼地容易积水，使得湾塌地的地下水和土壤水分都较原来斜坡好得多(傅伯杰等,2001)。湾塌地一般分布于沟坡下部，再加上弧形滑坡壁的屏障作用，使得湾塌地比原来斜坡的风力小，蒸发力较弱，有利于土壤水分的保持。阳坡的湾塌地，光照充足，冬季又是背风坡，造成局部气温和地温都较高。湾塌地这种较好的小气候环境，特别是较优越的水热条件，十分有利于果树的种植与丰产。

众所周知，水平梯田能使跑水、跑土、跑肥的“三跑田”变为“三保田”。梯田的减洪减沙机理主要表现在：坡耕地修成水平梯田后，改变了原有的小地形，使田面变得平整，持水量增大，比较均匀的小于50 mm的日降水量可以全部入渗，避免了径流的产生，起到了蓄水减沙的作用(Chow等,2000；刘延宏等,1998)。由于梯田面是水平的，所以田面超渗雨水不具有冲刷土壤的能量；水平梯田地坎坡度接近90°，则地坎斜面上的雨量大大减少，其上的侵蚀量也接近于0；坡地改为水平梯田后，成为好的农田。由于精耕细作，改良了梯田土壤结构，增加入渗强度；

田面上栽培的作物，增加了水流阻力，延长了入渗时间；地埂也可拦蓄田面上的积水。这样水平梯田可以将一般年份的降雨量全部保留在梯田内。经过一段时间的耕作，梯田中的土壤水、肥逐渐改善，作物产量也稳步上升。梯田生态系统通过一定结构完成能流、物质循环的正常代谢过程，彼此之间相互为用，相互补偿。光、热、水、肥诸因素能满足作物群体相互协调的需要，使系统得以达到较高的生产力(姚敏等，2006；姚云峰等，1994；马继东，2007)。

图 4.47 陕西省安塞县土地有效系数

1950 年，安塞县开始在坡地上修梯田。1958 年，安塞县建成水平梯田 180 hm^2。但是，由于梯田修造质量不高，数量统计不实，使大量的梯田没有发挥效益。1977 年以后，农民逐渐认识到梯田的作用，舍得在梯田上投入肥料，效益明显。在同等的条件下，水平梯田比坡地产量高出 2～3 倍。1980 年，安塞县水平梯田达到 0.78 万 hm^2，1983 年、1989 年和 1996 年的梯田面积分别达到了 0.87 万 hm^2、1.33 万 hm^2 和 2.125 万 hm^2。但从 1996 年起至 2004 年，梯田建设基本稳定，2004 年梯田建设面积仅比 1996 年增长 5.09%，梯田面积保持在 2.193 万 hm^2 左右(马继东，2007)。

(4)安塞县的土地利用现状

2005年,安塞县的农用地、建设用地和未利用地的比例分别为97.15%、1.73%和1.12%。农用地之中,牧草地的比例最大,比例为37.39%;其次是林地,比例为33.01%;再次是耕地,比例为24.75%;园地和其他农用地的比例分别为4.39%和0.46%。耕地之中,98.82%为旱地;其次是菜地,比例为0.94%;此外还有0.24%的水浇地;旱地和望天田的比例均为0%(图5.48)。

(5)安塞县土地利用生产率

2000—2005年间,安塞县耕地面积平均为27 572.53 hm^2,粮食生产占地22 924.17 hm^2,粮食作物平均播种面积28 009.83 hm^2,粮用耕地比率和复种指数分别为83.14%和121.45%;粮食总产除以总播种面积后乘以复种指数得土地产出率(单产),平均为2 571.34 kg/hm^2,开发了土地生产潜力(5 495.68 kg/hm^2)的46.79%。

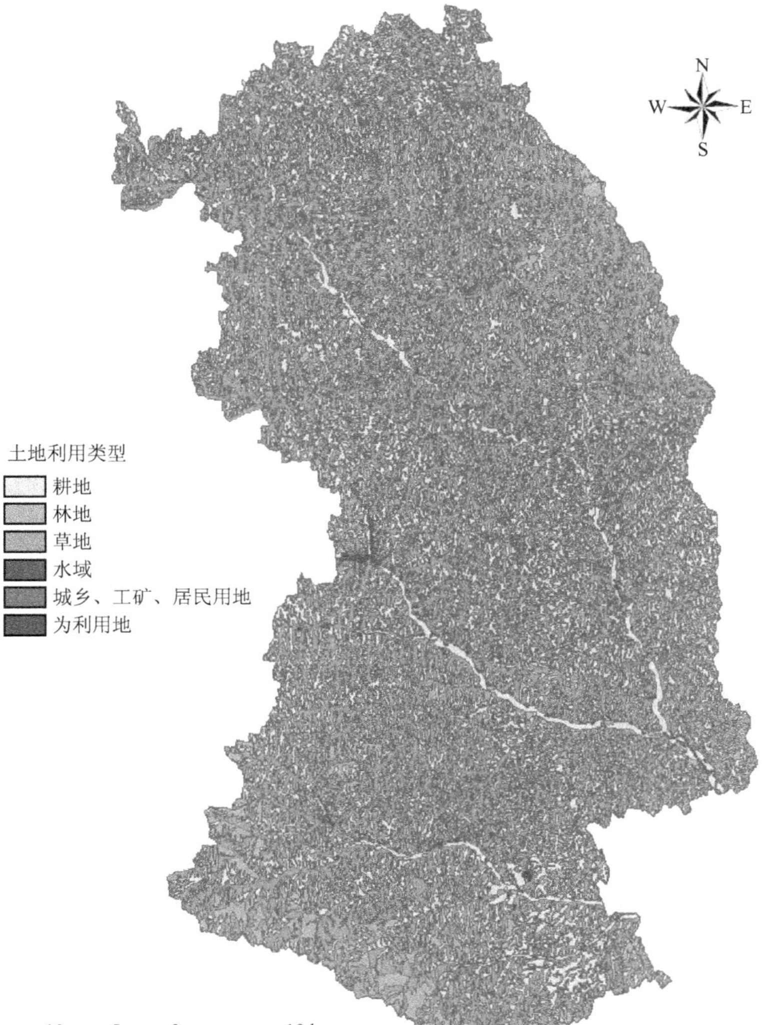

图4.48 陕西省安塞县土地利用现状

4.2.3.4 安塞县生物资源利用生产率现状

安塞县农业局的调查数据表明，2000—2005 年间，安塞县粮食作物良种普及率在 85%左右；通过实地调查和概算，粮食作物秸秆还田率较低，平均为 28%。

4.2.3.5 安塞县辅助资源利用生产率现状

2000—2005 年间，安塞县农作物氮、磷、钾和复合肥的折纯施用量①平均为 64.25 kg/hm^2、13.55 kg/hm^2、22.63 kg/hm^2 和 4.30 kg/hm^2，化肥折纯施用总强度为 104.73 kg/hm^2。同期，安塞县粮食播面单产为 2 213.71 kg/hm^2，化肥产出率约为 21.14 kg/kg。根据安塞县当地多年的试验结果（梁银丽，2000）和专家咨询意见，安塞县 N，P，K 肥利用率分别在为 35%，20%和 45%左右，按研究期间化肥投入结构进行加权平均，化肥利用率平均为 33.23%（刘新卫，2005）。

2000—2005 年间，安塞县的农业劳动力平均约为 41 053 人，粮食平均总产为 58 842.67 t，劳动生产率约为 1 433.52 kg/人。

4.3 案例区农业资源利用生产率评价

4.3.1 常熟市农业资源利用生产率评价

4.3.1.1 指标权重的确定

在对案例区进行农业资源利用生产率评价之前，需要先赋予各个评价指标一个权重。利用 AHP 方法，借助 DPS 软件，可以计算常熟市各农业资源利用生产率评价指标准则层与指标层的权重，计算结果见表 4.8。

表 4.8 常熟市农业资源利用生产率评价指标权重

评价层次		层次权重	组合权重	结果检验
x	x1	0.13	—	$CI=0.08, RI=1.12, CR=0.07<0.10$
	x2	0.24	—	
	x3	0.5	—	
	x4	0.06	—	
	x5	0.07	—	
x1	x11	0.3	0.0390	$CI=0, RI=0, CR=0.06<0.10$
	x12	0.4	0.0520	
	x13	0.3	0.0390	

① 折纯量来自安塞县统计年鉴。

续表

评价层次		层次权重	组合权重	结果检验
x2	x21	0.08	0.0192	$CI=0.02, RI=0.9, CR=0.03<0.10$
	x22	0.17	0.0408	
	x23	0.28	0.0672	
	x24	0.47	0.1128	
x3	x31	0.28	0.1400	$CI=0.01, RI=1.12, CR=0.01<0.10$
	x32	0.16	0.0800	
	x33	0.04	0.0200	
	x34	0.08	0.0400	
	x35	0.44	0.2200	
x4	x41	0.5	0.0300	$CI=0, RI=0, CR=0.06<0.10$
	x42	0.5	0.0300	
x5	x51	0.25	0.0175	$CI=0, RI=0, CR=0.06<0.10$
	x52	0.5	0.0350	
	x53	0.25	0.0175	

注：①层次总排序一致性检验：$CI=0.01, RI=0.65, CR=0.01<0.10$；②x为目标层（粮食生产的资源利用生产率）；x1、x2、x3、x4、x5分别为气候资源、水资源、土地资源、生物资源和辅助资源利用生产率；x11、x12、x13分别为光能利用率、光温潜力利用率和热量产出率；x21、x22、x23、x24分别为灌溉指数、降水产出率、总水分产出率和水分潜力利用率；x31、x32、x33、x34、x35分别为土地生产率、复种指数、粮播面积比例、土地有效系数和土地潜力利用率；x41、x42分别为良种普及率、秸秆还田率；x51、x52、x53分别为化肥产出率、化肥利用率和劳动生产率；③层次权重为准则层对目标层权重或指标层指标相对于所在准则层权重；组合权重为各指标相对于目标层权重，是指标层指标权重与其所在准则层权重乘积，反映了各指标在整个指标体系中的地位作用（下同）。

4.3.1.2 物元可拓模型的评价结果

(1)单项农业资源利用生产率评价结果

根据物元可拓模型的计算方法和已确定的权重，计算了常熟市各项资源利用类别、农业资源利用生产率评价指标与各等级的关联度，计算结果见表4.9。

表4.9 常熟市各农业资源利用生产率评价指标的等级关联度

评价指标	关联度				
	低	较低	中等	较高	高
光能利用率(%)	−0.0317	−0.0293	−0.0244	−0.0098	**0.0098**
热量产出率[kg/(℃·d·hm²)]	−0.0364	−0.0312	−0.0208	**0.0104**	−0.0074
光温潜力利用率(%)	−0.0162	−0.0086	**0.0132**	−0.0049	−0.0142
灌溉指数(%)	−0.0190	−0.0189	−0.0187	−0.0182	**0.0010**
降水产出率[kg/(mm·hm²)]	−0.0319	−0.0289	−0.0230	−0.0052	**0.0052**
总水分产出率[kg/(mm·hm²)]	−0.0237	−0.0056	**0.0134**	−0.0179	−0.0302
水资源潜力利用率(%)	−0.0385	−0.0041	**0.0087**	−0.0347	−0.0542
土地生产率(kg/hm²)	−0.0928	−0.0771	−0.0456	**0.0488**	−0.0288
复种指数(%)	−0.0289	−0.0094	**0.0246**	−0.0185	−0.0339
粮播面积比例(%)	−0.0051	**0.0094**	−0.0047	−0.0098	−0.0124

续表

评价指标	关联度				
	低	较低	中等	较高	高
土地有效系数	−0.0233	−0.0178	−0.0067	**0.0133**	−0.0114
土地潜力利用率(%)	−0.0998	−0.0598	**0.0407**	−0.0172	−0.0774
良种普及率(%)	−0.0253	−0.0238	−0.0206	−0.0113	**0.0113**
秸秆还田率(%)	−0.0183	−0.0144	−0.0066	**0.0131**	−0.0079
化肥产出率(kg/kg)	−0.0052	**0.0048**	−0.0024	−0.0074	−0.0100
化肥利用率(%)	−0.0101	**0.0110**	−0.0055	−0.0153	−0.0203
劳动生产率(kg/人)	−0.0116	−0.0096	−0.0057	**0.0061**	−0.0036

评价结果表明,常熟市的各类农业资源利用生产率大多集中在“中等”以上的评价区间内,只有粮播面积占用比例、化肥产出率和化肥利用率 3 个指标处于“较低”水平的评价区间内,而光能利用率、灌溉指数、降水产出率和良种普及率 4 个指标处于利用生产率“高”水平的区间内。此外,在“中等”和“较高”的评价区间内的指标各有 5 个。总体上看,常熟市的农业资源利用生产率属于“较高”水平。

(2)农业资源利用生产率综合评价结果

根据各项农业资源利用生产率评价指标与各等级的关联度和指标权重,可以计算常熟市农业资源综合利用生产率与等级的关联度,计算结果见表 4.10。从 5 个资源利用生产率类别看,资源利用生产率的层次分布也呈现出相同的规律。其中,常熟市的气候资源利用生产率、水资源利用生产率和生物资源利用生产率属于“较高”水平;土地资源利用生产率属于“中等”水平;辅助资源利用生产率则属于“较低”水平。总体上,常熟市农业资源利用生产率的综合评价结果属于“较高”水平。

表 4.10 常熟市农业资源综合利用生产率与等级的关联度

利用生产率类别	低	较低	中等	较高	高
气候资源利用生产率	−0.6484	−0.5312	−0.2461	**−0.0329**	−0.0914
水资源利用生产率	−0.4713	−0.2395	−0.3171	**−0.0815**	−0.3260
土地资源利用生产率	−0.5001	−0.3092	**0.0166**	0.0334	−0.3275
生物资源利用生产率	−0.7266	−0.6355	−0.4532	**0.0313**	0.0552
辅助资源利用生产率	−0.3842	**0.0887**	−0.1945	−0.2381	−0.4830
综合利用生产率	−0.5179	−0.3130	−0.0841	**−0.0785**	−0.2844

4.3.2 泰和县农业资源利用生产率评价

4.3.2.1 指标权重的确定

利用 AHP 法计算了泰和县各资源利用生产率评价准则层和指标层的权重,计算结果见表 4.11。

表 4.11 泰和县农业资源利用生产率评价指标权重

评价层次		层次权重	组合权重	结果检验
x	x1	0.18	—	$CI=0.08, RI=1.12, CR=0.07<0.10$
	x2	0.28	—	
	x3	0.39	—	
	x4	0.06	—	
	x5	0.09	—	
x1	x11	0.3	0.0540	$CI=0, RI=0, CR=0.06<0.10$
	x12	0.4	0.0720	
	x13	0.3	0.0540	
x2	x21	0.1	0.0280	$CI=0.01, RI=0.9, CR=0.01<0.10$
	x22	0.15	0.0420	
	x23	0.36	0.1008	
	x24	0.39	0.1092	
x3	x31	0.27	0.1053	$CI=0.03, RI=1.12, CR=0.03<0.10$
	x32	0.18	0.0702	
	x33	0.05	0.0195	
	x34	0.11	0.0429	
	x35	0.39	0.1521	
x4	x41	0.5	0.0300	$CI=0, RI=0, CR=0.06$
	x42	0.5	0.0300	
x5	x51	0.25	0.0225	$CI=0, RI=0, CR=0.06<0.10$
	x52	0.5	0.0450	
	x53	0.25	0.0225	

注：层次总排序一致性检验：$CI=0.02, RI=0.60, CR=0.03<0.10$。

4.3.2.2 物元可拓模型的评价结果

(1)单项农业资源利用生产率评价结果

根据物元可拓模型的计算方法和已确定的权重，计算了泰和县各项农业资源利用生产率评价指标与各等级的关联度，计算结果见表 4.12。

评价结果表明，泰和县的各类农业资源利用生产率大多集中在“中等”的评价区间内，资源单项利用生产率属于“中等”的评价指标达到了 8 个，占总评价指标数量的 47.06%。此外，泰和县的总水分产出率和土地有效系数两个评价指标分属于“低”和“较低”水平；复种指数和化肥产出率则属于“高”水平；光能利用率、光温潜力利用率、灌溉指数、水资源潜力利用率和土地生产率 5 个指标则属于“较高”水平。

表 4.12 泰和县各农业资源利用生产率评价指标的等级关联度

评价指标	关联度				
	低	较低	中等	较高	高
光能利用率(%)	−0.0338	−0.0270	−0.0135	**0.0270**	−0.0135
热量产出率[kg/(℃·d·hm^2)]	−0.0276	−0.0128	**0.0336**	−0.0115	−0.0268

续表

评价指标	关联度				
	低	较低	中等	较高	高
光温潜力利用率(%)	−0.0348	−0.0284	−0.0156	**0.0229**	−0.0124
灌溉指数(%)	−0.0164	−0.0125	−0.0048	**0.0096**	−0.0079
降水产出率[kg/(mm·hm²)]	−0.0154	−0.0058	**0.0162**	−0.0086	−0.0170
总水分产出率[kg/(mm·hm²)]	**0.0403**	−0.0403	−0.0706	−0.0806	−0.0857
水资源潜力利用率(%)	−0.0630	−0.0476	−0.0168	**0.0336**	−0.0317
土地生产率(kg/hm²)	−0.0555	−0.0389	−0.0057	**0.0063**	−0.0337
复种指数(%)	−0.0612	−0.0582	−0.0522	−0.0343	**0.0343**
粮播面积比例(%)	−0.0065	0.0000	**0.0001**	−0.0065	−0.0097
土地有效系数	−0.0123	**0.0143**	−0.0072	−0.0191	−0.0250
土地潜力利用率(%)	−0.0604	−0.0298	**0.0627**	−0.0222	−0.0562
良种普及率(%)	−0.0113	−0.0050	**0.0150**	−0.0050	−0.0113
秸秆还田率(%)	−0.0126	−0.0068	**0.0095**	−0.0036	−0.0109
化肥产出率(kg/kg)	−0.0197	−0.0187	−0.0169	−0.0113	**0.0113**
化肥利用率(%)	−0.0160	−0.0044	**0.0108**	−0.0114	−0.0198
劳动生产率(kg/人)	−0.0088	−0.0043	**0.0097**	−0.0034	−0.0083

(2)农业资源利用生产率综合评价结果

根据各资源利用类别、农业资源利用生产率评价指标与各等级的关联度和指标权重,可以计算泰和县农业资源综合利用生产率与等级的关联度,计算结果见表 4.13。水资源利用生产率、土地资源利用生产率、生物资源利用生产率和辅助资源利用生产率 4 个指标属于"中等"水平;气候资源利用生产率属于"较高"水平。总体上,泰和县的资源综合利用生产率属于"中等"水平。

表 4.13　泰和县农业资源综合利用生产率与等级的关联度

利用生产率类别	低	较低	中等	较高	高
气候资源利用生产率	−0.5340	−0.3787	0.0253	**0.2136**	−0.2930
水资源利用生产率	−0.1947	−0.3797	**−0.1643**	−0.2714	−0.5082
土地资源利用生产率	−0.5021	−0.2887	**−0.0058**	−0.1941	−0.2318
生物资源利用生产率	−0.3980	−0.1973	**0.4082**	−0.1434	−0.3687
辅助资源利用生产率	−0.4949	−0.3040	**0.0406**	−0.2894	−0.1877
综合利用生产率	−0.4149	−0.3263	**−0.0455**	−0.1179	−0.3244

4.3.3　安塞县农业资源利用生产率评价

4.3.3.1　指标权重的确定

根据上文确定的 AHP 法,计算了安塞县选定各农业资源利用生产率评价指标的权重,计算结果见表 4.14。

表 4.14 安塞县农业资源利用生产率评价指标权重

评价层次		层次权重	组合权重	结果检验
x	x1	0.08	—	$CI=0.07, RI=1.12, CR=0.06<0.10$
	x2	0.32	—	
	x3	0.26	—	
	x4	0.15	—	
	x5	0.19	—	
x1	x11	0.3	0.024	$CI=0, RI=0, CR=0.06<0.10$
	x12	0.4	0.032	
	x13	0.3	0.024	
x2	x21	0.06	0.0192	$CI=0.04, RI=0.9, CR=0.04<0.10$
	x22	0.12	0.0384	
	x23	0.26	0.0832	
	x24	0.56	0.1792	
x3	x31	0.28	0.056	$CI=0.06, RI=1.12, CR=0.05<0.10$
	x32	0.17	0.034	
	x33	0.03	0.006	
	x34	0.08	0.016	
	x35	0.44	0.088	
x4	x41	0.5	0.075	$CI=0, RI=0, CR=0.06$
	x42	0.5	0.075	
x5	x51	0.25	0.0625	$CI=0, RI=0, CR=0.06<0.10$
	x52	0.5	0.125	
	x53	0.25	0.0625	

注：层次总排序一致性检验：$CI=0.02, RI=0.49, CR=0.05<0.10$。

4.3.3.2 物元可拓模型的评价结果

（1）单项农业资源利用生产率评价结果

根据物元可拓模型的计算方法和已确定的权重，计算了安塞县各项农业资源利用生产率评价指标与各等级的关联度，计算结果见表 4.15。

评价结果表明，安塞县的各项农业资源利用生产率评价指标多处于"低"和"较低"水平的评价区间内，位于这两个区间内的评价指标数量达到了 11 个，占评价指标总量的 64.71%。此外，安塞县也有总水分产出率、粮播面积比例和化肥利用率 3 个指标属于"高"水平的区间内；良种普及率属于"较高"水平的区间内；降水产出率和水资源潜力利用率属于"中等"水平的区间内。

表 4.15 安塞县各农业资源利用生产率评价指标的等级关联度

评价指标	关联度				
	低	较低	中等	较高	高
光能利用率（%）	**0.0111**	−0.0129	−0.0185	−0.0203	−0.0212
热量产出率[kg/(℃·d·hm^2)]	**0.0107**	−0.0107	−0.0213	−0.0249	−0.0267

续表

评价指标	关联度				
	低	较低	中等	较高	高
光温潜力利用率(%)	−0.0037	**0.0053**	−0.0093	−0.0142	−0.0167
灌溉指数(%)	**0.0060**	−0.0132	−0.0162	−0.0172	−0.0177
降水产出率[kg/(mm·hm²)]	−0.0142	−0.0056	**0.0159**	−0.0075	−0.0152
总水分产出率[kg/(mm·hm²)]	−0.0786	−0.0771	−0.0740	−0.0649	**0.0183**
水资源潜力利用率(%)	−0.0640	−0.0179	**0.0448**	−0.0448	−0.0784
土地生产率(kg/hm²)	**0.0160**	−0.0400	−0.0480	−0.0507	−0.0520
复种指数(%)	−0.0022	**0.0025**	−0.0158	−0.0218	−0.0249
粮播面积比例(%)	−0.0050	−0.0046	−0.0039	−0.0019	**0.0019**
土地有效系数	**0.0053**	−0.0107	−0.0133	−0.0142	−0.0147
土地潜力利用率(%)	−0.0256	**0.0266**	−0.0133	−0.0382	−0.0507
良种普及率(%)	−0.0398	−0.0281	−0.0047	**0.0094**	−0.0239
秸秆还田率(%)	**0.0375**	−0.0375	−0.0563	−0.0625	−0.0656
化肥产出率(kg/kg)	−0.0167	**0.0269**	−0.0134	−0.0298	−0.0380
化肥利用率(%)	−0.0974	−0.0881	−0.0697	−0.0144	**0.0187**
劳动生产率(kg/人)	−0.0045	**0.0052**	−0.0286	−0.0399	−0.0456

(2)农业资源利用生产率综合评价结果

根据各资源利用类别、农业资源利用生产率评价指标与各等级的关联度和指标权重,可以计算安塞县农业资源综合利用生产率与等级的关联度,计算结果见表 4.16。

表 4.16 安塞县农业资源综合利用生产率与等级的关联度

资源利用生产率类别	低	较低	中等	较高	高
气候资源利用生产率	**0.2260**	−0.2280	−0.6140	−0.7427	−0.8070
水资源利用生产率	−0.4713	−0.3558	**−0.0923**	−0.4200	−0.2907
土地资源利用生产率	**−0.0571**	−0.1311	−0.4718	−0.6341	−0.7016
生物资源利用生产率	**−0.0157**	−0.4375	−0.4063	−0.3542	−0.5966
辅助资源利用生产率	−0.4740	**−0.2241**	−0.4470	−0.3364	−0.2595
资源综合利用生产率	**−0.2650**	−0.2800	−0.3457	−0.4579	−0.4523

在 5 个资源利用生产率类别之中,安塞县的气候资源利用生产率、土地资源利用生产率和生物资源利用生产率都处于“低”水平的评价区间内;辅助资源利用生产率则处于“较低”水平的评价区间内;只有水资源利用生产率 1 项处于“中等”水平的评价区间内。总体上,安塞县的资源综合利用生产率处于“低”水平的区间内。

4.4 案例区农业资源利用生产率比较

4.4.1 资源综合利用生产率的比较

基于物元可拓的农业资源综合利用生产率评价结果表明，常熟市、泰和县和安塞县农业资源综合利用生产率分属的级别分别为“较高”、“中等”和“低”，资源综合利用生产率呈现出“东高西低”的格局，即位于中国东部的常熟市的资源综合利用生产率最高，位于西部地区的安塞县的资源综合利用生产率最低，位于中国中部地区的泰和县的资源利用生产率中等。

从各单项资源利用生产率的评价结果看（表 4.17），常熟市的生物资源利用生产率在三个区县中最高，属于“较高”水平的评价类别；常熟市的气候资源利用生产率和泰和县的气候资源利用生产率都属于“较高”水平的评价类别，均高于安塞县的气候资源利用生产率。常熟市的水资源利用生产率高于泰和县和安塞县，评价类别属于“较高”水平；泰和县的土地资源利用生产率则和常熟市的土地资源利用生产率均属于“中等”水平评价类别，高于安塞县的土地资源利用生产率。安塞县各个类别的农业资源利用生产率均低于常熟市或泰和县，并且除水资源利用生产率属于“中等”水平外，其余类别农业资源利用生产率均属于“低”或“较低”的水平。

表 4.17 不同区域农业资源综合利用生产率评价结果的比较

资源利用生产率类别	常熟市	泰和县	安塞县
气候资源利用生产率	较高	较高	低
水资源利用生产率	较高	中等	中等
土地资源利用生产率	中等	中等	低
生物资源利用生产率	较高	中等	低
辅助资源利用生产率	较低	中等	较低
综合利用生产率	较高	中等	低

4.4.2 单项资源利用生产率的比较

4.4.2.1 气候资源利用生产率的比较

从气候资源利用生产率绝对值看，常熟市的光能利用率最高，为 0.39%；泰和县的光能利用率次之，为 0.33%；安塞县的光能利用率最低，为 0.09%。三县（市）的光温潜力利用率则略有差别，泰和县的光温潜力利用率要略高于常熟市。常熟市光温经济潜力优于泰和县，但粮食单产并未表现出与之相称的优势，造成了光温潜力利用率低于泰和县。但常熟市粮食生产的热量产出率要高于泰和县，所以总体上常熟市的气候资源利用生产率要高于泰和县。

考虑区域气候资源利用生产率所能达到的理论值后，相对来说，常熟市气候资源利用生产率的挖掘情况要优于泰和县。而安塞县的气候资源潜力与单产表现出明显的双低倾向，气候资源利用生产率也最低（表 4.18）。

表 4.18 不同区域各项农业资源利用生产率评价结果的比较

评价指标	常熟市	泰和县	安塞县
光能利用率(%)	高	较高	低
热量产出率[kg/(℃·d·hm²)]	较高	中等	低
光温潜力利用率(%)	中等	较高	较低
灌溉指数(%)	高	较高	低
降水产出率[kg/(mm·hm²)]	高	中等	中等
总水分产出率[kg/(mm·hm²)]	中等	低	高
水资源潜力利用率(%)	中等	较高	中等
土地生产率(kg/hm²)	较高	较高	低
复种指数(%)	中等	高	较低
粮播面积比例(%)	较低	中等	高
土地有效系数	较高	较低	低
土地潜力利用率(%)	中等	中等	较低
良种普及率(%)	高	中等	较高
秸秆还田率(%)	较高	中等	低
化肥产出率(kg/kg)	较低	高	较低
化肥利用率(%)	较低	中等	高
劳动生产率(kg/人)	较高	中等	较低

4.4.2.2 水资源利用生产率的比较

从水资源利用生产率的评价分值看，常熟市的水资源利用生产率要优于泰和县，安塞县的水资源利用生产率最低。从水资源内部各资源利用生产率评价指标看，常熟市的灌溉指数、降水产出率、总水分产出率和水资源利用潜力均占有一定的优势；但常熟市的水资源潜力利用率低于泰和县。而安塞县由于灌溉用水很少，总的水分产出率在 3 个县市之中占据了绝对优势。

4.4.2.3 土地资源利用生产率的比较

从土地资源利用生产率的评价结果看，泰和县的土地资源利用生产率＝常熟市土地资源利用生产率＞安塞县土地资源利用生产率。从土地资源利用生产率内部各指标来看，常熟市的土地有效系数、单产和土地潜力利用率(分别为 0.71，9 302.68 kg/hm² 和 51.26%)，优于泰和县(分别为 0.66，8 214.82 kg/hm² 和 50.35%)和安塞县(分别为 0.62，2 571.34 kg/hm² 和 46.79%)的土地有效系数、单产和土地潜力利用率。而安塞县的粮播面积比例为 83.14%，优于常熟市的 55.29%和泰和县的 60.03%。泰和县的复种指数则较好(189.77%)，优于常熟市的 146.14%和安塞县的 121.45%。

4.4.2.4 生物资源利用生产率的比较

从生物资源利用生产率看，常熟市的两项主要指标都较高，良种普及率为 95%，秸秆还田率为 75%。泰和县和安塞县的良种普及率则相差不多，分别为 80%和 85%。安塞县的秸秆还田率则明显过低，仅为 28%，不但显著低于常熟市的秸秆还田水平，也大大低于泰和县的秸秆还田率(62.94%)，造成了安塞县生物资源利用生产率整体较低。

4.4.2.5 辅助资源利用生产率的比较

从辅助资源的利用生产率看，泰和县的化肥产出率较高，为 29.48 kg/kg；而常熟市和安塞县的化肥产出率则相差不多，分别为 21.45 kg/kg 和 21.14 kg/kg。化肥利用率的高低基本与化肥折纯施用量成反比，化肥折纯投入量最低的安塞县的化肥利用率最高，属于高水平的评价类别；化肥折纯施用量最高的常熟市的化肥利用率最低，属于较低水平的评价类别；泰和县的化肥利用率中等，属于中等水平评价类别。从劳动生产率看，常熟市的该项指标明显占优，为 2 460.25 kg/人，优于泰和县和安塞县的劳动生产率（分别为 2 027 kg/人和 1 433.52 kg/人）。

本章小结

本章主要分析了江苏常熟市、江西泰和县、陕西安塞县三个案例区的概况、农业资源利用生产率现状以及基于物元可拓模型的农业资源利用生产率评价结果。通过本章的分析，可以得到以下 4 点启示：

（1）常熟市、泰和县、安塞县三个案例区的经济发展状况具有明显的梯度差异，其中常熟经济最为发达、泰和次之、安塞相对落后。

（2）常熟市、泰和县、安塞县三个案例区的粮食生产各有特点，其中，常熟市的粮食作物播种面积快速下降，泰和县则稳中有升，安塞县呈现出波动趋势。常熟市的粮食作物种植制度以“麦—稻”一年两熟的形式为主；泰和县以双季稻一年两熟的形式为主；安塞县的粮食作物一年一熟，但粮食种植多样化程度较高。总体上，三个案例区的耕地面积都呈现出下降趋势，但复种指数略有差别。常熟市的复种指数近几年快速下降，泰和县则稳中有升，安塞县呈现出小幅波动的特点。从人均占粮看，常熟市人均粮食占有量持续减少，粮食安全问题严重；泰和县人均粮食占有量不断增加，粮食安全基本无忧；安塞县人均占粮略有上升，但总体粮食安全问题尚未解决。

（3）常熟市、泰和县、安塞县三个案例区的农业资源现状差别明显。其中，常熟市的光资源、热量资源、天然降水、地表水都十分丰富，土壤质量也较好。泰和县的光、热资源和降水资源都比较丰富，但地表水资源不如常熟丰富，土壤质量也属中等。安塞县的光资源较丰富，热量资源欠丰富，天然降水和地表水资源都比较贫乏，土壤质量则由于土壤侵蚀等因素十分恶劣。

（4）基于物元可拓模型的农业资源综合利用生产率评价结果表明，常熟市、泰和县和安塞县农业资源综合利用生产率所处的级别分别为“较高”、“中等”和“低”。各单项资源利用生产率中，常熟市的生物资源和水资源利用生产率在三个市县中最高，属于“较高”水平的评价类别；常熟市和泰和县的气候资源利用生产率都属于“较高”水平的评价类别，均高于安塞县的气候资源利用生产率。泰和县的土地利用生产率则和常熟市的土地利用生产率相近，均属于“中等”评价类别，高于安塞县的土地资源利用生产率。安塞县各个类别的农业资源利用生产率均低于常熟市或泰和县，并且除水资源利用生产率属于“中等”水平外，其余农业资源利用类别均属于“低”或“较低”的水平。

第5章 案例区农业资源生产配置效率评价

在实际农业生产中，由于生产技术和管理水平难以充分发挥，且受规模经济的限制，资源有效配置状态和实际无效配置状态的差距难以避免。为寻找出尽可能减少相关效率损失的可行措施，就要求对资源实际无效配置状态和有效配置状态的差距进行具体测算与分析，而生产配置效率恰恰为清晰全面地衡量这种差距提供了基本的概念框架。本章首先探讨了测算农业生产配置效率的主要方法，在此基础上选定数据包络分析法(DEA)作为粮食生产配置效率的测定方法，结合在案例区开展的农户调查数据，评价了常熟市、泰和县和安塞县粮食生产的配置效率。

5.1 生产配置效率的主要测算方法

5.1.1 生产配置效率的简介

从 Farrell 在 1957 年提出技术效率这一个概念并给出了效率测算标准和测算模型后，关于技术效率和前沿面的理论已经有了很大的发展。其中，1966 年 Leibenstein 从产出角度对技术效率进行的定义被广泛使用；Afriat 在 1972 年第一次使用最大似然法建立的具有统计性质的前沿生产函数模型是运用计量经济研究技术效率的开始；Richmond 于 1974 年第一次提出了用修正的最小二乘法来研究前沿生产函数；1977 年 Aigner 等和 Meeusen 等几乎同时分别提出了随机前沿生产函数，使技术效率的估计由纯理论探索转向应用研究成为可能；Charnes 和 Cooper 等人于 1978 年提出的 DEA 方法计算技术效率成为运用数学规划分析的开端。一般的技术效率的度量分析中，均假定前沿面是已知的，但在实际运用中，该前沿面需要进行确定。通过计量模型对前沿生产函数的参数进行统计估计，并在此基础上测定技术效率的方法称为“统计方法”或“参数方法”；通过求解纯数学的线性规划来确定前沿面并完成对技术效率测定的方法称为“数学规划方法”或“非参数方法”(徐琼，2005)。

5.1.1.1 参数方法

参数方法主要是通过建立计量经济模型的方法对前沿生产函数的参数进行估计，常用的是随机前沿生产或成本函数，用统计方法估计出模型参数和技术效率值。常用的参数方法一般有生产函数、随机前沿生产函数面板数据模型(panel data)和成本函数形式。经典的随机前沿生产函数主要有以下三种形式(孙爱军，2007)：

(1)生产函数形式

假定第 i 个生产者使用多种要素投入生产一种产品,实际产出、前沿生产模型与技术效率(TE)的关系可以表述为:

$$y_i = f(x_i;\beta) \times TE_i \tag{5.1}$$

$$TE_i = \frac{y_i}{f(x_i;\beta)} \tag{5.2}$$

式(5.1)(5.2)中,y_i 是实际产出,x_i 是投入的要素向量;$f(x_i;\beta)$就是前沿生产函数,即投入要素向量 x_i 可能达到的最大产出边界;技术效率 TE_i 衡量的是实际产出与最大可能产出的比率。

由于前沿生产函数 $f(x_i;\beta)$是最大产出与投入要素间确定性的(deterministic)函数关系。因此,观察到的产出 y_i 最大可能产出的差距就归咎于效率问题,或是欠效率(inefficiency)因素。确定性生产前沿定义的技术效率忽略了这样的事实:生产有可能受随机冲击的影响,而这种随机冲击就是生产者难以预料与控制的。把这种随机冲击因素考虑进去,于是就有了随机生产前沿,由上一个模型改进后,得到:

$$y_i = f(x_i;\beta) \times \exp(v_i) \times TE_i \tag{5.3}$$

式(5.3)中,$f(x_i;\beta)\times\exp(v_i)TE_i$ 就是随机前沿(边界);$f(x_i;\beta)$反映了投入与产出间确定性的技术结构关系,这种技术结构关系对于所有的生产者是相同的;$\exp(v_i)$是随机因素,因生产者而异,它捕捉了随机冲击对生产者的影响。于是,在随机前沿生产模型下,技术效率就变成以下形式:

$$TE_i = \frac{y_i}{f(x_i;\beta) \times \exp(v_i)} \tag{5.4}$$

式(5.4)中,$\exp(v_i)$衡量的是随机冲击因素,因此,这样定义的技术效率就是考虑了随机因素影响后生产者的实际产出与前沿产出之间的比率。

(2)随机前沿生产函数一面板数据(panel data)模型

在数据观察期跨度较长,而且市场竞争激烈,技术效率不变的假设就不符合现实,技术效率不仅要随不同生产单元而变化,还要随时间变化,这就涉及面板数据。面板数据,是指多个个体对象(如多个个体、多个公司、多个国家等)被观察两期或多期所得到的数据,常被译为面板数据或综列数据。在现实中面板数据非常普及,大中型工业企业数据库就是典型的面板数据。面板数据是时间序列数据与截面数据的综合,既包括单个样本变化的动态信息,又包括个体间差异的信息。因此,面板数据从横向观察可以得到反映对象差异的信息,纵向可以考察对象随时间变化的动态特征。随机前沿生产函数模型混合误差的结构特点,对传统面板数据估计技术提出新的挑战,同时为计量经济学提供了广阔的发展空间。在面板数据下,用随机前沿生产模型方法理论计算技术效率,极大地丰富了效率研究的内容(孙爱军,2007)。

(3)成本函数形式

随机前沿成本函数(stochastic frontier cost function)是从成本角度考虑出发,把误差项(δ)分为两个部分:一个是观测误差,是随机因素等不可控因素造成的随机误差(v);另一个是标明与前沿差别,真正体现低效率的误差(u)。因此,随机前沿成本函数可表述为:

$$C_i = f(x_i) + v_i - u_i \quad u_i \geqslant 0$$
$$= [f(x_i) + v_i] - u_i \tag{5.5}$$

式(5.5)中，$f(x_i)+v_i$ 为随机前沿成本，u_i 为低效率误差。进行参数估计时，所使用的数据为截面数据，估计参数方法主要有最大似然法、修正最小二乘法和广义矩法等。从成本函数角度出发，也有随机前沿成本函数——面板数据模型，它和随机前沿生产函数——面板数据模型基本相似，其理论模型可以表述为：

$$C_{it} = f(x_{it}) + v_{it} - u_i \quad u_i \geqslant 0 \tag{5.6}$$

式(5.6)中，i 表示某个单元，t 表示时间。

随机前沿分析方法可以从估计的残差中直接计算出技术效率，在计算单个对象的效率时，采用随机前沿方法比采用规划方法要更具可行性。

5.1.1.2 非参数方法

参数方法测量技术效率的重点是确定一个合适的生产前沿函数，该方法依赖于函数的设定，如 C-D、Translog 生产函数，并对函数的参数进行统计估计，在此基础上测定技术效率。由于参数方法构造前沿面在测度技术效率中的广泛应用，使人们忽视了其他的前沿面构造方法。直到非参数方法——数据包络分析(data envelopment analysis，DEA)的提出，这种现象才有所改变。

DEA 不需要事先假定参数估计的有效性和合理性，不去寻求生产前沿面的具体函数形式，而是通过所观测的点数据，基于一定的生产有效性标准找出位于生产前沿包络面上的相对有效点。可以从投入最小化和产出最大化两个角度来对决策单元进行技术效率评价。DEA 模型是建立在数学规划理论的基础上的，如：线性规划及其对偶和锥对偶理论、半无限规划及其对偶和锥对偶理论、非线性规划等，使用数学规划模型比较决策单元之间的相对效率，从而对决策单元做出评价。数据包络分析方法具有适用范围广、科学性强、计算客观方便、容纳更多的评价信息、灵活性好等特点(孙爱军，2007)。

5.1.2 DEA 效率评价思路

DEA 的效率评价思路可用图 5.1 表示。如图 5.1 所示，有 5 个决策单元 $A \sim E$，每个决策单元投入两种资源 x_1 和 x_2 进行生产活动，相应的输出为 y。由图中可见，DMU E 是技术无效的单元，其他的决策单元都是有效的，且处于生产前沿面(包络面上)；该生产前沿面是一系列的分线段相等的等产量线的组合，使得观测点均位于面的上方。对于无效决策单元 E 来说，在前沿面上对应的决策单元为 D，显然可以表示为 B 和 C 的线性组合；而 D 点投入的产出不少于 E 点投入的产出，这说明 E 点使用了过多的资源；相对于 D 来说，E 是无效的，而 D 是技术有效的。此时，E 的效率为 OD/OE，当 $OD/OE=$

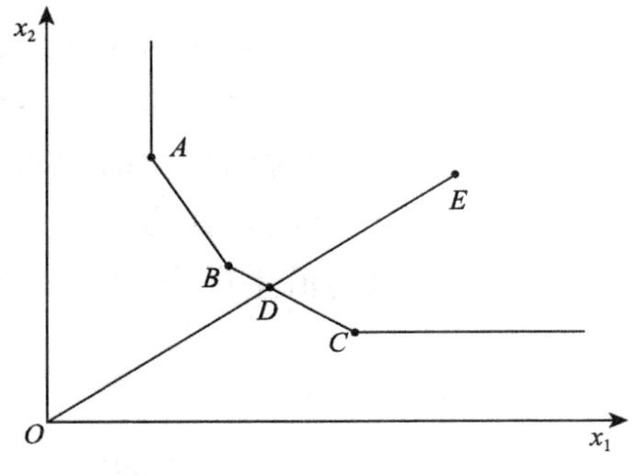

图 5.1 DEA 效率评价思想(卞亦文，2006)

1时，DMU E 是有效的；否则是无效的。DEA正是基于这一思想，通过观测数据构造线性规划模型，求出各个决策单元的相对效率，当决策单元处于包络面上时，效率为1（卞亦文，2006）。

5.1.3 DEA模型简介

1978年，Charnes、Cooper与Rhodes在*European Journal of Operational Research*上发表了一篇名为*Measuring the efficiency of decision making units*的文章，正式创立了第一个DEA模型，即CCR模型，标志着DEA方法的正式诞生。1984年，Banker等（1984）又创立了另外的一个DEA基本模型，即BBC模型。在此之后，研究者相继进行改进和深入探讨了DEA模型，涌现出了FG模型（Färe等，1985），ST模型（Seiford等，1990），CCGSS模型（Charnes等，1985），CW模型（Charnes，1987），CCWH模型（Charnes，1989），GDEA模型（Yu等，1996a，1996b），逆DEA模型（Wei等，2001）等一系列的DEA模型。但CCR模型和BCC模型依然是DEA模型中的两个经典模型，在此也主要介绍这两个模型。

DEA模型有两种形式，一种是分式规划模型，一种是线性规划模型。这两种形式是等价的，前者是计算产出与投入的综合比值，即效率评价指数；后者是通过一系列的公理假设转化得到，出于计算上的方便，人们一般使用后者（朱乔，1994）。这里也仅介绍线性规划模型。

假定规模收益不变，则效率评价的DEA模型（投入导向）可表示为（吴华清，2007）：

$$\min\varphi$$

$$\text{s.t.}$$

$$\sum_{j=1}^{n}\lambda_j x_{ij} + s^- = \varphi x_0, i = 1,2,\cdots,m \tag{5.7}$$

$$\sum_{j=1}^{n}\lambda_j y_{rj} - s^+ = y_0, r = 1,2,\cdots,s \tag{5.8}$$

$$s^-, s^+, \lambda_j \geqslant 0, j = 1,2,\cdots,n$$

上述模型就是经典的DEA模型，即CCR模型，其是在保持产出不变的情况下缩小决策单元的投入资源，其中，s^- 与 s^+ 分别为各项投入与产出的松弛变量。

若上述模型的最优解为 θ^*，λ^*，s^{*-}，s^{*+}，若 $\theta^*=1$，被评价单元DMU 0为弱DEA有效；若 $\theta^*=1$，且 $s^{*-}=0$，$s^{*+}=0$，则DMU 0为DEA有效。

在上述模型的基础上考虑规模收益可变时，则得到BBC模型：

$$\min\varphi$$

$$\text{s.t.}$$

$$\sum_{j=1}^{n}\lambda_j x_{ij} + s^- = \varphi x_0, i = 1,2,\cdots,m \tag{5.9}$$

$$\sum_{j=1}^{n}\lambda_j y_{rj} - s^+ = y_0, r = 1,2,\cdots,s \tag{5.10}$$

$$\sum_{j=1}^{n}\lambda_j = 1 \tag{5.11}$$
$$s^-, s^+, \lambda_j \geqslant 0, j = 1,2,\cdots,n$$

上述模型均为投入导向(input-oriented)的模型;类似的,如果保持投入不变,研究各个决策单元的产出情况,则可采用产出导向(output-oriented)的模型。

投入导向的模型与产出导向的模型各有其自身的经济含义。投入导向的模型,主要是在保持产出不变的情况下,分析各决策单元投入资源的使用情况。当 $\theta^* < 1(\varphi^* < 1)$,说明DMU 0 无效,即在生产过程中耗用了过多的投入资源,在产出不变的情况下,投入资源可按 θ^* 同比减少。而当 $\theta^* = 1(\varphi^* = 1)$,且各松弛均为 0 时,表明任何投入均不可能减少,即DMU 0为 DEA 有效。同样,产出导向的模型则表明在保持投入不变的情况下,产出能否按某一比例扩大;如果不能扩大,则 DMU 0 有效,否则为 DEA 无效。

不过,需要说明的是,BBC 模型得到的是决策单元的技术效率,而 CCR 模型不仅得到技术效率,还包括规模效率。

5.2 DEA 评价指标的选取与模型设置

现有农业资源利用效率的评价主要利用单项实物产出指标或投入指标直接对比的方法进行测算。用这种方法得到的单要素的农业资源利用效率有很大的局限性,因为它只考虑了单项资源的投入和产出。而事实上,农户进行农业生产是一项综合性的生产活动,在具体生产过程中会有多项投入,所以测度农业资源利用效率时要考虑全部投入更为合理。常规的农业资源利用效率一般通过对各单项农业资源利用效率加权平均的方法进行评价,将各投入要素之间的相互影响和各投入要素与产出之间的相互影响做过于简单化的处理,有时不能准确反映出农业资源的综合利用效率(梁流涛等,2008)。要解决这个问题,就需要对农业资源的生产配置效率进行测算。

利用 DEA 方法进行农业生产配置效率的评价可以不需要知道一个预先已知的生产函数,不受输入、输出数据量纲的影响,并且能够选择多项投入和产出指标。鉴于此,下面以农户调查数据为基础,采用 DEA 方法进行案例区农业资源生产配置效率的评价,并剖析产生配置效率差异的原因。

5.2.1 数据来源

基于 DEA 的常熟市、泰和县和安塞县的农业生产配置效率评价的数据主要来源于作者在三个案例区开展的农户调查工作。为了使调查数据更加有效和可信,在调查过程中采取直接与户主对话的形式。调查问卷的设计既要考虑本书的研究内容,也考虑了农民对问题的接受程度。问卷的内容主要包括农户的家庭状况、农户的收入支出、耕地面积、播种面积、施肥状况、秸秆还田状况、灌溉状况、种子投入、机械投入等(表 5.1)。

表 5.1 农户调查问卷的主要内容

问卷主要内容	主要指标	问卷主要内容	主要指标
家庭结构	家庭总人数	化肥施用	化肥施用种类
	劳动力数量		化肥施肥量
	农业劳动力		农家肥施用量
	非农业劳动力	灌溉状况	灌溉日期
收入	总收入		灌溉水源
	农业收入		灌溉水泵类型
	非农业收入		灌溉时间
耕地状况	耕地面积		灌溉用电量
	播种面积		灌溉水量
	粮食作物播种面积	秸秆利用	秸秆不同利用方式比例
	水田面积	人与牲畜排泄物利用	各种利用方式
	旱田面积	生产成本及农产品价格	种子
轮作方式	作物类型		粮食出售
	选用品种		机械费用
	播种时间		地膜、农药
	收获时间		劳动力日工价格
作物产量	各种作物产量		农业用水价格

5.2.2 变量选取

根据直接参与粮食生产的农业资源类型，粮食生产配置效率的产出指标选取农户粮食作物全年单产；投入指标选取粮食生产的土地、劳动力、化肥和资本投入 4 项指标。

三个案例区的粮食作物种植制度不尽相同，目前常熟市的粮食作物主要以“麦—稻”一年两熟的种植制度为主；泰和县主要以“早稻—晚稻”的双季稻种植制度为主①；安塞县的粮食作物则主要是一年一熟的种植制度。考虑到三个案例区的不同种植制度，粮食作物的产出指标设定为粮食作物的全年单产。

为了反映出农户进行粮食生产的规模效率，粮食作物生产的土地投入设定为农户经营的耕地面积规模。

农户粮食生产的劳动投入主要通过用工量表达，在数值上等于家庭所有劳动力从事粮食生产的用工量总和与雇工用工量的加总。不过，泰和县与安塞县的农户调查过程中不同农户估计的用工量差别较大，调查数据的主观性过强。所以，在分析泰和县和安塞县粮食生产的劳动力投入状况时，将使用亩均耕地上的农业劳动力人数来代替用工量。

粮食生产的肥料投入将主要考虑化肥，在有机肥施用较多的区域也适当考虑有机肥的投入。肥料的投入指标包括农户进行粮食生产的单位 N，P，K 肥的折纯量投入总和。常用化肥和有机肥有效养分含量的折算系数参照表 5.2、表 5.3 和表 5.4。

① 泰和县有的区域的种植制度为“稻—稻—油”或“稻—稻—肥”一年三熟，但主要的粮食作物种植制度为“早稻—晚稻”一年两熟。

表 5.2　常用氮、磷、钾肥的有效成分含量(%)

肥料名称	含氮量	肥料名称	氮	磷(P_2O_5)	肥料名称	氮	钾
硫酸铵	20～21	过磷酸钙	—	14.0～20.0	硝酸钾	13.5	45
碳酸氢铵	17～17.5	磷酸一铵	11	48	硫酸钾	—	48
氯化铵	22～25	磷酸二铵	16	20	氯化钾	—	50～60
硝酸铵	34～35	钙镁磷肥	—	14～18	窑灰钾肥	—	10～20
尿素	46	磷矿粉	—	19.4			

表 5.3　各种复合肥料的有效成分含量(%)

肥料名称	氮(N)	磷(P_2O_5)	钾(K_2O)
磷酸铵	12～18	46～52	—
液体磷酸铵	6～8	18～24	—
偏磷酸铵	14	73	—
硫磷铵	16	20	—
硝酸磷肥	20	20	—
氨化过磷酸铵	2～3	14～18	—
氮钾复合肥料	14	—	16
磷酸二氢钾	—	24	27
磷酸复合肥	—	约 10	约 10
氮磷钾复合肥	10～15	10～15	10～15
氮磷钾复混肥	约 10	约 7	约 8

表 5.4　主要有机肥养分含量表(%)

代码	名称	风干基			鲜基		
		N	P	K	N	P	K
A	粪尿类	4.689	0.802	3.011	0.605	0.175	0.411
B	堆沤肥类	0.925	0.316	1.278	0.429	0.137	0.487
C	秸秆类	1.051	0.141	1.482	0.347	0.046	0.539
D	绿肥类	2.417	0.274	2.083	0.524	0.057	0.434
E	杂肥类	0.761	0.540	3.737	0.253	0.433	2.427
F	饼肥	0.428	0.519	0.828	2.946	0.459	0.677
G	海肥类	2.513	0.579	1.528	1.178	0.332	0.399
H	农用废渣液	0.882	0.348	1.135	0.317	0.173	0.788
I	腐殖酸类	0.956	0.231	1.104	0.438	0.105	0.609
J	沼气肥	6.231	1.167	4.455	0.283	0.113	0.136

农户粮食生产的资本投入主要包括除土地、劳动力、化肥投入以外的其他农业生产资源投入的货币形式。具体来说，主要包括农户进行粮食生产投入的机械费用(机收、机耕、机械播种)、灌溉费用、种子费用、农药费用、塑料薄膜费用、育秧的秧盘费用等。

5.2.3 DEA 模型主要参数的设定

本书选择的 DEA 模型主要借助于 Rolf Fare,Shawna Grosskopf 和他们的同事们所建立的 DEA 模型。该 DEA 模型已被编入 DEAP 软件之中。DEAP 软件中三个主要的 DEA 模型选项都已经被编辑为可以直接使用的计算机程序。DEAP 软件中第一个主要的模型选择包括标准的 CRS 和 VRS 的 DEA 模型(包括技术效率和规模效率的计算),这两个模型的原理已经由 Fare 等(1994a)在相关研究中提出。DEAP 软件中第二个主要的模型选项应用了 Malmquist DEA 方法通过面板数据(panel data)来计算全要素生产率(total factor productivity,TFP)指数的变化、科技变化、技术效率和规模效率的变化。第二个模型选项中的主要计算方法也已经在 Fare 等(1994a)的研究中提出。DEAP 软件中最后一个模型选项已经在 Fare 等(1994b)的研究中有所讨论。DEAP 软件中的 3 种 DEA 模型都提供了投入或产出导向(具有期望的价值效率选项)两种 DEA 的评价计算方法(Coelli,1996)。

由于本书进行 DEA 分析的数据是一期截面的农户调查数据,不需要计算农业生产配置技术效率等的变化,所以选用了 DEAP 软件中的第一个模型选项。设置 DEAP 软件提供的主要模型选项后(表 5.5),便可以进行数据的 DEA 分析。

表 5.5 DEAP 软件模型主要选项设置

模型选项设置	
.dta	DATA FILE NAME
.out	OUTPUT FILE NAME
NUMBER OF FIRMS	
NUMBER OF TIME PERIODS	
NUMBER OF OUTPUTS	
NUMBER OF INPUTS	
0=INPUT AND 1=OUTPUT ORIENTATED	
0=CRS AND 1=VRS	
0=DEA(MULTI-STAGE),1=COST-DEA,2=MALMQUIST-DEA,3=DEA(1-STAGE),4=DEA(2-STAGE)	

DEAP 软件中的大多数模型选项设置是不言自明的,但有几个重要选项的设置需要在这里再进一步解释一下。首先是关于投入导向(input-oriented productive allocation efficiency measurement)和产出导向(output-oriented productive allocation efficiency measurement)的选项设置。产出导向的生产配置效率测算是假定投入确定条件下产出的可能扩张程度;而投入导向的生产配置效率测算的是假定产出确定条件下投入可能压缩的程度。在可变规模报酬条件下,基于投入导向和基于产出导向测算的农业生产配置效率会存在一些差异,这会进一步增加效率分解的难度(Kopp,1981)。因此,在进行具体运算前,必须首先选定参照坐标。农业生产中的大多数农业资源是稀缺的,本书进行农业生产配置效率评价的目的主要是实现各类资源最大限度地节约,也就是在产出既定条件下尽可能地减少资源的使用。所以,本书测度的是基于投入导向的农业生产配置效率。

关于 CRS 模型和 VRS 模型的选取。CRS 模型和 VRS 模型最大的区别在于前者是假定规模报酬是不变的,测度的是综合技术效率(*TE*),它衡量的是投入转化为产出的效率;后者去掉了这个基本假设，测度的是规模报酬可变条件下的纯技术效率（PTE）和规模效率（SE），它衡量的是既定投入资源提供相应产出或服务的能力，能够说明当前的生产决策正确与否（梁流涛等，2008）。TE 可以分解为规模效率（SE）与纯技术效率的乘积（PTE），即 $TE = SE \times PTE$。根据规模效率可以判断出各农户处在递增或递减的规模报酬区间，据此可以调整各农户的生产规模，使其达到生产规模的最佳状态。由于中国农户经营的耕地规模普遍较小，可能存在着农业生产的规模递增，所以本书选取了 VRS 模型来测算农户粮食生产的纯技术效率和规模效率。

5.3 案例区粮食生产配置效率测算

5.3.1 常熟市粮食生产配置效率测算

5.3.1.1 常熟市调查农户的产出指标

常熟市由于卓越的气候、水、土条件，调查农户的粮食单产表现出较高的水平（表 5.6）。调查农户小麦的平均单产为 498.43 斤/亩①（3 738.23 kg/hm^2），调查早稻的平均单产为 797.78 斤/亩（5 983.35 kg/hm^2），粮食作物平均全年单产 1 229.75 斤/亩（9 223.13 kg/hm^2）。

表 5.6 常熟市调查农户的粮食单产

统计量	样本量	最小值（斤/亩）	最大值（斤/亩）	均值（斤/亩）	标准差
小麦单产	78	200.00	750.00	498.43	13.92
水稻单产	90	133.33	1 050.00	797.78	19.42
全年单产	90	133.33	1 750.00	1 229.75	32.75

但是，调查的 90 家农户中有 12 家农户出现了季节性抛荒，即只种水稻不种小麦。原因主要是种植小麦的收益偏低，纯收益几乎为 0；也有的农户说是为了养地而季节性抛荒。这 12 家农户由于季节性抛荒，粮食全年单产平均只有 741.67 斤/亩（5562.53 kg/hm^2），只占农户粮食平均全年单产的 60.31%，极大地降低了粮食的产出。

5.3.1.2 常熟市调查农户的投入指标

（1）耕地规模

常熟市是典型的人多地少的区域。近年来，随着二、三产业的迅速发展和城市化进程的不断加快，农地被大量占用，使得本来就不太宽裕的耕地面积越加稀少。常熟市的农户调查数据显示，调查农户户均耕地面积仅为 2.22 亩（0.148 hm^2），人均耕地面积更只有 0.54 亩（0.036 hm^2），农户耕地的经营规模明显偏小（表 5.7）。

① 为了便于填写调查问卷，问卷设置的粮食产出单位为“斤/亩”；本书在进行数据分析时将直接使用这个单位，不再将其转化为 kg/hm^2。下同。

表 5.7 常熟市调查农户耕地面积与复种指数

统计量	样本量	最小值(亩)	最大值(亩)	均值(亩)	标准差
户均耕地面积	90	0.75	5.30	2.22	0.10
人均耕地面积	90	0.19	1.50	0.54	0.03
户均粮食作物播种面积	90	0.75	10.60	3.72	0.20
粮食作物复种指数	90	100.00%	200.00%	166.34%	3.52

由于农户的季节性抛荒，常熟市调查农户的户均粮食作物播种面积也只有 3.72 亩(0.248 hm^2)，粮食作物复种指数平均为 166.34%。

(2)劳动投入

近年来，随着常熟市二、三产业的发展，农民的非农就业机会越来越多，农民从事非农兼业或者全职非农工作的比例越来越大，农业劳动力相对紧缺。所以，机械在农业生产中得到了广泛的应用。

调查数据显示(表 5.8)，小麦的农业生产绝大多数都实现了机耕、机种和机收的机械化作业，再加上常熟市小麦生产不需灌溉，小麦生产的亩均用工量大多在 1～2 工，平均为 1.64 工。水稻生产的机械化普及程度不如小麦，如机械插秧等都难以实现，再加上需要灌溉、喷洒农药等管理工作，水稻的用工量比小麦大得多，平均为 4.58 工/亩。总体上，常熟市农户粮食生产的全年亩均用工量大约为 5.67 工。

表 5.8 常熟市调查农户粮食生产劳动投入

统计量	样本量	最小值	最大值	均值	标准差
小麦亩均用工数量	90	1	2	1.64	0.05
水稻亩均用工数量	90	4	5	4.58	0.05
粮食全年亩均用工数量	90	4	9	5.67	0.08

(3)肥料投入

1990 年以前，常熟市粮食生产中的肥料投入既有化肥也有农家肥，但 1990 年以后肥料投入主要以化肥为主。调查显示，常熟市农户在水稻生产过程中的主要化肥施用类型为复合肥和碳酸氢铵，分别占总施肥类型的 65.56%和 23.33%；此外，还有 0.08%的农户施用磷肥，0.03%的农户施用尿素，其他施肥类型较少。小麦生产过程中的施肥类型与水稻相似，有 43.59%的农户施用复合肥；46.15%的农户施用碳酸氢铵；0.05%的农户施用磷肥；0.05%的农户施用尿素；此外还有 1 家农户施用农家肥(兔粪)。

从常熟市农户的施肥类型可以看出，农户偏爱使用氮肥或者复合肥，而对于磷肥或者钾肥的施用相对较少(表 5.9)。调查农户小麦、水稻和全年粮食生产的氮肥平均施用量分别达到了 34.80 斤/亩(261 kg/hm^2)、45.27 斤/亩(339.53 kg/hm^2)和 80.07 斤/亩(600.53 kg/hm^2)，氮肥的施用量明显偏大。小麦、水稻和全年粮食生产的磷肥平均施用量分别为 7.25 斤/亩(54.38 kg/hm^2)、7.03 斤/亩(52.73 kg/hm^2)和 14.28 斤/亩(107.1 kg/hm^2)，施用量相对较合理。小麦、水稻和全年粮食生产的钾肥平均施用量则分别只有 6.17 斤/亩(46.28 kg/hm^2)、4.69 斤/亩(35.18 kg/hm^2)和 10.86 斤/亩(81.45 kg/hm^2)，钾肥的施用量明显偏小。

表 5.9 常熟市调查农户粮食生产化肥投入

统计量	样本量	最小值(斤/亩)	最大值(斤/亩)	均值(斤/亩)	标准差
小麦生产 N 肥投入	90	0	86.80	34.80	1.55
小麦生产 P 肥投入	90	0	26.00	7.25	0.50
小麦生产 K 肥投入	90	0	13.33	6.17	0.42
水稻生产 N 肥投入	90	0	301.67	45.27	3.97
水稻生产 P 肥投入	90	0	26.00	7.03	0.65
水稻生产 K 肥投入	90	0	20.00	4.69	0.53
粮食全年生产 N 肥投入	90	1.5	330.47	80.07	4.26
粮食全年生产 P 肥投入	90	0	38.00	14.28	0.90
粮食全年生产 K 肥投入	90	0	30.00	10.86	0.75

(4)资本投入

农户调查数据显示(表 5.10),常熟市农户水稻生产的资本投入平均为 278.19 元/亩,小麦生产的资本投入平均为 152.84 元/亩,粮食全年生产的资本投入平均为 431.03 元/亩。

表 5.10 常熟市调查农户粮食生产的资本投入

统计特性	水稻生产资本投入						小麦生产资本投入			
	机收	机耕	机械插秧	农药	种子	灌溉	机收	机耕	农药	种子
样本数量	90	80	90	88	89	90	78	78	76	78
均值(元/亩)	53.44	6	6.44	132	16.53	63.78	49.78	60.67	21.74	20.65
标准差	49.04	14.4	24.51	27.15	8.01	17.77	1.82	4.12	8.45	3.75
最小值(元/亩)	0	0	0	30	0	15	45	55	10	10
最大值(元/亩)	100	45	120	195	45	75	60	65	70	40.5

2005 年,常熟市水稻发生了比较严重的病虫害灾情,农户普遍大量施用农药,调查农户喷洒农药多的高达 15 次,少的也有 6 次,平均喷洒 10.62 次。农药的大量施用成为 2005 年常熟水稻生产的主要资本投入,农药资本平均投入 132 元/亩,占资本总投入量的 47.45%(表 5.10)。其次,机械资本的投入也占有比较大的比例。水稻机耕、机械插秧、机收的平均资本投入达到了 65.88 元/亩,占资本投入的 23.68%。此外,常熟市农户的灌溉费用也占有比较大的资本投入比例。2005 年,调查农户亩均灌溉费用 63.78 元/亩,占资本总投入的 22.93%。最后,常熟市农户种子投入也达到了 16.53 元/亩,占资本总投入的 5.94%。

常熟市小麦生产的投入费用比水稻要少一些,亩均资本投入为 152.84 元/亩(表 5.10)。常熟市小麦生产的资本投入主要以机械资本投入为主,机收和机耕费用分别达到了 49.78 元/亩和 60.67 元/亩,两者合计占到资本总投入的 72.27%。此外,常熟市的小麦生长不需灌溉,因此没有灌溉资本的投入。小麦的病虫害也不似水稻那么严重,农药的喷洒次数少的为 0,多的也只有 4 次,平均喷洒次数为 1.67 次;农药资本投入只有 21.74 元/亩,占资本总投入的 14.22%。最后,小麦的种子投入为 20.65 元/亩,占资本总投入的 13.51%。

5.3.1.3 基于 DEA 的常熟市农户生产配置效率评价

(1)常熟市农户总体的粮食生产配置效率评价结果

运用 DEAP2.1 软件对常熟市农户调查数据进行处理,计算出各个农户的粮食生产综合技术效率(crste)、纯技术效率(vrste)和规模效率(scale),计算结果见表 5.11。然后,将各个农户的 DEA 效率的计算结果进行汇总,可以得到全体农户生产配置效率的平均值。

表 5.11　常熟市农户粮食生产配置效率评价结果

firm	crste	vrste	scale	SE	firm	crste	vrste	scale	SE	firm	crste	vrste	scale	SE
1	0.649	0.857	0.757	irs	31	0.771	0.858	0.899	irs	61	0.682	0.871	0.783	irs
2	0.649	0.838	0.775	irs	32	0.782	0.904	0.864	irs	62	1	1	1	—
3	0.381	0.662	0.576	irs	33	0.612	0.87	0.704	irs	63	0.962	0.972	0.99	irs
4	0.746	0.893	0.835	irs	34	0.162	1	0.162	irs	64	0.666	0.738	0.902	irs
5	0.856	0.995	0.861	irs	35	0.382	0.893	0.428	irs	65	0.686	0.757	0.906	irs
6	1	1	1	—	36	0.801	0.851	0.941	irs	66	0.781	0.832	0.939	irs
7	0.913	0.949	0.962	irs	37	0.895	0.935	0.957	irs	67	0.715	0.933	0.767	irs
8	0.66	0.85	0.777	irs	38	0.585	0.747	0.783	irs	68	0.594	0.724	0.821	irs
9	0.745	0.917	0.812	irs	39	0.616	0.747	0.825	irs	69	0.521	0.629	0.829	irs
10	0.622	0.718	0.866	irs	40	0.854	0.855	0.999	drs	70	0.642	1	0.642	irs
11	0.565	0.727	0.776	irs	41	0.468	0.8	0.585	irs	71	0.426	0.861	0.496	irs
12	0.544	0.699	0.778	irs	42	0.24	1	0.24	irs	72	0.342	0.882	0.388	irs
13	0.651	0.733	0.888	irs	43	1	1	1	—	73	0.776	1	0.776	irs
14	0.936	0.938	0.998	drs	44	0.712	0.934	0.762	irs	74	0.709	0.817	0.868	irs
15	0.464	0.725	0.641	irs	45	0.895	1	0.895	irs	75	0.532	0.687	0.774	irs
16	0.377	0.744	0.507	irs	46	0.931	1	0.931	irs	76	0.713	0.929	0.767	irs
17	0.657	0.812	0.809	irs	47	0.399	0.602	0.663	irs	77	1	1	1	—
18	0.725	0.877	0.827	irs	48	0.705	0.896	0.786	irs	78	0.444	0.694	0.639	irs
19	0.625	0.844	0.74	irs	49	1	1	1	—	79	0.963	1	0.963	irs
20	1	1	1	—	50	0.726	0.959	0.757	irs	80	0.864	0.869	0.995	drs
21	0.558	0.788	0.708	irs	51	0.676	0.925	0.731	irs	81	0.861	0.943	0.912	irs
22	0.69	0.94	0.734	irs	52	0.551	0.829	0.665	irs	82	0.931	0.986	0.944	irs
23	0.671	0.783	0.857	irs	53	0.598	0.768	0.778	irs	83	0.438	0.667	0.656	irs
24	0.82	0.895	0.916	irs	54	0.883	0.95	0.929	irs	84	1	1	1	—
25	1	1	1	—	55	0.73	0.836	0.874	irs	85	0.598	0.755	0.792	irs
26	0.714	0.751	0.951	irs	56	0.617	0.775	0.796	irs	86	0.842	0.9	0.935	irs
27	0.807	0.882	0.916	irs	57	0.613	0.864	0.709	irs	87	0.573	0.777	0.737	irs
28	0.561	0.731	0.767	irs	58	0.867	0.929	0.934	irs	88	0.592	0.751	0.788	irs
29	1	1	1	—	59	0.579	0.761	0.761	irs	89	0.914	0.923	0.99	irs
30	0.68	0.799	0.851	irs	60	0.504	0.735	0.685	irs	90	0.784	1	0.784	irs

注:firm 表示农户序号;crste 表示基于 CRS DEA 模型测算的粮食生产综合技术效率;vrste 表示基于 VRS DEA 模型测算的纯技术效率;scale 表示规模效率,等于 crste/vrste;irs 表示规模报酬递增;—表示规模报酬不变;drs 表示规模报酬递减。

总体上,常熟市农户的综合技术效率平均为 0.700,纯技术效率平均为 0.861,规模效率平均为 0.808。常熟市农户的综合技术效率达到了 0.700,应该说,常熟市农户粮食生产的配置效率总体上处于较高的水平。

常熟市农户粮食生产的纯技术效率达到了 0.861,也属于较高水平。这说明微观上常熟市农户对于技术性能的把握和利用能力都较高,宏观上生产领域中技术更新和技术推广的有效程度都较高。

从规模报酬阶段看,有 10%的农户处于规模报酬不变的阶段,3.33%的农户处于规模报酬递减的阶段,86.67%的农户处于规模报酬递增的阶段。可见,常熟市大部分农户仍处于规模报酬递增的阶段,说明常熟市农户粮食生产的规模普遍偏小。

(2)不同效率区间段农户的分布

常熟市调查的 90 家农户中,有 10%的农户的生产配置效率完全有效(综合技术效率、纯技术效率和规模效率均为 1);90%的农户的生产配置效率处于无效状态(表 5.12)。

表 5.12　常熟市不同生产配置效率区间农户分布

效率区间	效率类型	样本量	最小值	最大值	均值	标准差
0～0.5	综合技术效率	12	0.162	0.468	0.377	0.092
	纯技术效率	12	0.602	1.000	0.794	0.133
	规模效率	12	0.162	0.663	0.498	0.166
0.501～0.7	综合技术效率	34	0.504	0.690	0.612	0.052
	纯技术效率	34	0.629	1.000	0.789	0.078
	规模效率	34	0.642	0.906	0.779	0.064
0.701～0.999	综合技术效率	35	0.705	0.963	0.818	0.084
	纯技术效率	35	0.751	1.000	0.917	0.061
	规模效率	35	0.757	0.999	0.892	0.078
1	综合技术效率	9	1	1	1	0
	纯技术效率	9	1	1	1	0
	规模效率	9	1	1	1	0

如果将配置无效的农户的综合技术效率划分为高(0.701～0.999)、中(0.501～0.7)、低(0～0.5)三个效率区间,则有 38.89%的农户处于高配置效率区间内,综合技术效率的平均值为 0.818;有 37.78%的农户处于中等配置效率区间内,综合技术效率的平均值为 0.612;有 13.33%的农户处于低效率配置区间内,综合技术效率的平均值为 0.377。可以看出,常熟市农户粮食生产的配置效率总体上还是较高的,低效率配置的农户较少。

(3)农户粮食生产潜力的挖掘程度

常熟市农户粮食生产的配置效率评价选用了投入导向型的 CRS 模型,模型评价的原则是在农户目前的产出水平下,农户尽量少投入资源量,以此来达到粮食生产的有效配置。因此,在模型运算结果中给出的粮食产量的目标值基本是农户实际粮食生产的产量。

为了得到农户粮食生产的理论最大产量,可以将 CRS 设置为产出导向型模式进行运算。产出导向型模型的运算原则是在增加投入的情况下,粮食生产能够达到的最大产量,即尽可能地增加粮食的产出而不是减少粮食生产的投入。通过这个模型的运算,可以得到常熟市目前技术条件下粮食生产的目标产量,进而可以分析粮食生产潜力的挖掘程度。基于产出导向的 CRS 模型估算的粮食生产目标产量见表 5.13。

表 5.13 CRS 模型估算的常熟市农户粮食生产目标产量及其挖掘程度

农户序号	现实产量（斤/亩）	理论产量（斤/亩）	挖掘程度（%）	农户序号	现实产量（斤/亩）	理论产量（斤/亩）	挖掘程度（%）	农户序号	现实产量（斤/亩）	理论产量（斤/亩）	挖掘程度（%）
1	998.15	1462.14	68.27	31	1271.43	1644.19	77.33	61	1100.00	1565.30	70.27
2	1100.00	1694.38	64.92	32	1280.00	1619.35	79.04	62	1700.00	1700.00	100.00
3	800.00	1700.00	47.06	33	1016.67	1644.23	61.83	63	1650.00	1697.46	97.20
4	1132.14	1440.61	78.59	34	133.33	133.33	100.00	64	1200.00	1700.00	70.59
5	1200.00	1316.72	91.14	35	600.00	1354.55	44.30	65	1200.00	1700.00	70.59
6	1450.00	1450.00	100.00	36	1300.00	1612.01	80.64	66	1350.00	1700.00	79.41
7	1500.00	1629.91	92.03	37	1293.33	1440.31	89.80	67	1000.00	1211.55	82.54
8	1060.00	1567.31	67.63	38	1122.22	1700.00	66.01	68	1100.00	1633.64	67.33
9	1133.33	1398.47	81.04	39	1230.00	1700.00	72.35	69	1200.00	1700.00	70.59
10	1266.67	1700.00	74.51	40	1350.00	1568.71	86.06	70	500.00	500.00	100.00
11	1133.33	1700.00	66.67	41	800.00	1690.84	47.31	71	666.67	1432.60	46.54
12	1083.33	1700.00	63.73	42	200.00	200.00	100.00	72	500.00	1228.06	40.71
13	1287.50	1700.00	75.74	43	1680.00	1680.00	100.00	73	1000.00	1000.00	100.00
14	1580.36	1669.44	94.66	44	994.12	1301.86	76.36	74	1204.55	1677.14	71.82
15	725.00	1553.49	46.67	45	1200.00	1200.00	100.00	75	1100.00	1700.00	64.71
16	566.67	1483.86	38.19	46	1300.00	1300.00	100.00	76	1000.00	1222.20	81.82
17	1200.00	1700.00	70.59	47	600.00	1483.86	40.43	77	1636.36	1636.36	100.00
18	1168.75	1588.00	73.60	48	1133.33	1590.60	71.25	78	864.29	1700.00	50.84
19	1050.00	1677.37	62.60	49	1133.33	1133.33	100.00	79	1250.00	1250.00	100.00
20	1533.33	1533.33	100.00	50	1000.00	1175.25	85.09	80	1450.00	1646.24	88.08
21	765.63	1369.28	55.91	51	1000.00	1325.39	75.45	81	1266.67	1430.87	88.52
22	1020.00	1396.45	73.04	52	933.33	1694.38	55.08	82	1350.00	1450.00	93.10
23	1267.86	1700.00	74.58	53	1075.00	1700.00	63.24	83	900.00	1700.00	52.94
24	1420.00	1692.97	83.88	54	1384.62	1548.98	89.39	84	1350.00	1350.00	100.00
25	1625.00	1625.00	100.00	55	1333.33	1700.00	78.43	85	1150.00	1700.00	67.65
26	1500.00	1700.00	88.24	56	1100.00	1700.00	64.71	86	1216.67	1440.31	84.47
27	1166.67	1440.31	81.00	57	937.50	1436.40	65.27	87	1000.00	1700.00	58.82
28	1119.44	1700.00	65.85	58	1150.00	1323.41	86.90	88	1100.00	1700.00	64.71
29	1700.00	1700.00	100.00	59	866.67	1483.86	58.41	89	1545.45	1671.07	92.48
30	1200.00	1700.00	70.59	60	900.00	1684.73	53.42	90	1000.00	1000.00	100.00

模型模拟结果表明，在常熟市目前的生产条件下，要使粮食生产的配置有效，粮食的全年单产应该达到 1502.24 斤/亩。而常熟市农户目前的粮食实际全年单产仅为 1129.13 斤/亩，挖掘了理论产量的 76.38%。从粮食生产潜力的挖掘程度看，有 18.89%的农户的粮食潜力挖掘程度达到了 100%，有 46.67%的农户的粮食潜力挖掘程度在 70%～99%，有 24.44%的农户的粮食潜力挖掘程度在 50%～69%，有 10%的农户的粮食潜力挖掘程度低于 50%。总体上，常熟市农户粮食生产仍有一定的增产空间。

(4)粮食生产资源投入的冗余度

基于投入导向的 CRS 模型可以给出在现有产出条件下，各资源的最优配置投入。基于

CRS给出的最优配置投入,可以定义粮食生产资源投入的冗余度。即资源投入的冗余度=(实际资源投入量—最优资源投入量)/实际资源投入量。根据资源投入冗余度的定义和相关数据,可以计算常熟市农户粮食生产资源投入的冗余度。

计算结果表明(表5.14),常熟市农户粮食生产的各项资源普遍存在冗余投入。其中,化肥的冗余投入比例最大,冗余度平均为28.29%;资本的冗余投入其次,冗余度平均为15.76%;劳动的冗余投入再次,冗余度平均为14.16%。这意味着,常熟市粮食生产中劳动投入的14.16%,化肥投入的28.29%和资本投入的15.76%是无效的。在目前的粮食产出水平下,要达到粮食生产配置效率的有效,只需目前劳动投入的85.84%,化肥投入的71.71%和资本投入的84.24%即可。根据目前常熟市各项资源投入的实际量,粮食全年生产的亩均用工量只需4.86工,化肥投入74.73斤,资本投入192.67元即可。

表5.14 常熟市粮食生产投入的冗余度(%)

序号	劳动力	化肥	资本	序号	劳动力	化肥	资本	序号	劳动力	化肥	资本
1	14.29	34.68	16.92	31	14.30	14.23	14.23	61	12.90	12.91	12.91
2	16.26	62.37	16.21	32	9.57	18.06	9.56	62	0.00	0.00	0.00
3	33.83	66.94	33.80	33	13.02	21.45	20.23	63	2.80	24.04	32.14
4	10.78	10.70	10.71	34	0.00	0.00	0.00	64	26.18	45.52	26.18
5	0.52	0.51	17.12	35	10.70	10.69	23.26	65	24.26	81.71	24.26
6	0.00	0.00	0.00	36	14.90	21.44	14.90	66	16.85	16.84	16.84
7	5.20	11.14	5.13	37	6.51	42.35	6.50	67	6.68	6.67	6.68
8	15.02	39.90	30.59	38	25.34	52.90	25.33	68	27.60	27.59	32.12
9	8.20	53.63	16.09	39	25.25	58.40	25.25	69	37.14	39.34	37.14
10	28.25	28.21	28.21	40	17.09	14.54	14.54	70	0.00	0.00	0.00
11	27.27	50.82	27.27	41	20.00	64.25	20.00	71	13.94	13.94	15.15
12	30.14	30.10	30.11	42	0.00	0.00	0.00	72	11.76	24.51	11.76
13	26.75	26.74	26.75	43	0.00	0.00	0.00	73	0.00	0.01	0.00
14	6.24	19.94	6.19	44	6.60	33.16	6.62	74	18.24	19.51	18.26
15	27.49	72.78	27.49	45	0.00	0.00	0.00	75	31.26	44.48	31.25
16	25.63	72.59	25.59	46	0.00	0.00	0.00	76	7.10	7.09	7.09
17	18.77	53.30	18.76	47	42.50	60.00	39.78	77	—0.02	0.00	0.00
18	12.28	49.78	24.38	48	10.32	48.17	10.37	78	30.59	54.45	30.56
19	15.61	44.45	15.61	49	0.02	0.00	0.00	79	0.00	0.00	0.00
20	—0.02	—0.07	0.00	50	4.12	4.13	4.12	80	13.15	43.65	13.14
21	21.20	22.04	21.17	51	7.49	24.82	7.48	81	5.63	34.01	5.68
22	5.90	68.24	6.01	52	17.18	43.96	24.89	82	16.67	1.38	5.89
23	21.78	23.74	21.74	53	23.18	51.27	24.38	83	33.33	72.61	35.48
24	10.49	27.43	24.11	54	4.96	4.98	4.98	84	0.00	0.00	0.00
25	0.06	0.00	0.00	55	16.46	40.90	16.41	85	24.54	43.51	24.53
26	24.91	50.19	24.91	56	22.53	42.28	25.98	86	10.03	36.81	9.98
27	11.86	40.68	11.82	57	13.51	34.88	25.58	87	22.33	22.34	22.34
28	26.87	48.22	26.90	58	7.15	7.14	7.14	88	24.87	50.77	35.53
29	0.00	0.00	0.00	59	23.97	23.93	23.93	89	7.72	7.74	7.74
30	20.07	40.34	20.06	60	26.47	26.90	26.46	90	0.00	0.00	0.00

在劳动投入的冗余度中，有2.22%的农户须略微增加用工量；有14.44%的农户的劳动投入冗余度为0；有21.12%的农户劳动投入的冗余度在0.01%～10%；有30%的农户劳动投入的冗余度在10.01%～20%；有32.22%的农户劳动投入的冗余度在20%以上，最高的可达42.5%。

化肥投入的冗余度与劳动投入相似，不过冗余度的数值普遍比劳动投入大。在化肥投入的冗余度中，有1.11%的农户须略微增加化肥投入；有16.67%的农户的冗余度为0；有10%的农户的冗余度在0.01%～10%；有12.22%的农户的冗余度在10.01%～20%；有40%的农户的冗余度在20.01%～50%；此外，还有20%的农户化肥投入的冗余度高于50%，最高者达到了81.71%。

资本投入的冗余度分布则与劳动投入相似。有18.89%的农户的资本投入冗余度为0；有17.78%的农户资本投入的冗余度在0.01%～10%；有22.22%的农户资本投入的冗余度在10.01%～20%；有41.11%的农户资本投入的冗余度在20%以上，最高的可达38%。

5.3.2 泰和县粮食生产配置效率测算

5.3.2.1 泰和县调查农户的产出指标

泰和县的粮食作物种植制度为"早稻—晚稻"一年两熟，粮食作物的产出也主要分为早稻单产、晚稻单产和全年单产3项。由于泰和县的水土条件不如常熟市优越，早稻的平均亩产为652.22斤/亩(4891.65 kg/hm^2)(表5.15)，比常熟市早稻的平均单产(797.78斤/亩)低18.25%。调查农户晚稻平均亩产与早稻相差不大，平均为659.35斤/亩(4945.13 kg/hm^2)，粮食作物平均全年单产达到了1221.75斤/亩(9163.11 kg/hm^2)。

表5.15 泰和县调查农户的粮食单产

统计量	样本量	最小值(斤/亩)	最大值(斤/亩)	均值(斤/亩)	标准差
早稻单产	78	300	1000	652.22	128.04
晚稻单产	78	400	1000	659.35	119.53
全年单产	78	586.67	2000.00	1221.75	301.66

泰和县调查农户的粮食全年单产为9 163.11 kg/hm^2，要比统计年鉴的粮食全年单产(8 214.82 kg/hm^2)高10.35%，原因主要有以下两个方面：①调查数据样本量不够大，抽样调查数据有误差；②调查农户均为水田，实际上根据2005年泰和县土地利用变更数据，泰和县大约有52.59%的望天田，这也在一定程度上造成了调查农户粮食单产偏高。

5.3.2.2 泰和县调查农户的投入指标

(1)耕地规模

泰和县的耕地资源状况不同于常熟市，户均耕地资源相对比较丰富。调查数据显示(表5.16)，泰和县的户均耕地面积达到了10.45亩，人均耕地面积也有2.12亩，分别为常熟市户均和人均耕地面积的4.7倍和3.93倍。泰和县的户均粮食作物播种面积也达到了19.36亩，是常熟市户均播种面积的5.2倍。调查农户的复种指数平均为188.58%，与统计数据相差不大。

表 5.16　泰和县调查农户耕地面积与复种指数

统计量	样本量	最小值(亩)	最大值(亩)	均值(亩)	标准差
户均耕地面积	79	0.50	30.00	10.45	6.31
人均耕地面积	79	0.50	5.00	2.12	1.15
粮食作物播种面积	79	1.00	52.00	19.36	11.20
粮食作物复种指数	79	100.00%	200.00%	188.58%	23.74

(2)劳动投入

泰和县是一个农业县,农业生产在县域经济中的地位较为重要。此外,由于地形和经济状况的限制,农业机械在粮食生产中的使用不很广泛。再加上户均耕地面积较多,粮食生产的劳动投入相对较为紧张。

由于泰和县农户对于粮食生产用工量的估计较为主观,差异过大,所以泰和县粮食生产中的劳动投入使用了亩均劳动力人数这个指标。调查数据显示(表 5.17),泰和县农户的户均劳动力为 2.8 劳动力,亩均劳动力人数为 0.4 劳动力。

表 5.17　泰和县调查农户粮食生产劳动投入

统计量	样本量	最小值	最大值	均值	标准差
户均劳动力数量	79	1.00	7.00	2.80	1.35
亩均劳动力数量	79	0.08	2.00	0.40	0.35

(3)肥料投入

20 世纪 80 年代以前,泰和县粮食生产中的肥料投入主要以农家肥为主;1980 年以后,泰和县肥料投入中的化肥投入逐渐增多。截至 2005 年,泰和县的肥料投入主要以化肥为主。所以,泰和县的肥料投入指标也主要考虑化肥。

泰和县早稻一般施用化肥 2～3 次,第一次化肥施用的主要类型为复合肥,施用比例可以达到 98.73%,另外还有 1.27%的农户施用农家肥。早稻第二次施肥的主要类型为尿素,施用比例可以达到 98.70%,另外还有 1.3%的农户施用复合肥。此外,早稻种植中还有 24.05%的农户施用第三次化肥。第三次施肥的类型稍微多元一些,有 5.26%农户施用复合肥;57.89%的农户施用钾肥;31.58%的农户施用尿素;5.26%的农户施用磷肥。泰和县晚稻的施肥类型与次数和早稻相差不大。晚稻平均施肥 2～3 次,第一次以复合肥为主,第二次以尿素为主,第三次主要是钾肥和复合肥。

从泰和县农户化肥的折纯投入量看,泰和县农户粮食生产的化肥投入要远少于常熟市。调查数据显示(表 5.18),泰和县调查农户早稻、晚稻和全年粮食生产的氮肥平均施用量分别为 16.17 斤/亩(121.28 kg/hm^2)、15.65 斤/亩(117.38 kg/hm^2)和 31.82 斤/亩(238.65 kg/hm^2)。早稻、晚稻和全年粮食生产的磷肥平均施用量分别为 4.18 斤/亩(31.35 kg/hm^2)、3.96 斤/亩(29.7 kg/hm^2)和 8.14 斤/亩(61.05 kg/hm^2)。早稻、晚稻和全年粮食生产的钾肥平均施用量分别为 4.68 斤/亩(35.1 kg/hm^2)、4.42 斤/亩(33.15 kg/hm^2)和 9.10 斤/亩(68.25 kg/hm^2)。

表 5.18 泰和县调查农户粮食生产化肥投入

统计量	样本量	最小值(斤/亩)	最大值(斤/亩)	均值(斤/亩)	标准差
早稻生产N肥投入	79	4.00	33.60	16.17	5.35
早稻生产P肥投入	79	1.60	12.00	4.18	1.48
早稻生产K肥投入	79	0.00	14.62	4.68	2.45
晚稻生产N肥投入	79	0.00	24.64	15.65	5.25
晚稻生产P肥投入	79	0.00	12.00	3.96	1.57
晚稻生产K肥投入	79	0.00	13.57	4.42	2.25
粮食全年生产N肥投入	79	7.80	49.28	31.82	9.59
粮食全年生产P肥投入	79	3.00	24.00	8.14	2.96
粮食全年生产K肥投入	79	3.20	27.14	9.10	4.47

总体上看，泰和县化肥的投入水平中等，泰和农户也不像常熟农户一样过量偏施氮肥，粮食全年生产的$N:P_2O_5:K_2O$的比例为3.5∶0.89∶1，$N:P_2O_5:K_2O$的比例较为合理，但氮肥投入量略显不足。

(4)资本投入

泰和县水稻生产的资本投入主要包括机械(机耕、机收)、灌溉、农药、种子、秧盘、地膜等。调查数据显示(表5.19)，泰和县早稻生产的总资本投入达到了178.38元/亩，晚稻的生产费用达到了162.8元/亩，粮食全年生产的资本总投入达到了341.18元/亩。

与常熟市相比，泰和县水稻生产的资本投入费用主要多了地膜和秧盘两项费用。在泰和县的种植制度主攻双季稻以后，早稻种植的温度偏低，普遍使用地膜，地膜的投入费用达到了17.25元/亩。此外，泰和县水稻的插秧普遍采用了抛秧技术，早稻和晚稻育秧的秧盘费用也分别达到了29.43元/亩和29.28元/亩(表5.19)。

表 5.19 泰和县调查农户粮食生产的资本投入

统计量	早稻							晚稻					
	机收	机耕	农药	种子	灌溉	地膜	秧盘	机收	机耕	农药	种子	灌溉	秧盘
样本量	80	80	79	79	80	80	80	80	80	77	79	80	80
均值(元/亩)	5.63	6	79.08	29.71	11.28	17.25	29.43	8.75	6	78.79	28.7	11.28	29.28
标准差	16.1	14.4	21.26	7.75	5.65	5.32	2	19.28	14.4	20.9	28.66	5.65	2.17
最小值(元/亩)	0	0	48	12	0	8	21	0	0	0	0	0	21
最大值(元/亩)	60	45	168	40.2	17.14	25	33	60	45	150	273	17.14	32.5

总体上看，泰和县粮食生产的资本投入也以农药为主，全年农药投入达到了157.87元/亩，占资本总投入的46.27%。2005年，泰和县的水稻生产也发生了比较严重的病虫害，早稻的平均农药喷洒次数达到了5.23次，高的达到了10次，低的也有5次；泰和晚稻的农药喷洒次数平均也达到了5.41次。虽然农药喷洒次数比常熟市少一些，但总的农药投入费用在资本投入中的比例依然相当高。

泰和县的经济不是很发达，再加上受地形的限制，农业机械无法广泛使用，所以机械资本的投入数量及其比例并不大。调查数据显示，泰和县农户总的机械投入费用平均为26.38元/亩，占资本总投入的比例也仅为7.73%。目前，泰和县农户饲养耕牛的现象依然比较普遍，农业生产中人力和畜力是主要的劳动投入形式。

在泰和县资本投入中，仅次于农药投入的是种子费用和秧盘费用，投入量分别达到了58.41元/亩和58.71元/亩，分别占资本总投入的17.12%和17.21%。此外，粮食全年生产的灌溉费用也有22.56元/亩，占资本总投入的6.61%；最后是地膜的投入，平均为17.25元/亩，占资本总投入的5.06%。

5.3.2.3 基于DEA的泰和县农户生产配置效率评价

(1)泰和县农户总体的粮食生产配置效率评价结果

运用DEAP2.1软件对泰和县农户调查数据进行处理，计算出各个农户粮食生产的综合技术效率(crste)、纯技术效率(vrste)和规模效率(scale)(表5.20)。然后，将各个农户的DEA效率的计算结果进行汇总，可以得到全体农户生产配置效率的平均值。

表5.20 泰和县农户生产配置效率评价结果

firm	crste	vrste	scale	SE	firm	crste	vrste	scale	SE	firm	crste	vrste	scale	SE
1	0.5	0.886	0.565	irs	28	1	1	1	—	55	0.655	0.956	0.685	irs
2	1	1	1	—	29	0.881	1	0.881	irs	56	0.713	0.962	0.74	irs
3	0.973	1	0.973	irs	30	0.771	1	0.771	irs	57	0.576	1	0.576	irs
4	0.713	0.885	0.806	irs	31	0.972	1	0.972	irs	58	0.59	0.852	0.692	irs
5	0.335	0.968	0.346	irs	32	0.729	0.946	0.771	irs	59	0.715	0.922	0.776	irs
6	0.677	1	0.677	irs	33	0.57	0.936	0.609	irs	60	0.75	0.934	0.803	irs
7	0.699	1	0.699	irs	34	0.653	0.925	0.706	irs	61	0.826	0.982	0.841	irs
8	0.792	0.819	0.967	irs	35	0.483	0.894	0.54	irs	62	0.941	1	0.941	irs
9	0.946	1	0.946	irs	36	0.663	0.881	0.753	irs	63	0.913	0.982	0.93	irs
10	0.537	1	0.537	irs	37	0.876	0.971	0.902	irs	64	0.643	0.95	0.677	irs
11	0.574	0.81	0.709	irs	38	1	1	1	—	65	1	1	1	—
12	0.886	1	0.886	irs	39	0.98	1	0.98	irs	66	0.826	0.982	0.841	irs
13	0.393	0.891	0.441	irs	40	0.922	0.937	0.985	irs	67	0.636	0.985	0.646	irs
14	0.548	0.916	0.598	irs	41	0.747	0.916	0.815	irs	68	0.955	0.991	0.963	irs
15	0.444	0.748	0.594	irs	42	0.841	0.936	0.899	irs	69	1	1	1	—
16	0.538	0.981	0.548	irs	43	0.815	1	0.815	irs	70	0.813	0.959	0.847	irs
17	0.494	0.853	0.579	irs	44	0.622	0.925	0.672	irs	71	0.708	0.935	0.758	irs
18	0.472	1	0.472	irs	45	0.923	0.999	0.923	irs	72	1	1	1	—
19	0.35	0.876	0.4	irs	46	0.682	0.927	0.735	irs	73	0.976	0.994	0.982	irs
20	0.631	0.873	0.723	irs	47	1	1	1	—	74	1	1	1	—
21	0.366	0.94	0.389	irs	48	0.888	0.978	0.908	irs	75	0.766	1	0.766	irs
22	1	1	1	—	49	0.611	0.77	0.793	irs	76	0.551	0.957	0.576	irs
23	0.912	0.98	0.93	irs	50	0.837	0.867	0.964	irs	77	1	1	1	—
24	0.8	0.869	0.92	irs	51	0.922	1	0.922	irs	78	1	1	1	—
25	0.712	1	0.712	irs	52	0.858	0.982	0.874	irs	79	0.608	0.961	0.632	irs
26	0.671	0.852	0.788	irs	53	0.884	0.987	0.896	irs					
27	0.737	0.983	0.75	irs	54	0.651	0.752	0.865	irs					

注：firm表示农户序号；crste表示基于CRS DEA模型测算的粮食生产综合技术效率；vrste表示基于VRS DEA模型测算的纯技术效率；scale表示规模效率，等于crste/vrste；irs表示规模报酬递增；—表示规模报酬不变；drs表示规模报酬递减。

总体上，泰和县农户的综合技术效率平均为0.755，纯技术效率平均为0.949，农户规模效率平均为0.792。泰和县农户的综合技术效率达到了0.755，应该说，泰和县农户粮食生产的配置效率总体上处于较高的水平。

泰和县农户粮食生产的纯技术效率达到了0.949，属于非常高的水平。这说明微观上泰和县农户对于技术性能的把握和利用能力都相当高，例如泰和县农户普遍掌握了抛秧技术，既减少了用工量，还能够增加水稻的产量就是一个很好的例证；宏观上，泰和县生产领域中技术更新和技术推广的有效程度都相当高。

从规模报酬阶段看，有13.92%的农户处于规模报酬不变的阶段；其余的86.08%的农户的规模报酬均处于递增的阶段。这说明，虽然泰和县目前粮食生产规模已经相对较大，但粮食生产规模仍有进一步提升的空间。

(2)不同效率区间段农户的分布

泰和县调查的79家农户中，有13.92%的农户的生产配置完全有效(综合技术效率、纯技术效率和规模效率均为1)；86.08%的农户的生产配置效率处于无效状态(表5.21)。

表5.21 泰和县不同生产配置效率区间农户分布

效率区间	效率类型	样本量	最小值	最大值	均值	标准差
0～0.5	综合技术效率	9	0.335	0.500	0.426	0.066
	纯技术效率	9	0.748	1.000	0.895	0.073
	规模效率	9	0.346	0.594	0.481	0.092
0.501～0.7	综合技术效率	22	0.537	0.699	0.618	0.050
	纯技术效率	22	0.752	1.000	0.919	0.074
	规模效率	22	0.537	0.865	0.677	0.083
0.701～0.999	综合技术效率	37	0.708	0.980	0.844	0.089
	纯技术效率	37	0.819	1.000	0.965	0.045
	规模效率	37	0.712	0.985	0.874	0.082
1	综合技术效率	11	1	1	1	0
	纯技术效率	11	1	1	1	0
	规模效率	11	1	1	1	0

如果将配置无效的农户的综合技术效率划分为高(0.701～0.999)、中(0.501～0.7)、低(0～0.5)三个效率区间，则有46.84%的农户处于高配置效率区间内，综合技术效率、纯技术效率和规模效率的平均值为分别为0.844，0.965和0.874。有27.85%的农户处于中等配置效率区间内，综合技术效率、纯技术效率和规模效率的平均值分别为0.618，0.919和0.677。有11.39%的农户处于低效率配置区间内，综合技术效率、纯技术效率和规模效率的平均值分别为0.426，0.895和0.481。可以看出，泰和县农户粮食生产的配置效率总体上还是相当高的，低效率配置的农户很少。与常熟市相比，泰和县农户在化肥施用的数量和比例以及灌溉费用投入等方面显然配置更为合理。

(3)农户粮食生产潜力的挖掘程度

与常熟市一样，可以运用基于产出导向的CRS模型计算泰和县农户粮食生产的目标产量，进而分析其挖掘程度，计算结果见表5.22。

表 5.22 CRS 模型估算的泰和县农户粮食生产目标产量及其挖掘程度

农户序号	理论产量（斤/亩）	现实产量（斤/亩）	挖掘程度（%）	农户序号	理论产量（斤/亩）	现实产量（斤/亩）	挖掘程度（%）	农户序号	理论产量（斤/亩）	现实产量（斤/亩）	挖掘程度（%）
1	2000.00	1000.00	50.00	28	1600.00	1600.00	100.00	55	1898.85	1246.86	65.66
2	1350.00	1350.00	100.00	29	1333.67	1333.67	100.00	56	1861.77	1340.00	71.97
3	1200.00	1200.00	100.00	30	1110.56	1110.56	100.00	57	802.15	802.15	100.00
4	1961.85	1400.00	71.36	31	1200.00	1200.00	100.00	58	2000.00	1269.96	63.50
5	1926.45	650.72	33.78	32	1635.70	1200.00	73.36	59	2000.00	1430.91	71.55
6	1200.00	1200.00	100.00	33	1729.57	1000.00	57.82	60	2000.00	1500.00	75.00
7	1200.00	1200.00	100.00	34	1809.70	1183.33	65.39	61	1694.26	1500.00	88.53
8	1573.88	1300.00	82.60	35	1971.98	978.26	49.61	62	1500.00	1500.00	100.00
9	1333.33	1333.33	100.00	36	1875.48	1250.00	66.65	63	1642.86	1500.00	91.30
10	606.06	606.06	100.00	37	1273.36	1150.00	90.31	64	1750.00	1125.00	64.29
11	1820.87	1050.00	57.66	38	1429.29	1429.29	100.00	65	1500.00	1500.00	100.00
12	960.00	960.00	100.00	39	1250.00	1250.00	100.00	66	1694.26	1500.00	88.53
13	1934.74	764.71	39.52	40	1441.76	1333.67	92.50	67	1571.43	1000.00	63.64
14	1621.06	900.00	55.52	41	1737.09	1300.00	74.84	68	1571.43	1500.00	95.45
15	1693.05	855.39	50.52	42	1663.59	1400.00	84.16	69	800.00	800.00	100.00
16	1479.17	970.67	65.62	43	1430.43	1429.29	99.92	70	1968.23	1600.00	81.29
17	1819.27	899.60	49.45	44	1912.58	1190.00	62.22	71	1713.75	1216.70	71.00
18	805.00	805.00	100.00	45	1214.09	1200.00	98.84	72	1942.22	1942.22	100.00
19	1878.18	666.67	35.50	46	1521.89	1038.52	68.24	73	1892.38	1846.08	97.55
20	1487.63	952.38	64.02	47	1200.00	1200.00	100.00	74	2000.00	2000.00	100.00
21	1591.82	586.67	36.86	48	1319.46	1200.00	90.95	75	960.77	960.77	100.00
22	1428.29	1428.29	100.00	49	1834.29	1162.82	63.39	76	1803.52	1000.00	55.45
23	1284.23	1200.00	93.44	50	1411.92	1200.00	84.99	77	1934.74	1934.74	100.00
24	1440.50	1200.00	83.30	51	1555.78	1555.78	100.00	78	1969.01	1969.01	100.00
25	1000.00	1000.00	100.00	52	1496.88	1286.48	85.94	79	1586.60	1000.00	63.03
26	1620.12	1100.00	67.90	53	1429.17	1276.30	89.30				
27	1547.81	1320.00	85.28	54	1747.62	1176.25	67.31				

基于产出导向的 CRS 模型估算的泰和县农户粮食生产的目标产量表明，在泰和县目前的生产条件下，要使粮食生产的配置有效，粮食的全年单产应该达到 1556.42 斤/亩。而泰和县农户目前粮食的实际全年单产仅为 1221.75 斤/亩，挖掘了理论产量的 80.96%。

从粮食生产潜力的挖掘程度看，有 24.05%的农户的粮食潜力挖掘程度达到了 100%；43.04%的农户的粮食潜力挖掘程度在 70%～99%；有 25.32%的农户的粮食潜力挖掘程度在 50%～69%；仅有 7.59%的农户的粮食潜力挖掘程度低于 50%。总体上，通过优化和合理配置泰和县农户的投入行为，泰和县农户粮食生产仍可有 20%左右的增产空间。

(4)粮食生产资源投入的冗余度

根据前文设定的资源投入冗余度的定义和相关数据，可以计算泰和县农户粮食生产资源投入的冗余度。计算结果表明(表 5.23)，泰和县农户粮食生产的各项资源普遍存在冗余投入，但冗余度要比常熟市农户粮食生产各项资源投入的冗余度小很多。其中，泰和县农户粮食生产劳动投入的冗余度最大，平均为 10.85%，但低于常熟市劳动投入的冗余度 14.16%。不过，这里要指出的是，由于泰和县劳动投入通过亩均劳动力人数表达，劳动投入冗余度的计算可能不是十分准确。泰和县农户粮食生产化肥投入的冗余度为 5.34%，远远小于常熟市化肥 28.29%的投入冗余度。这说明与常熟市相比，泰和县农户粮食生产的化肥投入要合理得多。泰和县粮食生产资本投入的平均冗余度为 6.43%，也远小于常熟市 15.76%的冗余投入。总体上，在目前的粮食产出水平下，要达到粮食生产有效配置，泰和县只需目前劳动投入的 89.15%，化肥投入的 94.66%和资本投入的 93.57%即可。根据目前泰和县农户调查各项资源投入的实际量，泰和县粮食全年生产的亩均劳动力只需 0.36 劳动力，化肥投入 46.44 斤，资本投入 319.24 元即可。

表 5.23 泰和县粮食生产投入的冗余度(%)

序号	劳动力	化肥	资本	序号	劳动力	化肥	资本	序号	劳动力	化肥	资本
1	11.20	11.45	11.45	28	−0.20	0.00	0.00	55	3.99	4.42	4.42
2	0.00	0.00	0.00	29	0.00	0.00	0.00	56	3.80	3.75	3.75
3	0.25	0.00	0.00	30	0.00	0.00	0.00	57	0.04	0.00	0.00
4	11.20	11.52	11.52	31	0.00	0.00	0.00	58	49.85	14.76	14.76
5	3.40	3.17	3.17	32	5.00	5.37	5.37	59	38.84	7.80	7.80
6	0.00	0.00	0.00	33	6.40	6.41	6.42	60	60.29	6.62	6.62
7	−0.20	0.00	0.00	34	36.80	7.50	7.50	61	1.60	1.81	1.81
8	18.10	18.06	32.77	35	35.20	10.56	10.57	62	0.10	0.00	0.00
9	0.40	0.00	0.00	36	31.60	11.93	11.93	63	42.10	1.81	1.81
10	0.01	0.00	0.00	37	2.80	2.91	11.06	64	25.75	5.03	5.03
11	19.20	19.01	39.68	38	0.60	0.00	0.00	65	0.00	0.00	0.00
12	0.00	0.00	0.00	39	0.00	0.00	0.00	66	1.60	1.81	1.81
13	57.92	10.89	10.89	40	5.50	6.33	6.33	67	10.00	1.49	1.49
14	8.00	8.42	8.42	41	8.00	26.97	8.43	68	11.40	0.91	0.91
15	25.63	25.21	25.21	42	6.00	6.40	6.40	69	0.00	0.00	0.00
16	27.90	1.88	1.88	43	−0.10	0.02	1.83	70	64.00	4.07	4.07
17	14.80	14.66	14.67	44	7.35	7.52	7.52	71	15.85	6.54	6.54
18	0.25	0.00	0.00	45	−0.50	0.05	0.05	72	−0.08	0.00	0.00
19	12.67	12.41	12.41	46	7.07	7.26	7.26	73	41.50	0.62	0.62
20	13.60	12.66	12.66	47	0.00	0.00	0.00	74	0.00	0.00	0.00
21	6.00	5.97	11.49	48	0.80	2.17	2.17	75	0.16	0.00	0.00
22	0.38	0.00	0.00	49	23.00	22.97	29.68	76	4.40	4.27	4.27
23	1.00	1.98	32.40	50	13.33	13.26	17.18	77	0.18	0.00	0.00
24	13.00	13.06	13.07	51	0.10	0.00	0.00	78	−0.10	0.00	0.00
25	0.00	0.00	0.00	52	2.25	1.83	1.83	79	4.00	3.87	3.87
26	14.20	14.81	27.68	53	1.25	1.31	1.31				
27	1.60	1.70	1.70	54	25.02	24.76	24.76				

在劳动投入的冗余度中,有 7.59%的农户略需增加劳动投入;有 15.19%的农户的劳动投入冗余度为 0;有 43.04%的农户劳动投入的冗余度在 0.01%～10%;有 15.19%的农户劳动投入的冗余度在 10.01%～20%;有 18.99%的农户劳动投入的冗余度在 20%以上,最高的可达 42.5%。

与劳动投入的冗余度相比,泰和县化肥投入的冗余度要小很多。有 34.18%的农户粮食生产化肥投入的冗余度为 0;化肥投入冗余度在 0.01%～5%区间的农户比例为 26.58%;化肥投入冗余度在 5.01%～10%区间内的农户比例为 16.46%;化肥投入冗余度在 10.01%～20%区间内的农户比例为 17.72%;冗余度大于 20%的农户比例仅有 5.06%,且化肥投入冗余度最大的农户也仅为 26.97%。

泰和县农户资本投入冗余度的区间分布与劳动投入相似。有 34.17%的农户粮食生产资本投入的冗余度为 0;资本投入冗余度在 0.01%～5%区间内的农户比例为 24.05%;资本投入冗余度在 5.01%～10%区间内的农户比例为 16.46%;资本投入冗余度在 10.01%～20%区间内的农户比例为 16.46%;冗余度大于 20%的农户的比例为 8.86%。

5.3.3 安塞县粮食生产配置效率测算

作者在安塞县开展了 30 户左右的农户调查,农户调查的数量较少且精度不高。三个案例区之中,最先开展的是安塞县的农户调查,所以当时的调查经验比较欠缺,再加上受调查时间的限制,调查问卷的精度相当粗糙。作者在进行室内处理时发现,在 30 户的调查问卷之中,绝大多数问卷的内容都明显与常识相悖。为了避免由于调查问卷精度过低产生一些难以解释的生产配置效率测算结果,在进行基于 DEA 的安塞县粮食生产配置效率评价时,未采用农户调查数据,而是使用了安塞县 1991—2004 年历年的粮食生产投入、产出数据。该数据全部来源于安塞县统计年鉴。

5.3.3.1 安塞县粮食的产出指标

安塞县的种植制度主要以一年一熟为主,主要的作物种植类型及其变化已经在前文安塞县粮食生产概况中予以解释。由于安塞县较为恶劣的水、土条件以及频繁发生的自然灾害,安塞县的粮食单产总体上处于较低的水平。根据安塞县统计年鉴,1991—2004 年,安塞县的粮食单产平均只有 273.68 斤/亩(2 052.61 kg/hm^2),粮食单产的最小值为 159.33 斤/亩(1 194.98 kg/hm^2),最大值为 391.73 斤/亩(2 937.98 kg/hm^2)(表 5.24)。

表 5.24 1991—2004 年安塞县粮食单产

统计量	样本量	最小值(斤/亩)	最大值(斤/亩)	均值(斤/亩)	标准差
粮食单产	14	159.33	391.73	273.68	65.06

5.3.3.2 安塞县粮食的投入指标

(1)耕地规模

安塞县的统计数据显示(表 5.25),安塞县的户均和人均耕地面积相对较丰富。1991—2004 年间,安塞县农户的户均耕地面积达到了 12.08 亩,要低于泰和县的户均耕地面积,但是远高于常熟市的户均耕地面积。1991—2004年间，安塞县的农村人均耕地面积达到了2.66亩，这既高于常熟市的人均耕地面积，也高于泰和县的人均耕地面积。

表5.25 安塞县耕地面积与复种指数

统计量	样本量	最小值(亩)	最大值(亩)	均值(亩)	标准差
户均耕地面积	14	10.14	13.83	12.08	1.13
户均粮食作物播种面积	14	11.09	16.21	14.16	1.34
农村人均耕地面积	14	2.33	3.01	2.66	0.21
粮食作物复种指数	14	103.45%	132.48%	117.47%	7.83

1991—2004年间，安塞县的户均粮食作物播种面积达到了14.16亩，高于常熟市的户均水平，但低于泰和县的户均水平。统计数据显示，安塞县的复种指数平均为117.47%，粮食作物种植制度基本为一茬，复种指数也远低于常熟市和泰和县的数据。

(2)劳动投入

统计数据显示，1991—2004年安塞县的农业劳动力较为紧张。14年间，户均农业劳动力最高的年份也平均只有1.676劳动力(表5.26)，最低的年份则只有1.212劳动力，14年间平均只有1.467劳动力，这低于泰和县2.8劳动力/户的农业劳动力水平，只占泰和县户均劳动力人数的52.39%。

表5.26 安塞县粮食生产的劳动投入

统计量	样本量	最小值	最大值	均值	标准差
户均劳动力数量	14	1.212	1.676	1.467	0.146
亩均劳动力数量	14	0.107	0.145	0.122	0.012

安塞县粮食生产的亩均农业劳力水平则更为紧张。14年间，安塞县耕地亩均农业劳动力的最高值只有0.145劳动力，最低值只有0.107劳动力，平均为0.122劳动力，远低于泰和县亩均劳动力数量的0.4劳动力。总体上，安塞县粮食生产农业劳动力的投入相对紧张。

(3)肥料投入

总体上，安塞县粮食生产的化肥投入量在三个案例区之中是最低的。14年间，安塞县的氮肥折纯投入量只有7.76斤/亩[①](表5.27)，只占泰和县氮肥折纯投入量(31.82斤/亩)的24.39%，更只有常熟市氮肥折纯投入量(80.07斤/亩)的9.69%。安塞县粮食生产的磷肥投入量更少，亩均磷肥投入量只有1.96斤/亩，占泰和县磷肥投入量(8.14斤/亩)的24.08%，占常熟市磷肥投入量(14.28斤/亩)的13.73%。与氮肥和磷肥相比，安塞县钾肥的投入状况相对好一些。14年间，安塞县钾肥平均投入量为3.35斤/亩，占泰和县钾肥投入量(9.1斤/亩)的36.81%，占常熟市钾肥投入量(10.86斤/亩)的30.85%。安塞县化肥总折纯投入量为21.15斤/亩，占泰和县化肥总折纯投入量(49.06斤/亩)的43.11%，占常熟市化肥总折纯投入量(105.21斤/亩)的20.10%。

① 这里复合肥折纯量中的N,P,K的折纯量尚未计算在内。

表 5.27　安塞县粮食生产化肥投入折纯量

统计量	样本量	最小值(斤/亩)	最大值(斤/亩)	均值(斤/亩)	标准差
氮肥折纯量	14	5.08	12.81	7.76	2.03
磷肥折纯量	14	1.35	2.62	1.96	0.33
钾肥折纯量	14	0.00	9.86	3.35	2.86
复合肥折纯量	14	2.45	16.50	8.08	4.06
总化肥折纯量	14	10.86	38.33	21.15	7.61

不过,这里安塞县粮食生产化肥投入折纯量较低的原因是多方面的。一个是安塞县化肥投入折纯量使用的是纵向数据,不一定能反映出安塞县 2005 年的真实投入水平;另一个方面是因为安塞县除了施用化肥外,普遍施用农家肥,所以化肥投入量较小。

(4)资本投入

安塞县农业生产的资本投入使用了统计年鉴中的"种植业生产中间费用"一项。1991—2004 年间,安塞县粮食生产的资本投入最高为 214.52 元/亩,最低为 37.52 元/亩,平均为 114.84 元/亩(表 5.28)。总体上,安塞县粮食生产的资本投入还是较少的,只占泰和县粮食生产资本投入(341.18 元/亩)的 33.66%,占常熟市粮食生产资本投入(431.03 元/亩)的 26.64%。

表 5.28　安塞县种植业生产中间费用

统计量	样本量	最小值(元/亩)	最大值(元/亩)	均值(元/亩)	标准差
资本投入	14	37.52	214.52	114.84	64.46

安塞县资本投入较少的原因可能有以下三个方面:一是安塞县的粮食作物基本为旱作,病虫害相对较少,农药投入费用较少;而常熟市和泰和县粮食生产中的资本投入含有大量农药资本;二是安塞县机械资本投入相对较少,费用也较低;三是安塞县基本没有灌溉,灌溉费用很少。综合以上几个方面,安塞县的资本投入与泰和县、常熟市相比,处于较低水平。

5.3.3.3　基于 DEA 的安塞县粮食生产配置效率评价

(1)安塞县农户总体的粮食生产配置效率评价结果

运用 DEAP2.1 软件对安塞县 14 年的统计数据进行处理,计算出各个年份的粮食生产配置综合技术效率(crste)、纯技术效率(vrste)和规模效率(scale),计算结果见表 5.29。然后,将各年的 DEA 效率的计算结果进行汇总,可以得到 14 年资源生产配置效率的平均值(表5.29)。

表 5.29　安塞县粮食生产的配置效率

年份	综合技术效率	纯技术效率	规模效率	规模报酬
1991	0.797	0.968	0.824	irs
1992	1	1	1	—
1993	0.893	1	0.893	irs
1994	0.584	0.997	0.586	irs
1995	0.617	0.937	0.658	irs
1996	0.671	0.973	0.69	irs

续表

年份	综合技术效率	纯技术效率	规模效率	规模报酬
1997	1	1	1	—
1998	0.443	1	0.443	irs
1999	0.906	0.997	0.909	irs
2000	0.571	1	0.571	irs
2001	0.945	1	0.945	irs
2002	1	1	1	—
2003	0.861	1	0.861	irs
2004	0.853	1	0.853	irs

总体上，安塞县粮食生产的配置效率较高，综合技术效率达到了 0.796，纯技术效率达到了 0.991，规模效率达到了 0.802。

不过，这里需要指出的是安塞粮食生产配置效率的测算结果可能偏大。虽然 DEA 分析评价对于样本量没有特殊的要求，但是增加 DEA 测算中粮食生产的投入、产出项可以显著地提高测算样本的配置效率的有效性，即样本中生产配置效率有效的农户会随着投入产出项的增多而显著增多。所以，DEA 分析一般要求投入产出项不要超过样本量的 1/3。而在安塞县的研究中，投入产出项达到了 5 项，总样本量才 14 个，已经超过了 1/3，安塞县粮食生产的配置效率将会被显著高估。

(2)不同年份安塞县粮食生产配置效率

在 1991—2004 年间的 14 个年份中，达到生产配置效率有效的年份有 3 个，1992 年、1997 年和 2002 年。而资源配置效率较低的年份主要是 1994 年、1998 年和 2000 年，综合技术效率仅分别为 0.584，0.443 和 0.571。

(3)粮食生产潜力的挖掘程度

与常熟市和泰和县一样，可以运用基于产出导向的 CRS 模型计算安塞县农户粮食生产的目标产量，进而分析其挖掘程度，计算结果如图 5.2 所示。

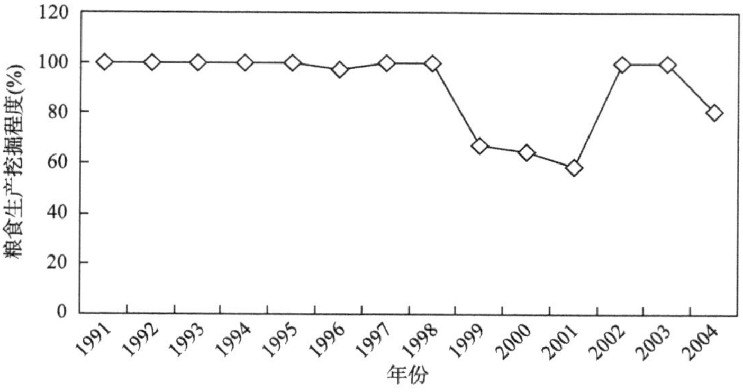

图 5.2 安塞县粮食生产挖掘程度

1991—2004 年间，安塞县的粮食生产潜力基本得到了有效挖掘。其中，1991—1995 年，1997 年，1998 年和 2003 年，粮食生产潜力的挖掘度都达到了 100%。但其余 6 个年份的粮食生产潜力并未完全挖掘。其中，1999—2001 年 3 个年份的粮食生产潜力挖掘程度较低，挖掘度分别只有58.99%、64.26%和67.40%。

(4)粮食生产的资源投入冗余度

根据前文设定的资源投入冗余度的定义和相关数据，可以计算安塞县粮食生产的资源投入冗余度。总体上(表5.30)，安塞县农户粮食生产的各项资源普遍存在冗余投入，但冗余度并不大。劳动投入的冗余度平均只有0.88%，化肥投入的冗余度平均只有3.57%，资本投入的冗余度平均只有5.17%，远远低于常熟市和泰和县的水平。

表5.30 安塞县粮食生产投入的冗余度(%)

年份	劳动投入	化肥投入	资本投入
1991	3.0092	6.2133	16.2617
1992	0.0591	0.0002	−0.0001
1993	−0.0929	−0.0027	0.0001
1994	0.1901	0.3452	35.2442
1995	5.9873	7.3150	17.7838
1996	2.9227	18.8775	2.7250
1997	−0.1578	0.0042	0.0004
1998	0.1937	0.0002	−0.0004
1999	0.3825	17.1884	0.3188
2000	−0.4218	−0.0012	0.0005
2001	0.0444	0.0003	−0.0005
2002	0.0565	−0.0046	−0.0006
2003	0.1964	−0.0024	0.0001
2004	−0.0472	0.0003	0.0009

劳动力投入中，安塞县1993年、1997年、2000年和2004年的劳动投入均不足，需要增加劳动力投入；而1991年和1995年的劳动投入冗余度较大，分别为3%和5.99%。化肥投入中，1993年、2000年、2002年和2003年均需增加化肥投入，而1991年、1995年、1996年和1999年的化肥投入冗余度较高，分别达到了6.21%、7.32%、18.88%和17.19%。资本投入中，1992年、1998年、2001年和2002年都需略微增加资本投入，但投入量不是很大。而1991年、1994年和1995年的资本投入冗余度较大，分别达到了16.26%、35.24%和17.78%。

5.3.4 不同案例区粮食生产配置效率比较

5.3.4.1 投入与产出变量的统一

DEA模型评价的农业生产配置效率是一个相对效率。也就是说，DEA模型评价的农业生产配置效率会随着评价对象的变化而变化。5.3.1～5.3.3节进行的常熟市、泰和县、安塞县粮食生产的配置效率评价只是比较了各案例区内部农户之间相对效率，评价结果不适合直接用来进行案例区之间的对比。如果要进行三个案例区农户粮食生产配置效率评价的对比，应该将三个案例区的农户调查数据放到一起，然后对计算结果中分属各个区域的农户粮食生产配置效率取平均值，才能直接进行比较。

要将三个案例区的农户调查数据放到一起进行比较，就需要统一他们的投入、产出项。在

5.3.1～5.3.3节中,三个案例区的投入、产出项中除了劳动力投入一项有所差别外,其余各项都是一致的。在劳动力投入中,常熟市采用了亩均用工量,泰和县采用了亩均农业劳动力数量,安塞县也采用了亩均农业劳动力数量。在进行生产配置效率比较时,将常熟市的劳动投入替换为亩均劳动力数量,这样DEA模型中所有的投入产出项便统一了。

5.3.4.2 粮食生产配置效率评价结果比较

生产配置效率的评价结果表明(表5.31),常熟市、泰和县和安塞县粮食生产的综合技术效率分别为0.682,0.733和0.435;纯技术效率分别为0.787,0.862和0.979;规模效率分别为0.864,0.843和0.442。总体上,泰和县的粮食生产配置效率较高,安塞县的粮食生产配置效率较低,常熟市的粮食生产配置效率中等。从纯技术效率看,安塞县的纯技术效率最高,泰和县的纯技术效率中等,常熟市的纯技术效率最低。从规模效率看,常熟市粮食生产的规模效率最高,泰和县的规模效率中等,安塞县的规模效率最低。从规模报酬规律看,常熟市有11.11%的农户规模报酬不变;10%的农户规模报酬递减;78.89%的农户规模报酬递增。泰和县有11.39%的农户规模报酬不变;1.27%的农户规模报酬递减;87.34%的农户规模报酬递增。安塞县所有的年份的粮食生产都规模报酬递增。

表5.31 不同案例区粮食生产配置效率比较

区域	效率类别	样本量	最小值	最大值	均值	标准差
常熟市	综合技术效率	90	0.162	1.000	0.682	0.196
	纯技术效率	90	0.406	1.000	0.787	0.147
	规模效率	90	0.162	1.000	0.864	0.154
泰和县	综合技术效率	79	0.325	1.000	0.733	0.187
	纯技术效率	79	0.561	1.000	0.862	0.114
	规模效率	79	0.410	1.000	0.843	0.146
安塞县	综合技术效率	14	0.186	0.915	0.435	0.245
	纯技术效率	14	0.898	1.000	0.979	0.030
	规模效率	14	0.186	0.915	0.442	0.243

总体上,粮食生产配置效率的评价结果与粮食生产利用生产率的评价结果略有差异。粮食生产利用生产率以常熟最高,泰和次之,安塞最低;而粮食生产配置效率的评价结果则是泰和最高,常熟次之,安塞最低。这说明,虽然常熟市的单要素或多要素的资源利用产出率较高,但是各项资源投入之间的配置并不合理。尽管泰和县的单要素或多要素的资源利用产出率比常熟低,但各项资源之间的配置较为合理。而安塞县,无论是各资源要素的利用产出率,还是各资源要素之间的配置都属于较低水平。

本章小结

本章首先利用DEA方法,结合常熟市、泰和县和安塞县的调查数据测算了案例区粮食生产的配置效率,并分析了案例区各投入要素对于粮食生产的影响。本章的主要启示有以下5点:

(1)生产配置效率的主要测算方法有参数方法和非参数方法两种,而DEA方法是非参数方法中的代表性方法,DEA主要衡量了样本之间的相对效率。

(2)如果仅分析常熟市的农户数据而不与其他两个区域对比,常熟市农户的综合技术效率平均为0.700,纯技术效率平均为0.861,农户规模效率平均为0.808,总体上处于较高水平。基于产出导向的CRS模型估算的农户粮食生产的目标产量表明,常熟市农户仅挖掘了理论产量的76.38%。就资源投入冗余度来说,化肥的冗余投入最大,比例为28.29%;其次为资本投入,冗余度为15.76%,再次是劳动投入的冗余度,比例为14.16%。

(3)如果仅分析泰和县的农户数据而不与其他两个区域对比,泰和县农户的综合技术效率平均为0.755,纯技术效率平均为0.949,农户规模效率平均为0.792。基于产出导向的CRS模型估算的泰和县农户粮食生产的目标产量表明,泰和县农户仅挖掘了理论产量的80.96%。就资源投入冗余度来说,劳动投入的冗余度最大,为14.16%;其次为资本投入的冗余度,比例为6.43%;最后是化肥投入冗余度,比例为5.34%。

(4)由于安塞县农户调查数据的质量不高,生产配置效率测算使用了1991—2004年间的统计数据进行了替代,可能会有较大的误差。DEA评价结果表明,安塞县的粮食生产的综合技术效率达到了0.796,纯技术效率达到了0.991,规模效率达到了0.802。1991—2004年间,安塞县的粮食生产潜力基本得到了有效挖掘。安塞县各项粮食生产资源普遍存在冗余投入,但冗余度并不大。劳动投入的冗余度平均只有0.88%,化肥投入的冗余度平均只有3.57%,资本投入的冗余度平均只有5.17%。

(5)由于DEA评价的是各样本之间的相对效率,要准确地比较三个案例区之间的生产配置效率,还需将三个县市的农户调查数据放到一起进行比较分析。综合生产配置效率的评价结果表明,常熟市、泰和县和安塞县粮食生产的综合技术效率分别为0.682,0.733和0.435;纯技术效率分别为0.787,0.862和0.979;规模效率分别为0.864,0.843和0.442。总体上,泰和县的粮食生产配置效率较高,安塞县的粮食生产配置效率较低,常熟市的粮食生产配置效率中等。

第 6 章　案例区农业资源利用效率综合评价

本书的第 3 章对农业资源利用效率的概念进行了重新诠释，将其分解为农业资源利用生产率和生产配置效率两部分。本书第 4 章对案例区开展了农业资源利用生产率的实证研究，第 5 章对案例区的农业生产配置效率进行了测算。案例区的农业资源利用生产率和生产配置效率的评价结果表现出了差异性和不一致性，因此需要进一步对两者进行综合，提出一个最终的农业资源利用效率评价结果。

6.1　农业资源利用效率综合评价方法

6.1.1　农业资源利用效率综合评价模型

对农业资源利用生产率和生产配置效率进行综合，首先还是考虑加权平均的方法。加权平均的方法思路虽然比较简单，但却是综合不同因素评价结果的理想手段。按照这个思路，要得到案例区最终农业资源利用效率的评价结果，只需将案例区农业资源利用生产率和生产配置效率评价结果的标准化数值与其相应权重的乘积加和便可。农业资源利用效率的综合评价公式表达如下：

$$P = W_{ARUP} \times x_{ARUP} + W_{ARAE} \times x_{ARAE} \tag{6.1}$$

式(6.1)中，P 为农业资源利用效率综合评价分值；W_{ARUP} 为农业资源综合利用生产率的权重；x_{ARUP} 为农业资源综合利用生产率评价结果的标准化数值；W_{ARAE} 为农业生产配置效率的权重；x_{ARAE} 为农业生产配置效率评价结果的标准化数值。

6.1.2　农业资源利用效率综合评价数据标准化方法

为了消除农业资源利用生产率和生产配置效率评价结果量纲对于农业资源利用效率综合评价带来的影响，在综合评价前须先运用线性变换标准化公式对两者的评价结果进行数据标准化。其公式表达如下：

$$y_{ij} = \begin{cases} x_{ij}/x_j^*,(x_j^* = \max\limits_{1\leqslant i\leqslant m},x_{ij} \neq 0),\text{正向指标} \\ x_j^*/x_{ij},(x_j^* = \min\limits_{1\leqslant i\leqslant m},x_{ij} \neq 0),\text{逆向指标} \end{cases} \tag{6.2}$$

式(6.2)中，y_{ij} 为指标标准化数值；x_{ij} 为指标原始数值。

6.1.3 农业资源生产利用率与配置效率权重的确定

农业资源高效利用的主要目的是以尽可能少的资源投入获得最大的产出。农业资源利用生产率主要说明了农业生产的产投比及其资源利用广度；生产配置效率主要表征了粮食生产资源的投入及其配置状况。总体上考虑，这两者对于农业资源高效利用是同等重要的。所以，对于农业资源利用生产率和生产配置效率各赋予 0.5 的权重。

6.1.4 农业资源综合利用生产率的再评价

6.1.4.1 农业资源综合利用生产率再评价模型

本书第 4 章中案例区农业资源综合利用生产率的评价结果是一个模糊的判断，而生产配置效率的评价结果是一个介于 0～1 的数值，要对两者直接进行综合生成一个农业资源利用效率综合评价结果非常困难。因此，农业资源综合利用生产率需要重新评价，以使其评价结果最终能够成为一个介于 0～1 的数值。农业资源综合利用生产率的再评价选择了多因素综合评价模型。其公式表达如下：

$$P = \sum_{i=1}^{m} W_i \times (\sum_{j=1}^{n} W_{ij} \times x'_{ij}) \tag{6.3}$$

式(6.3)中，P 为农业资源综合利用生产率评价分值；W_i 为准则层因素 i 的权重；W_{ij} 为准则层 i 因素指标层 j 指标的权重；x'_{ij} 为准则层 i 因素指标层 j 指标的标准化数值。

6.1.4.2 农业资源综合利用生产率评价指标的数据标准化

为了消除 17 个农业资源综合利用生产率评价指标量纲差别对于农业资源综合利用生产率评价带来的影响，同样需要对农业资源利用生产率评价指标进行数据标准化。农业资源综合利用生产率指标的数据标准化公式依然选择了线性变换标准化公式，标准化后的各评价指标值如表 6.1 所示。

表 6.1 农业资源综合利用生产率评价指标标准化数值

资源类别	评价指标	常熟市	泰和县	安塞县
气候资源	光能利用率	1.000	0.846	0.223
	热量产出率	1.000	0.768	0.427
	光温潜力利用率	0.861	1.000	0.642
水资源	灌溉指数	1.000	0.676	0.063
	降水产出率	1.000	0.835	0.838
	总水分产出率	0.792	0.662	1.000
	水资源潜力利用率	0.852	1.000	0.873

续表

资源类别	评价指标	常熟市	泰和县	安塞县
土地资源	土地生产率	1.000	0.883	0.276
	复种指数	0.770	1.000	0.640
	粮播面积比例	0.665	0.722	1.000
	土地有效系数	1.000	0.930	0.873
	土地潜力利用率	1.000	0.982	0.913
生物资源	良种普及率	1.000	0.842	0.895
	秸秆还田率	1.000	0.839	0.373
辅助资源	化肥产出率	0.794	1.000	0.783
	化肥利用率	0.854	0.887	1.000
	劳动生产率	1.000	0.824	0.583

6.1.4.3 农业资源综合利用生产率各评价指标权重的确定

本书的第 4 章运用 AHP 方法确定了常熟市、泰和县和安塞县的农业资源利用生产率评价指标权重(表 4.8、表 4.11 和表 4.14)。农业资源综合利用生产率再评价中指标的权重仍然沿用了这一成果。不过,为了方便对不同案例区农业资源综合利用生产率的再评价结果进行比较,本书决定赋予三个案例区中同一评价指标相同的指标权重。这个指标权重为三个案例区同一指标权重的加权平均值,各指标权重的加权平均结果见表 6.2。

表 6.2　农业资源综合利用生产率再评价的指标权重

资源类别	评价指标	指标权重			
		常熟市	泰和县	安塞县	平均
气候资源	光能利用率	0.039	0.054	0.024	0.039
	热量产出率	0.052	0.072	0.032	0.052
	光温潜力利用率	0.039	0.054	0.024	0.039
水资源	灌溉指数	0.019	0.028	0.019	0.022
	降水产出率	0.041	0.042	0.038	0.040
	总水分产出率	0.067	0.101	0.083	0.084
	水资源潜力利用率	0.113	0.109	0.179	0.134
土地资源	土地生产率	0.140	0.105	0.056	0.100
	复种指数	0.080	0.070	0.034	0.061
	粮播面积比例	0.020	0.020	0.006	0.015
	土地有效系数	0.040	0.043	0.016	0.033
	土地潜力利用率	0.220	0.152	0.088	0.153
生物资源	良种普及率	0.030	0.030	0.075	0.045
	秸秆还田率	0.030	0.030	0.075	0.045
辅助资源	化肥产出率	0.018	0.023	0.063	0.034
	化肥利用率	0.035	0.045	0.125	0.068
	劳动生产率	0.018	0.023	0.063	0.034

6.1.5 农业生产配置效率评价结果的处理

本书的第5章测算了常熟市、泰和县和安塞县粮食生产的配置效率，虽然配置效率的评价结果已经是一个介于0～1的无量纲数值，农业资源利用生产率的再评价结果也会是一个介于0～1的无量纲化数值，但两者的含义是不同的。在将农业资源利用生产率再评价结果与生产配置效率评价结果加权平均之前，还需再对两个评价结果进行指标标准化，以使他们具有可比性。农业生产配置效率评价结果的数据标准化公式依然选择了线性变换标准化公式。

6.2 农业资源利用效率综合评价结果

6.2.1 农业资源综合利用生产率的再评价结果

利用6.1提出的农业资源综合利用生产率再评价方法，结合农业资源综合利用生产率评价指标数据，可以计算得到农业资源综合利用生产率的再评价结果。评价结果表明（表6.3），常熟市、泰和县和安塞县的农业资源综合利用生产率再评价分值分别为0.921，0.891和0.715，常熟市的农业资源综合利用生产率最高，安塞县最低，泰和县中等。这个评价结果与运用物元可拓模型评价得到的农业资源利用生产率结果是一致的。只不过基于物元可拓模型的评价结果是一个模糊的判断，而农业资源综合利用生产率的再评价结果是一个精确的数值。这也表明，运用物元可拓模型来评价农业资源综合利用生产率是适当的。

表6.3 农业资源综合利用生产率再评价结果

	常熟市	泰和县	安塞县
农业资源综合利用生产率	0.921	0.891	0.715
标准化后数值	1.000	0.967	0.776

6.2.2 农业生产配置效率评价结果的数据标准化

由于农业生产配置效率的评价结果已经是一个数值，因此在进行农业资源利用效率综合评价时不需对其进行再评价，而只要将原有评价结果再进行一次线性标准化处理即可。农业生产配置效率评价结果的标准化数值如表6.4所示。

表6.4 农业生产配置效率评价结果的数据标准化

	常熟市	泰和县	安塞县
农业生产配置效率评价结果	0.682	0.733	0.435
标准化后数值	0.930	1.000	0.593

6.2.3 农业资源利用效率综合评价结果

依托农业资源综合利用生产率再评价结果的标准化数据、农业生产配置效率评价结果的标准化数据及其相应权重,加权平均后可以得到案例区农业资源利用效率的综合评价结果。评价结果显示(表 6.5),常熟市、泰和县和安塞县的农业资源利用效率综合评价分值分别为 0.965,0.984 和 0.685,泰和县的农业资源利用效率最高,常熟市中等,安塞县最低。这也是常熟市、泰和县和安塞县农业资源利用效率的最终评价结果。虽然常熟市的农业资源利用生产率高于泰和县,但泰和县的粮食生产配置效率却优于常熟市。对这两个评价结果进行综合后,最终泰和县的农业资源利用效率还是要优于常熟市。其主要原因是常熟市和泰和县之间农业资源利用生产率的差距要小于常熟市和泰和县之间粮食生产配置效率的差距。而安塞县,无论是农业资源利用生产率、生产配置效率,还是最终的农业资源利用效率在三个案例区中都是最低的。

表 6.5 农业利用效率综合评价结果

	常熟市	泰和县	安塞县
农业资源利用效率综合评价结果	0.965	0.984	0.685

由此可以看出,农业资源利用生产率的评价结果并不总与生产配置效率评价结果一致;仅考虑农业资源利用生产率的农业资源利用效率评价结果会与既考虑农业资源利用生产率又考虑农业生产配置效率的农业资源利用效率评价结果不同。所以,农业资源利用效率的评价应能兼顾农业资源利用生产率与生产配置效率两者。

本章小结

本章主要运用多因素综合评价模型对前几章案例区的农业资源综合利用生产率评价结果和生产配置效率评价结果进行综合,以得到一个案例区最终的农业资源利用效率评价结果。本章的主要结论有以下 2 点:

(1)常熟市、泰和县和安塞县的农业资源利用效率综合评价分值分别为 0.965,0.984 和 0.685,泰和县的农业资源利用效率最高,常熟市中等,安塞县最低。

(2)农业资源利用生产率的评价结果并不总与农业生产配置效率一致。所以,农业资源利用效率的评价应能兼顾农业资源利用生产率和生产配置效率两者。

第7章　农业资源利用优化管理设计

广义的农业资源管理，在管理对象上包括自然对象（与农业有关的各类自然资源）、组织对象（各级农业资源管理部门）和环境对象（农业自然资源的环境属性）；在管理内容上包括农业资源权属管理、使用管理和对使用行为的监督；其管理手段包括调查、监测，区划、规划，政策、标准，法律、法规等。狭义的农业资源管理，指采用经济、法律、行政和技术手段对开发利用农业资源的行为进行调整和控制，可以概括为使用管理（方克定，1999）。本书中农业资源管理的研究范围界定为狭义的农业资源管理。

农业资源利用的主体主要包括政府、农村社区和农户三者，农业资源利用优化管理设计方案也主要围绕这三者有针对性地提出。不同资源利用管理主体在资源利用管理中所处的地位不同，调控农业资源管理的方法也有差异。其中，政府在农业资源利用管理中处于宏观决策者的地位，它采取立法、制度建设、区域规划等手段对农业资源利用进行宏观上的配置，规范其他农业资源利用管理主体的资源利用行为。农村社区是由诸多农户组合而成的集合，在农业资源利用管理中属于中观尺度的主体，起到了在政府和农户间“上传下达”的联系作用；同时，农村社区也可以将农户组织起来共同参与到农业资源的利用管理之中。农户是农业资源利用管理的最终决策者，是农业资源利用管理的微观主体；农户的农业资源利用管理行为将直接影响到农业资源的利用效率。

总体上，政府、农村社区和农户三者在农业资源利用管理中所处的地位、所起的作用各不相同，但他们都共同影响着农业资源利用管理的效果。所以，农业资源利用优化管理措施需要分案例区、分不同主体来提出。

7.1　常熟市农业资源利用优化管理设计

7.1.1　常熟市政府提高农业资源利用效率的宏观设计

7.1.1.1　促进农地适度规模化经营

常熟市粮食生产配置效率的评价结果表明，大多数农户仍处于规模报酬递增。所以，扩大常熟市农户的耕地经营规模仍可显著地促进单产的提升，进而可以促进理论光能利用率、光温潜力利用率、土地潜力利用率等资源利用效率的提高。所以，加强土地流转立法，促进农地规模化经营是常熟市政府通过宏观管理提高农业资源利用效率的重要手段。

由于人多地少，再加上经济建设和农业结构调整对耕地的占用，常熟市农户经营的耕地面积普遍较小，且耕地的破碎化程度较高。农户承包地块分散零碎，排斥资金技术集约，加上土地小块经营农户经济实力差、资金少、科技文化素质低，新工艺、新技术、新产品推广应用遇到很大困难，阻碍了技术进步发展和生产要素使用效率增加。为提高有限耕地利用率、粮食生产效益和实现农业现代化，必须创新农村土地经营体制，改革以土地分户承包为主的家庭承包制，促进土地流转，发展适度规模经营（刘新卫，2005）。苏南常熟市、吴县和无锡县从1988年成为土地适度规模经营农业改革首批试验区，采取的形式是72%家庭农场，26.6%村办农场，确定劳均经营1 hm^2 土地作为适度规模经营指标，取得了显著的成绩。据农业部对苏南的无锡、吴县和常熟三县（市）的调查，尽管规模经营的耕地大多是边远田和中低产田，但每公顷单产水平超过当地一般农户，1992年高出201.8 kg，1993年高出526.5 kg。其二是提高了劳动生产率。1993年苏南三县（市）规模经营劳均生产粮食达 2.3×10^4 kg，是一般农户的2.9倍，劳均收入是一般务工人员劳均收入的2.2倍。其三是提高了粮食商品率。苏南三县（市）一般农户的粮食商品率仅为26%左右，而实行规模经营农户的粮食商品率已平均达到95%以上。因而，发展粮田规模经营、依靠规模取得效益，使得种田同样成为当地农民致富门路并提高了农民的种粮积极性。

尽管土地适度规模经营试点在常熟取得了一定的成绩，但由于推广上存在的一些问题，常熟市粮食生产经营的规模仍然偏小，这成为阻碍当地粮食综合生产能力和资源利用效率提高的重要障碍因素之一。进一步促进常熟市粮食生产的规模化经营，提高农业资源利用效率，常熟市政府应强化和完善下述制度和措施。

（1）深化农地制度改革

要在稳定家庭承包制基础上，明确集体土地所有权、稳定农户土地承包权、搞活土地使用权。针对农民非农就业机会多、农村剩余劳力大部分已转移的特点，因地制宜集中土地建立家庭（或村办）农场。

（2）健全社会化服务体系

首先，开拓粮食生产资料市场，加强乡、村供应服务组织建设；其次，完善粮食生产先进技术开发和推广体系，扶持农业科技推广市场中介组织，及时准确搜集和反馈市场信息；最后要改革粮食流通体制，发展市场中介组织，把家庭（村办）农场同大市场连接，开展收购、储存、运输、加工和销售配套服务。

（3）发展农村职业教育

为建立起适应市场经济发展要求的现代家庭（或村办）农场，必须加快农村职业教育事业发展以提高农场主及其成员文化素质、技术素质和商品意识、市场意识及经营管理水平，造就一批现代农场主和农民企业家。

（4）注意适度问题

粮田适度经营规模由多种因素决定，但须坚持实行粮田规模经营的土地产出率要高于当地平均水平，以确保增加社会粮食生产总量，不提倡和避免依靠掠夺性经营、以降低土地产出率为代价而形成的规模经营，加强土地深度开发。在实际运作过程中，要使粮田规模经营具有内在活力和动力，能够顺利推进，必须注意发展高产优质粮食作物以形成较高经济效益；同时，为缓解季节性劳动力矛盾、降低劳动强度和生产成本，应适当增购和利用农机具以使机械化水平不断提高（刘新卫，2005）。

7.1.1.2 调整灌溉水价，推进农业水资源高效利用

常熟市农业灌溉水价的确定不合理，价格严重背离价值，造成了灌溉水资源的大量浪费和灌溉水产出率、总水分产出率的偏低。作者在农户调查中发现，常熟市的农业灌溉用水均以户为单位缴纳，同一农村社区各农户缴纳的水费相同。不同农村社区农户间水费略有差别，灌溉水费在15～60元/户。灌溉水费产生差别的主要原因是有的农村社区经济条件较好，为农户统一垫付全部水费；经济条件稍差的农村社区则为农户垫付部分水费或者不垫付。常熟市目前的这种农业灌溉用水定价，既反映不出灌溉用水本身的价值，也反映不出灌溉用水数量的差别，造成了农业灌溉用水的巨大浪费。

农业灌溉用水水价是促进农业节水和调节农业高效用水的经济杠杆。所以，理顺农业用水水价，强化农户的水商品意识和节水意识，使农田灌溉水资源配置市场化，通过价格杠杆调节农户的用水行为，对农业高效用水发展有着至关重要的影响，是保证节水农业长期持续发展的制度保证。为此，常熟市政府可以在下述方面强化和完善灌溉水价调整措施。

(1)尽快制定《常熟市水价管理办法实施细则》

根据国家水价管理办法的要求，结合常熟市实际情况，尽快制定出台《常熟市水价管理办法实施细则》，使水价管理做到有法可依、有章可循。

(2)强化完善水费征收措施和管理制度

从全国水费收管情况看，凡政府采取有效措施的地方，比缺乏有效措施的地方水费收取率要高；凡水管单位采取直接计收水费方式并与用水户签订供用水合同的，比委托乡(镇)村代收水费方式的水费收取率要高。因此，常熟市应采取行政、经济和必要法律手段，强化水费征收，完善水费管理制度，加快建立健全监督检查等约束机制，提高水费收取率。大力推行合同供用水制度，以利于减少管理层次和征收环节，降低供水成本，提高水费收取率。

(3)科学确定灌溉定额

常熟市灌溉历史悠久，但长期以来，当地农民喜欢深水灌溉，认为"有水就有稻，水多长好稻"，大水漫灌极为普遍，个别地方串灌、串排。另外，在灌溉工程设施方面也存在许多问题，在用水方式上一味追求自流灌溉，从而在灌区总体布局上存在"大、远、长"，加大了输水损失；其次是工程老化严重，许多灌溉工程建于20世纪50—60年代，长期运行又未能及时维修，功能逐渐丧失。所有这些，使得常熟市灌溉定额居高不下($>10\ 000\ m^3/hm^2$)，有必要重新科学地确定灌溉定额以满足其他各业需水要求，保障当地社会经济持续快速发展(刘新卫，2005)。

7.1.1.3 改革粮食补贴制度，稳定"麦—稻"一年两熟的种植模式

常熟市农户调查的数据表明，目前约有13.29%的农户只种一季晚稻，不愿种植小麦。原因主要是种植小麦的经济收益低，且农户自己不食用。由于生活习惯的原因，常熟市农户不食用小麦，收获的小麦全部作为商品粮销售。农户小麦生产的目标可简化为追求利润。但在常熟市目前的投入产出情况下，其利润较低，难以保障农户种植小麦的积极性，导致了大量耕地的季节性撂荒、复种指数的逐年下降，降低了农业资源的利用效率。

从常熟市目前的粮食补贴政策看，粮食种植的补贴款并不是直接发放到农户手中，而是折抵为良种。即农户可以免费在各农业推广部门领取良种，但不会领取到粮食种植的补贴款。这种粮食补贴方式在一定程度上有助于良种的普及，但也出现了诸多弊端。例如，许多农户反

映推广站发放的良种种植后产量并不高；而且推广站发放的良种品种不同，先到的农户可以领取到质量较好的粮食作物品种，后到的许多农户则因领取不到好的粮食作物品种而放弃领取，这等于国家的粮食补贴款未发放到农户手中。常熟市这种粮食补贴政策，影响了农户种植粮食作物，尤其是小麦的积极性。而且小麦种植的补贴额偏少，对农户种植粮食作物积极性的刺激作用有限。

运用经济杠杆，通过粮食补贴的方式刺激农户粮食生产的积极性，进而提高农业资源利用效率，常熟市政府可以按照粮食实际种植面积进行补贴，同时适当提高补贴标准，加强对农资价格的监测，控制农资价格的上涨幅度。

7.1.2 常熟市农村社区提高农业资源利用效率的中观组织设计

7.1.2.1 建立和完善农民用水者协会组织

在社区农业资源管理上，我国许多地区引进了国际上通用的先进理念和管理模式——用水者协会(WUA)，其突出特点就是让广大农民积极参与到灌排区管理体制和运行机制中来，通过农民用水者协会的形式实现自我管理、自我维护，逐步达到良性循环发展的目的(毕勇刚等，2006)。农民用水者协会是根据用水者自己管理灌区水利设施和对农田灌溉实行有偿供水的原则，通过建立供水、用水的管理制度，最终实现经济自立。用水者协会在我国部分区域已经经历了一段时间的实践，存在的一些问题也逐渐暴露出来(由建勋等，2005)，例如产生新道德风险的概率增加；坐收坐支成为新问题；冲突的自我解决机制尚未建立；缺乏地方政府支持。

为了建立和完善适合常熟市的用水参与灌溉管理的组织形式和管理办法，积极稳妥推动常熟市灌区的管理体制和运行机制改革，并在实践中逐渐完善，应在以下方面建立和完善常熟市用水者协会的组织运作：

(1)建立健全财务管理制度

为实现对用水协会的监督管理，一是要按照新的会计法和新的财务制度建立新账。二是统一为村民设立账务手册，村民与用水协会结算时，要在村民自己的账务手册上记账，盖上印章，与用水协会的账相对应。三是统一财务档案管理，集中保管用水协会记账期间的各类会计档案资料，以保证为村民查阅账目提供必要的方便，同时也便于灌溉局监督。

(2)规范用水协会的运作管理模式

首先，要强调农村社区居民的自主参与。这是保证用水者协会的权威和地位能否树立的关键，也是灌区可持续运行的基础。其次，强调民主管理。用水协会作为非营利性质的群众管水组织，在灌溉局将原渠道和各类建筑物移交协会后，双方应签订供水合同，由协会实行完全意义上的民主管理，自主经营，用水自治。最后，要做到水务公开和社区居民的广泛监督。

7.1.2.2 建立和完善农村社区农业技术的推广体系

为提高粮食资源利用效率，发掘粮食增产科技潜力，提高粮食单产成为必然选择，这对科学技术发展及其推广运用提出更高要求。面对市场，农户提高生产经营效益的目标常因缺乏技术的有效应用而受阻，呈分散状况的小农所具有的弱质性导致其对农业技术的有效需求不足。而在以市场为导向的技术供给机制尚没有真正建立起来的情况下，农村社区的农业技术进步缓慢。加快农业技术进步的速度，一方面取决于政府推广体系按市场运行机制的深刻变革；另一方面则依赖于农村社区内农户与农户间的推广体系、农村社区推广体系的建立和完善。

农业新技术进入农村社区通常通过3个渠道：即政府的农业推广体系，社区专业户个体的创新行为以及农业企业的商业行为。然而在市场经济条件下，公益性农技推广体系面临着改革的挑战，即如何在实践中实现公益性农技推广的市场性及构建其运行的市场机制。而专业户引进和应用新技术完全是一种基于理性的个体行为。其在利益导向下，越来越缺乏同社区的关联。在这种背景下，农业技术的推广在很大程度上依赖于社区农业技术推广体系的建立。为此，常熟市农村社区应建立和完善基于社区的农业技术推广体系（简小鹰，2005），了解社区内所有农户对技术的需求，根据社区和农户发展的需要引进技术，运用社区传统的信息传播网络，结合现代技术的培训推广方法，使新技术能在社区内持续地扩散应用，不断追踪市场，根据市场需求的变化，不断调整社区技术进步战略。

7.1.3 常熟市农户提高农业资源利用效率的微观经营设计

7.1.3.1 科学控施化肥而增施有机肥

相关研究表明（宋伟等，2007），在常熟市目前的施肥水平下，氮肥对于粮食单产有着显著的负影响，磷肥基本没有影响，钾肥则有显著的正影响。农户通过科学控施化肥，仍可以产生显著的增产作用，从而提高农业资源利用效率。

根据“六五”期间全国化肥试验网和中国科学院南京土壤所在太湖地区肥料试验结果，长江下游小麦产量在3750～4200 kg/hm^2 水平时，N肥适宜用量为120～135 kg/hm^2，N：P比例为1：(0.2～0.5)；水稻产量在6000～6750 kg/hm^2 水平时，N肥适宜用量为105～135 kg/hm^2，N：P：K比例为1：(0.2～0.35)：0.38（封志明等，2002）；而朱兆良（1991）认为苏南太湖流域稻、麦适宜施氮量为单季晚稻102～195 kg/hm^2，小麦120 kg/hm^2。常熟市农户可以此作为N肥总量调控参考，选择在粮食作物生长旺盛期追施按科学比例配方的N，P，K肥，并适当深施（深度以5 cm为宜）。另外，适时推广肥水综合管理技术，如对水稻进行“基肥无水层混施”和“尿素以水带N追肥法”（朱兆良，1992），对小麦实行“倒茬套施碳铵、复合肥法”，为了防止N肥无效损失，应有意识地使用脲酶抑制剂和硝化抑制剂，并在有条件时使用缓释N肥；在P肥施用上，以轮作周期为单位施肥，力求做到水溶性P肥和有机肥配合施用、N肥和P肥混合集中使用；在K肥施用上，注意土壤K素平衡，对高产田和吨粮田适当加大投入以发挥K在增强作物抗逆能力中的作用。最后，还应注意微量元素肥料施用，通常采取土壤施肥、种子处理、沾根和喷施等方式（刘新卫，2005）。

在有机肥的施用上，常熟市农户要广拓肥源，增种绿肥，强化人畜禽粪便资源化和秸秆资源化。首先要充分利用闲田种植适宜绿肥品种，如紫云英等；在畜禽粪资源化方面，注意对布局分散、面广量大的一般规模养殖户实行有机肥料生产、加工，企业统一收集治理。其次，秸秆资源化要求除直接还田增大还田率外，还应与绿肥作配合饲料饲养家禽（畜），实行过腹还田，达到高效利用、净化环境目的。最后，有机肥应与化学肥料有机结合，弥补化学肥料速效但不持久、对土壤性状造成损害的缺陷，同时更好发挥自身缓效持久和改善土壤结构功效（刘新卫，2005）。

7.1.3.2 水稻精确定量栽培技术

近年来，以凌启鸿教授为首的栽培研究小组通过精确定量施肥、定量化灌溉等技术的研究，在“水稻叶龄模式”与“群体质量栽培”基础上进行综合创新，提出了水稻精确定量化栽培技术，以高产定型群体的各项指标值为目标，按高产群体发展动态的形态生理指标为依据，通过叶龄诊断，对水稻各器官的生长作定时、定向、定量调控，保证高产群体的最终形成，有效地提高了栽培技术指标化、定量化与标准化，使各项栽培措施的应用及彼此之间的配合均能定时适量。水稻精确栽培技术的主要技术要点如下（刘宝祥等，2008）：

（1）精细整地

在施肥后干耕干旋、旋深旋熟、土肥融合，然后上水耙平，捞清杂草浮渣。为保证机械插秧作业时不陷机、不拥泥，提高栽插质量，田面要求较高的平整度和沉实度，全田高低差不超过3 cm，泥浆沉实达到泥水分清，沉淀不板结，水清不浑浊。

（2）栽插密度

机械插秧秧龄短，大田的有效分蘖期长，因此栽插密度不宜大，一般穗数型品种应栽插1.8万穴/亩，中间型品种应栽插1.5万穴/亩，迟熟大穗型品种应栽插1.3万穴/亩，栽插方式以宽行窄株为宜，行距一般不小于26 cm，这样既能改善群体田间通风透光条件，使得苗体健壮，病虫危害轻，又能保证在孕穗至抽穗期适时封行，充分利用光能，取得水稻高产。

（3）水浆管理

水稻高产精确定量栽培体系中的水分调控明确了控制无效分蘖最佳的控水时间以及除移栽活棵期需保持水层外，全生育期采用湿润灌溉的土壤需水的水势临界指标，水分定量调控前期以控制无效分蘖发生提高茎蘖成穗为重点，中后期以全面提高群体质量增强结实群体光合生产率为目的。

（4）肥料施用

依据“无公害水稻精确施肥操作规程”，机插秧苗大田施肥应“少量多次”，施足基肥。基肥以有机肥为主，配施磷、钾肥。在秸秆返田的基础上每亩施厩肥1 000～1 500 kg、尿素10 kg、复合肥15 kg，分蘖肥分3次施用。控制后期氮肥用量，避免后期氮肥水平过高影响稻谷品质与色泽。

7.1.3.3 作物秸秆科学还田

作物秸秆的成分主要是纤维素、半纤维素和一定数量的木质素、蛋白质和糖。这些物质经过发酵、腐解、分解转化为土壤重要组成成分——有机质。有机质是衡量土壤肥力的重要指标。因为土壤有机质不仅是植物主要和次要营养元素的来源，还决定着土壤结构性、土壤耕性、土壤代换性和土壤缓冲性，以及在防治土壤侵蚀、增加透水性和提高水分利用率等方面皆具有重要的作用。作物秸秆科学还田的主要技术要点如下（王凤，2008）。

（1）作物根茬还田技术

作物根茬还田技术又可分为小麦高茬留田和水稻高茬留田。小麦高茬留田的主要技术要点如下：小麦收割时一般留茬20～40 cm，用链轨拖拉机配重型四铧犁作业，在犁前斜配一压杆将秸秆压倒，随压随翻。水稻高茬留田的主要技术要点如下：水稻割茬高度在 10～15 cm，最好不超过 20 cm；以秋季作业为好，要在土壤含水量 25%～30%（不陷车）时结合秋翻进行作业，封冻前结束。耕翻深度以不破坏犁底层为宜，一般为 15～18 cm，手扶拖拉机牵引两铧犁翻地，耕深应大于 10 cm。翻平扣严，不重不漏，不立垡，不回垡，深度一致；根茬混拌于土中的覆盖率大于 95%。

（2）稻草直接还田

稻草还田是水田最有效的培肥增产方式。还田方法：将稻草铡碎或用乱草机打碎，长度为 16～23 cm；将铡碎或打碎好的稻草均匀地撒于田面，一般还田 4.5 t/hm^2 左右；当土壤含水量 25%～30%（不陷车）时将稻草翻入 15 cm 土层中，稻草混拌于耕层中的覆盖率大于 95%。翻前要施肥，一般施氮磷化肥 225～300 kg/hm^2，氮磷比为 3∶1。耙地：耙地的适宜含水量为 19%～23%。耙深，轻耙 8～12 cm，重耙 12～15 cm。耙后耕层内无大土块，每平方米耕层内最大外形尺寸大于 5 cm 的土块不超过 5 个。

7.2 泰和县农业资源利用优化管理设计

7.2.1 泰和县政府提高农业资源利用效率的宏观调控设计

7.2.1.1 完善农村土地流转体制，发展现代规模农业

泰和县粮食生产配置效率的评价结果表明，大多数农户的粮食生产仍然规模报酬递增。因此，健全农村土地流转的相关政策，适度扩大农户耕地经营规模，仍可间接促进粮食单产的提升，从而提高理论光能利用率、光温潜力利用率、土地潜力利用率等资源利用效率。

泰和县农户种粮长期以来停留在“小户耕作，犁耙耕种”的传统耕作方式，近几年才开始逐步向规模化、机械化经营转变。过去，一户农民家庭种粮最多在 20 亩左右，超过 30 亩的种粮大户却寥寥无几。目前，一些农户通过承包租赁等方式组织土地流转，实行规模化经营，出现了许多一户租种几户、十几户甚至几十户农户耕地的集约化种粮大户。根据调查统计数据，2004 年泰和县耕作 30 亩以上的种粮大户有 244 户，50 亩以上的有 53 户，100 亩以上的有 9 户（人民银行吉安市中心支行课题组，2004）。粮食大户的大面积耕种还为农业逐步实现机械化耕作打下了坚实的基础。据泰和县农机部门统计，2004 年 1－7 月份销售农机具 5 600 余台（套），比 2003 年同期增加了 1.3 倍。有不少小、中型联合收割机、抛秧机进入农家，有力地提升了泰和县水稻农机作业水平。

但由于目前的土地流转体制不完善，使泰和县种粮大户规模生产受到影响，表现为租赁的土地零星分散、租赁方式多样、租赁期限短，在形式和内容上几乎是一年一变，使种粮大户不敢加大租赁农田投入。同时，泰和县属丘陵地貌，大部分耕地是梯田，整合其土地以适应机械耕作，则需加大更多投入，因租赁土地的不确定性，导致粮农大户规模生产困难。为推进泰和县粮食生产的规模化经营，泰和县政府应当建立健全农村社会保障体系，引导农民向非农产业转

移，明晰界定农地产权，建立和完善农地流转的登记、备案体系，积极培育农地流转的中介组织。

7.2.1.2 努力拓宽投融资渠道，增强农业发展后劲

目前，泰和县农业投入相对不足，农业发展后劲相对较弱。主要原因有以下三个方面：首先是地方政府投入相对不足。据调查，泰和县每年支援农村生产和农业综合开发财政支出的直接生产性投入大约在1 000万左右，投入最多的2003年也只有1 472万元，仅占当年财政总支出的6.2%。而当年从农民手中仅收取的农业五税2 781万元，就占地方财政收入的23%。与此同时，泰和县的农业总产值占国内生产总值的比重较高，在50%左右。农业对于经济发展的贡献与其得到的投入明显不匹配。二是信贷投入相对不足。尽管近几年泰和县的农业贷款不断增加，但是农民融资仍较困难，尤其是在一些规模农业项目或科技农业项目以及农业综合开发项目的资金需求难以满足。据对相关农户的抽查调查统计，贷款满足率仅为13.33%，而想贷款从事农业综合开发的农户占63.3%，想扩大种养生产规模的农户比重则高达70%。三是科技投入不足。主要存在农民对农业科技知识的渴望与政府组织科技知识培训力度的矛盾，据调查，泰和县目前涉农培训机构共有5个，每年只能培训2 100人次，仅占该县农村劳动力总数的1%。因此，为了保证泰和县农业的发展后劲，泰和县政府应拓宽投融资渠道，增强农业发展后劲，加大农业科技投入力度，提高农民劳动生产率。

7.2.1.3 加强农业基础设施建设，优化农民种粮环境

农业基础设施建设是粮食生产的重要保障，直接关系到农业和农村经济的发展。据调查，泰和县目前的农村水利基础设施建设仍然十分薄弱，成为制约粮食生产的一大“瓶颈”。尤其是水利设施不足，功能老化的问题依然十分突出。2005年，泰和县共有水库84座，塘坝2 477座，有效灌溉面积59.06万亩，仍有部分水田难以得到有效灌溉。而且，大部分水利设施都已年久失修，排洪防涝能力差。尽管泰和县政府每年拿出80万元专用资金用于水利设施建设，但只能是杯水车薪，难以从根本上解决问题。不少农民种粮还存在“靠天吃饭”的问题。2003年泰和县普遍干旱，不少农田因为缺水产量大减甚至绝收，农民因此户均损失上千元收入。水利设施的功能弱化增加了粮食生产的不稳定性，存在多年的“靠天吃饭”的粮食生产局面一直未能打破，在一定程度上降低了泰和县农业资源的利用效率。

为此，政府应加强农业基础设施建设，优化农民种粮环境。农村基础设施建设滞后是制约粮食生产、农村经济发展的瓶颈。持续发展泰和县的粮食生产形势，政府应加强对农村基础设施建设的重点倾斜，加大资金投入力度。一方面要全面改造业已老化的水利基础设施，对“超期服役”的水利设施进行全面维修改造，提高设计维修标准，尤其是对病险水库进行全面除险加固，消除安全隐患，达到兴利除害的目的。此外，还要大力发展带水农业，改造中低产田，消灭干旱死角，提高水土利用率。另一方面，加快农村交通、水电气和通信等基础设施的建设。确保农村公路畅通，保证粮食、农产品物流顺畅，改变农村信息落后面貌，改善农村生产、生活用电条件。

7.2.2 泰和县农村社区提高农业资源利用效率的中观组织设计

7.2.2.1 完善农村社区水利建设组织动员机制

根据泰和县统计数据,1996—2005 年的水利设施建设基本处于停滞状态。以水库的建设为例,10 年间仅增加了 1 座大型水库,中型、小型水库均没有变化,塘坝的数量则减少了 23 座(表 7.1)。水利设施的功能不足和老化现象比较严重。从水库形成的有效灌溉面积来看,2005 年为 28.91 万亩,仅比 1996 年增加了 1.17 万亩。这其中有很大原因在于政府的财力不足,投入不够。在政府无法大幅度增加投入或者大规模开展农田水利设施建设的情况下,泰和县农村社区宜从自身的水利建设组织动员机制方面进行改进,以社区为单位修建新的水利、灌溉设施,提高灌溉指数,形成政府、社区、个人多元化的组织动员格局,促进农业资源利用效率的提高。为此,泰和县农村社区应做好水利设施建设的组织动员工作,加强农田水利建设社会动员机制,拓宽水利设施建设融资渠道。

表 7.1 1996—2005 年泰和县建成或基本建成水库数量(座)

年份	大型水库	中型水库	小一型水库	小二型水库	塘坝
1996	1	3	7	72	2500
1997	1	3	7	72	2494
1998	1	3	7	72	2473
1999	1	3	7	72	2457
2000	1	3	7	72	2477
2001	2	3	7	72	2477
2002	2	3	7	72	2477
2003	2	3	7	72	2477
2004	2	3	7	72	2477
2005	2	3	7	72	2477

7.2.2.2 发展和创新农村社区经济组织,提高农民市场化程度

泰和县目前已成为重要的商品粮生产基地,为了有效地解决泰和县农户小规模生产与大市场之间的矛盾,农村社区应注重完善社区经济组织,提高农民的市场化程度。实现农业产业化经营的实质是通过现代市场经济的一些手段,如契约、合同、股份等形式,把农业的产前、产中、产后环节联系起来,建立利益共同体,实现农业产业的社会化分工。农村社区经济组织建设是农业产业化经营初级阶段的重要形式,但要突破传统农村社区边界限制,在更大范围上提高农民市场组织化程度。农村社区经济组织建设要以市场为导向,以维护社区组织农民利益为宗旨,与农民建成"利益共享,风险共担"的利益共同体,在没有改变以农户经营为基础的土地使用制度的情况下,实现小农户与大市场的连接和某一类农产品的规模生产,把农户引入到市场经济的大潮中。

7.2.2.3 加强农科教一体化制度创新,促进社区科技文化组织发展

从战略上讲,泰和县现代农业发展的根本出路在于科学技术,科学技术是第一生产力,但

不等于生产力，它是一种知识形态的潜在生产力。例如，我国每年有6000多项农业科技成果问世，但运用到生产领域的仅有30%～40%，真正形成产业的不到20%，比发达国家低30个百分点左右，大量的科技成果没有转化为直接的生产力。而另一方面，农村社区科技文化的落后是农村社区可持续发展真正的桎梏。因此，以利益为纽带，推进农科教一体化的制度创新，改变在传统体制下形成的农科教相分离的状况，以高等院校农业科技人才为依托，以农村社区科技文化组织为基础，通过契约、合同、股份制、入网等技术产业的组织创新，将科技成果的研制、创新、开发、转化通过利益机制连接起来，从制度上促进农村社区科技文化组织的发展，既促进农业产业化、市场化和现代化，又可以为农村社区创新型人才的培养提供保障，这也是社会主义新农村建设的重要内容。

7.2.3 泰和县农户提高农业资源利用效率的微观经营设计

7.2.3.1 不同种植制度分区的农户种植制度优化

泰和县地貌类型特征和耕地分布海拔高度可以概括如下：在海拔100 m以下属于河谷平原区(耕地分布在海拔60～70 m)；在海拔100～300 m间属丘陵(耕地分布于海拔70～150 m)；海拔在300 m以上为山区(耕地集中分布在海拔200 m左右的山间盆地和谷地上)。随着地形的变化，光热水土等条件也发生相应的差异，种植条件也随之改变。为了使种植业做到因地制宜，合理布局，高效利用农业资源，应按照不同的类型进行种植制度分区；不同种植制度分区内的农户则应根据本区的特点进行种植制度优化。总体看来，泰和县的主要种植制度分区和种植制度优化方向可以概括为以下5个方面(中科院南方山区综合科学考察队，1982)。

(1)沿江平原粮、蔗一年三熟或两熟区

该区主要由赣江和蜀水河两岸的冲积平原和阶地，以及马市蜀口江心洲及万合江心洲组成。该区水田以种植水稻为主，旱地主要种植甘蔗等经济作物。其地势平坦，光热资源丰富，雨量充沛。其现有种植制度的优化方向可以概括为以下三个方面：①解决水害问题。应注重该区的防洪排涝系统和管理工作，提高抗灾能力；抓好排灌分家，对地下水位高的易涝垄田，深挖排水沟，降低地下水位，变水害为水利。②调整作物布局，实行水旱轮作。该区水田稻一稻一肥面积较大，因多年连作，又受内涝影响，地力已有下降趋势，应分区划片实行水旱轮作。适当扩大稻一豆一油的比例，少数老河道低洼深泥田，以种一季晚稻为宜。③针对本区旱地单产不高、水利灌溉条件差和肥力缺乏的状况，今后应发展提灌，增加灌溉面积。

(2)河西丘陵稻田一年三熟区

该区分布于禾水河、蜀水河两岸平原和低丘岗地，地形复杂。由于位于低丘荒坡面积大，水土流失严重。其现有种植制度的优化方向可以概括为以下两个方面：①自流灌溉地区：当前应完善排灌系统，搞好排灌分家，深挖排水沟，降低地下水位，同时扩大油菜等旱作物的种植比例，实行分片水旱轮作；对水肥条件差的水田，二季晚稻应改为旱作物。②丘陵岗地：应增建小水库和沿江修建提水站，以扩大灌溉和保收面积；在作物布局上，有水源保证的低排或浅脚泥田，应以稻—稻—肥或稻—豆—肥为主，适当扩大豆和油菜面积。并在早稻收后，实行二季晚稻与晚大豆、晚甘蔗和冬作油菜、紫云英等绿肥轮作。

(3)河东丘陵稻田一年三熟区

该区位于赣江的东南面,光热和降水等条件与河西丘陵区相似,该区有老营盘、洞口两个较大的水库,还与吉安共同修建了白云山水库,水源条件较好。其现有种植制度的优化方向可以概括为以下两个方面:①搞好现有水利工程的配套,提高灌溉效益,逐步解决丘陵岗地耕地水源不足的问题。实行水旱轮作,提高土壤肥力。②该区应以双季稻一冬作一年三熟制为主,在田多劳动力少的地区,可适当减少双季稻面积,扩大一季晚稻比例。把恢复地力、提高单产紧密地结合起来。

(4)西部山地稻田一年两熟区

该区西邻井冈山,北接永新县,南靠遂川县,位于禾水河上游,境内有六七河和六八河,山地面积大,耕地少,是泰和县的林木主要产区。该区耕地多数分布于海拔 200 m 以下,土壤多属青砂泥田、红壤泥田或青鳝泥田。水源较好,但冷浸田面积大。由于山高荫蔽,光、热条件差,禾苗分蘖慢,不利于双季稻生产栽培。其现有种植制度的优化方向可以概括为以下三个方面:①对日照、水源较好的山间盆地,应以稻一稻一肥或稻一豆一肥一年三熟为主。并推广水旱轮作,如早稻一二季晚稻(晚大豆、晚红薯等)一紫云英(油菜、肥田萝卜)、马铃薯等轮作。②对山荫冷浸田,首先开好"三沟",即沿山开好避洪沟,靠山旁开好灌水沟,中间开好排泉沟,以防山洪冲刷、降低地下水位和提高地温;其次,在作物安排上以一季中、晚稻为主,选用杂交水稻等优良品种,主抓一季高产;对不能排水秋播的浸冬田,可放养细绿萍。③推广温室和两段育秧,以解决有条件种植双季稻的区域山地光、热条件差、季节紧迫的矛盾;并增施磷、钾肥和采用钙镁磷肥,促进禾苗早发早熟。

(5)东南部山地稻田一年两熟区

该区位于泰和县东南部,山地面积大,是泰和县林木和油菜产区。耕地分布于 200 m 以下的河溪谷底,多属砂泥田,土壤比较肥沃;部分属于山坑冷浸田,光、热条件差。大多能利用山间小溪自流灌溉,水源较好。但因山林砍伐过量,水土流失严重,耕地易受山洪冲刷。其现有种植制度的优化方向可以概括为以下两个方面:①抓好治山治水、增肥改土工作,重点抓好山坑冷浸田的改造。②根据该区自然和经济条件,可适当增加一季中、晚稻一冬作一年两熟的比重。对光照、水、肥条件较好的山垄田,可适当增加稻一稻一肥一年三熟的种植面积;缺水的排田,可在早稻收割后,试种晚玉米、晚黄粟和马铃薯等作物。

7.2.3.2 继续推广和优化水稻抛秧技术

采用塑料软盘育秧,秧床整地简便,起盘省力,抛秧速度快,可有效节省劳力。常规育秧母本秧田与大田之比一般为 1:2,抛秧制种每公顷可节约 0.5 hm^2 秧田,省工 20 个以上。母本抛秧每天可抛栽 0.13～0.20 hm^2,常规栽插每天不足 0.02 hm^2,抛栽是手插的 7～10 倍,每公顷可减少用工 40 余个。而且,抛秧是站着工作,改变了几千年来弯腰曲背插秧的辛苦历史,大大减轻了劳动强度。

7.2.3.3 高效增施氮肥、钾肥

泰和县的农户调查数据表明,农户粮食生产的氮肥、钾肥施用量略显不足。为进一步提升单产,进而提高农业资源利用效率,泰和县农户应注重科学、高效增施氮肥、钾肥。

(1)水稻氮肥改表施为底肥深施,充分提高肥效

氮肥作底肥深施,一般比表施提高利用率 15%~20%,从而减少肥分损失,增加土壤中氮素残留量,改善土壤供肥状况。

(2)水稻氮肥适宜用量

相关试验表明,不同施氮量显著影响水稻产量。在地力较差、中等和较高条件下,三者的最高亩产施氮量分别为每亩纯氮 11 kg、11 kg 和 18 kg。如果氮肥过少,营养不足,生长不良,有效穗偏少,不能高产。如果氮肥过量,群体过大,则结实率、千粒重下降造成减产。根据泰和县相关试验结果,在较高地力条件下,双季抛秧早稻和晚稻的经济亩施纯氮量均为 11 kg 左右,单季晚稻抛秧亩施纯氮量为 15~18 kg。

(3)钾肥的高效施用方法

大量试验证明,钾肥作基肥或基肥追肥相结合的施用方法,其增产效果优于追肥,其原因是水稻秧苗期至返青分蘖期是水稻吸钾的高峰期。如果钾肥作基肥的施用量不足,则应以追肥补足,追肥宜早不宜迟,最迟不宜超过移栽后 3 个星期。

7.2.3.4 水稻控制灌溉

水稻控制灌溉指稻苗本田移栽后,田面保持 5~25 mm 薄水层返青活苗,在返青以后的各个生育阶段,田面不建立灌溉水层,以根层土壤含水量作为控制指标,确定灌水时间和灌溉定额。土壤水分控制上限为饱和含水率,下限视水稻不同生育阶段,分别取土壤饱和含水率的 60%~70%。水稻控制灌溉是根据水稻在不同生育阶段对水分需求的敏感程度和节水灌溉条件下水稻新的需水规律,在发挥水稻自身调节机能和适应能力基础上,适时适量科学供水的灌水新技术。其主要的技术实施要点如下(隋家明等,2005)。

(1)秧苗移栽

做好准备工作,耕地晒垡,整平田块,便于灌溉,无积水。待泡浆沉实后再移栽秧苗,插秧前施碳酸氢铵作基肥。

(2)薄水促返青

水稻返青期大约经历 6~8 天,控制灌水上限为 25~30mm。如遇晴天,尤其在阳光暴晒的中午,要求薄水层不过寸,不淹苗心,最好田不晒泥。如遇干旱缺水时,下限值也应控制在饱和含水量或微露田以上。

(3)分蘖期

上限控制在土壤饱和含水量,下限控制在饱和含水量 50%~60%。该生育期大体经历 30 天左右,此期的灌水方法与淹灌不大一样。主要方法概括为:前期轻控促苗发;中期中控促壮蘖;后期重控促转换。

前期轻控促苗发:每次灌溉水量 150~225 m^3/hm^2,以后自然干到田不开裂。中期中控促壮蘖:上限为饱和含水量,下限控制在饱和含水量的 65%~70%,一般年份灌水次数不多,如雨水过多,还要注意适时排水。后期重控促转换:水稻分蘖后期,为防止无效分蘖的滋生,根层土壤含水量下限值应按偏低控制,一般为饱和含水量的 60%。

(4)穗分化减数分裂期

水稻的穗分化减数分裂期是生育过程中的需水临界期,这个时期应适时确定灌溉日期(可以根据抽穗日期定减数分裂时间,或以水稻剑叶的出现定日期);在巧施穗肥的基础上,此阶段

的灌水方法上限为饱和含水量，下限为饱和含水量的70%～80%，灌一遍水，露几天田。应注意逢雨不灌，大雨排干，调气促根保叶。

(5)抽穗开花期

该阶段控制灌溉采取灌水至汪泥塌水，露一次田3～5 d，土壤水分控制在饱和含水量的70%～80%。此方法灌水10～15 d。

(6)灌浆期

此阶段控制灌溉的具体做法是跑马水、窜地皮、田面干、土壤湿，3～4 d灌一次水。

7.3 安塞县农业资源利用优化管理设计

7.3.1 安塞县政府提高农业资源利用效率的宏观调控设计

7.3.1.1 建立安塞县农业资源综合管理的协调机制

根据安塞县政府网站公布的安塞县政府机构设置和职能，与农业资源管理有关的政府机构共有7个，分别为科学技术局、环保局、农业局、统计局、国土资源局、林业局和水利局，各个政府部门的具体职能见表7.2。在7个涉及农业资源管理的政府部门中，出现了不同程度的政府职能交叉、重叠现象：①统计局与国土资源局对于耕地面积的统计交叉、重叠；②环保局监督“对生态有影响的自然资源开发利用活动、重要生态环境建设和生态破坏恢复”的工作职能，与水利局对于“水土流失的预防、治理和处罚”的交叉、重叠；③农业局的“重大农业建设项目的立项、评估、论证以及项目审查、申报工作”与国土资源局对于“土地整理项目等的上报与审批工作”的交叉重叠；④科技局的“科技成果推广”与农业局的“指导县、乡农业科技服务体系建设和农业科研、教育技术推广工作”的交叉重叠；⑤林业局对于“退耕还林工作的监督、实施”与水利局对于“水土流失的管理”以及环保局对于“重要生态环境的建设和生态环境破坏恢复工作”等的交叉重叠。

其中，统计部门与国土部门对于耕地面积统计的差异表现得尤其明显。统计数据与国土资源部门的耕地监测数据常常相差3倍左右。数据差异对于农业资源利用效率评价中复种指数、粮播耕地面积比例等指标的计算都带来了很大的影响。运用不同的数据源将会产生不同的计算结果。此外，安塞县严重的水土流失和土壤侵蚀状况，造成了农业生产潜力中土地限制因素较大，降低了各个层次农业生产潜力的利用率。而水利局作为处罚水土流失的主要部门，在实际工作中难以完全监督水土流失行为。并且，对于退耕还林等水土保持工作，林业局、水利局也缺乏很好的衔接、协调。

为了减轻因部门职能交叉、重叠带来的农业资源管理上的不便，并通过农业资源管理的优化提高农业资源利用效率，安塞县政府应建立耕地面积统计的协调机制，通过国土资源管理部门和统计部门的协商，给出一个口径一致的耕地面积数据，为农业资源综合管理奠定数据基础。此外，为了有效地减少水土流失和土壤侵蚀，保证生态退耕的成果，水利局、林业局、农业局、国土局等单位也应该建立协调机制，把生态退耕的实施和后续监督协调起来，以有效地提高农业资源利用效率和农业资源管理水平。

表7.2　安塞县主要农业资源管理机构与职能

政府机构	部分职能
科学技术局	贯彻执行中央、省、市关于科学技术工作的方针、政策和法律、法规；研究制定全县科技发展的中长期规划和年度计划，确定全县科技发展重大布局及优先发展领域；拟定全县科学技术管理的有关规定和方法并组织实施。负责全县科技攻关、星火扶贫、科普、中间试验、成果推广、科技合作、重大科技产业化等项目的立项、计划的制定并组织实施
环保局	负责农村生态环境保护；指导生态示范区建设和生态农业建设。监督对生态有影响的自然资源开发利用活动、重要生态环境建设和生态破坏恢复工作
农业局	检查指导全县农业生产及产业结构调整，协调指导农业主导产业开发工作；指导县、乡农业科技服务体系建设和农业科研、教育技术推广工作；调查研究、搜集和传递农情信息、产供销市场信息，指导和帮助农民进行生产、经营和农产品的销售；负责重大农业建设项目的立项、评估、论证以及项目审查、申报工作；会同有关部门调查全县自然灾害情况，指导农村抗灾、救灾工作；负责全县农业区划、农业可持续发展工作，指导全县农村能源综合开发与利用工作
统计局	主要负责全县国民经济的核算和评估，以及国民经济和社会发展资料的发布、搜集、管理、审定、整理和编印工作；组织实施各类大型普查和各类抽样调查工作；组织开展农村住户和城镇住户调查以及贫困监测和退耕还林(草)监测工作
国土资源局	组织土地资源和地质调查，实施土地统计和调整监测；组织实施土地确权、城乡地籍、土地定级、土地登记发证等工作；依法管理水文地质、工程地质、环境地质勘查和水质评价；组织实施土地后备资源的开垦整理
林业局	管理全县林业发展规划林业建设、森林资源保护管理、林业行政执法等工作
水利局	执行水土保持法律、法令、政策，制定水土流失预防规划及监督实施，负责水土流失防治费的征收、使用和管理，对水土流失的单位和个人依法进行处罚；负责全县水土流失的预防与治理工作；水利队负责全县农村人饮工程、灌溉工程的规划勘测、设计、实施建设及渔政管理；负责全县水资源开发利用和保护、水资源的调查规划、《水法》的贯彻执行，取水许可审批

7.3.1.2　健全和完善品种选育和推广机制

在粮食生产的资源利用系统中，粮食作物是处于中心位置和主导地位的特殊资源。新中国成立以来，安塞县粮食作物品种更替经历了从低产弱适应能力向高产强适应能力的转化，作物性状趋良化发展。根据安塞县农业局数据，安塞县粮食作物的良种普及率已达85%，但粮食作物品种选育工作较之农业发达地区仍尚有较大差距。目前，安塞县粮食品种的选育和推广中存在着小麦、玉米品种混杂现象严重，其他粮食作物品种选育不够重视的问题。例如，谷子、糜子等谷类选育因科研管理部门指导不力和地方政府重视不够而被轻视，马铃薯和大豆则因非主产区，科研力量不强而被忽视。

通过研制和推广优质粮食作物品种，可以有效地增加粮食单产，从而提高粮食生产潜力的利用率，提升农业资源利用效率。为此，安塞县政府的品种选育和推广部门(如农业局、科技局)等应加强科研资金的投入力度，启发引导农民采用新的粮食作物品种。同时，要加强品种推广人员、专业技术人员的素质，实现信息革命与传统观念、先进生产力与传统生产方式的有效衔接。最后，要注意培养有说服力、有科技含量、有市场前途、有经济效益、能够坚持的样板，以利于带动良种农业生产的发展和科技创新。

7.3.1.3 农业局应做好粮食种植结构的调整工作

土地是粮食生产最基本的综合农业资源，为提高安塞县粮食生产中土地资源优化配置的效果，首先应对县域主要作物进行种植结构优化。根据刘新卫(2005)对于安塞县主要粮食作物生态一经济优势度的计算结果，安塞县应大力压缩小麦的种植面积，糜子、大豆和谷子的种植面积也应适当压缩；与此相反，要努力扩大玉米和马铃薯种植规模，以提高各项资源利用效率，更好地发挥粮食生产的资源、生态、经济和社会效益(表 7.3)。

表 7.3 安塞县粮食作物种植结构调整

作物名称	小麦	玉米	谷子	糜子	大豆	马铃薯
作物生态经济优势度	0.09	0.31	0.14	0.12	0.12	0.22
生态经济优势度均值	0.17	0.17	0.17	0.17	0.17	0.17
作物调整比例	0.53	1.84	0.84	0.73	0.72	1.34
作物原种植面积(hm^2)	4472	4333	3985	3521	3888	6210
理论种植面积(hm^2)	2353	7968	3349	2562	2818	8334
理论分配比例	0.09	0.29	0.12	0.09	0.10	0.30
方案 1 调整后种植面积(hm^2)	2270	7684	3230	2471	2717	8037
方案 2 调整后种植面积(hm^2)	2595	8787	3693	2826	3107	9191

注：方案 1 为理论分配比例乘以六种主要作物种植面积，方案 2 为理论分配比例乘以全部粮食种植面积(刘新卫，2005)。

7.3.2 安塞县农村社区提高农业资源利用效率的中观组织设计

7.3.2.1 以社区为单位兴建蓄雨、灌溉等设施

总体上，安塞县的气候条件适宜建设集雨、灌溉设施。根据相关研究，年降水 250 mm 以上的地区均可集流，安塞县满足雨水集流先决条件。尽管安塞县个别年份降水变化率大，但雨季降水比较稳定，多年平均在 300 mm 以上，有利于提高蓄水体系利用率和集流雨水规划利用。安塞县人均耕地资源丰富而且多为坡旱地，利于集流且对采取集流发展旱地农业需求甚大。因此，安塞县具备进行雨水集蓄改变降水时间分配以协调水土资源配置条件。此外，蓄雨设施建造完成后，可以兴建适当的灌溉设施，利用蓄积的雨水进行适量灌溉。

安塞县社区兴建蓄雨设施可以考虑以农村社区为单位，充分调动社区居民的积极性，从建设到管理都以社区的居民为主。在进行社区蓄雨设施建设以前，应根据多数村民的意愿确定蓄雨、灌溉设施的数量、建造时间、位置和先后顺序。设施建设以社区及村民投入(投工、集物和集资占 60%以上)为主，外部(项目经费)投入为辅。建成一项设施，制定一个管理制度，民主选举产生管理小组成员，实行有偿使用、有偿管理和有偿服务。设施建成使用产生的效益纳入社区发展基金，滚动促使社区生产生活设施的建设。

7.3.2.2 建立退耕还林的社区资源管理机制

退耕还林对于防治水土流失，改善粮食生产的土地条件，进而提高农业资源的利用效率有

着重要的意义。但退耕还林后，其成果的巩固与社区及其居民的行为有着直接的关系。离开农村社区的参与和管理，退耕还林的效果难以巩固。为此，应考虑建立退耕还林的社区资源管理机制。国外在林业社区资源管理方面的一些经验可以借鉴到安塞县社区林业资源管理之中。

例如，尼泊尔的社区用户林业管理模式是比较成功的一种资源管理模式，虽然林地所有权没有划分给当地社区，但社区有权参与到管理的各个环节，并且当地居民也取得了收益（向青等，2006）。参照尼泊尔的社区用户林业管理模式，安塞县的林业社区资源管理思路设计如下：

①在社区自愿并认为有能力的条件下，把还林的林地交给社区进行管理；

②按照事先社区及政府林业部门认可的规划，社区（用户）拥有使用、发展、管理及保护林业资源的权利，可以定价销售或分配林产品；

③林业部门官员可以为社区提供咨询及技术指导，并建立与用户之间的信任。

社区及成员在这种管理体制下被赋予了更多的权利，社区有责任起草管理规划，社区林业的收入不必仅用于林业发展；非政府组织也积极参与到社区林业管理的过程中，帮助社区提高管理能力，建立与其他社区的合作。这种方式不但在林业资源保护方面起到了显著的作用（毁林及林地退化减少），也大大节约了政府的管理及资源保护成本。但林地的所有权没有转移给社区，还是归国家所有。

7.3.3 安塞县农户提高农业资源利用效率的微观经营设计

7.3.3.1 高效增施肥料

安塞县主要施用的肥料类型为化肥和农家肥。安塞县的农家肥有羊尿粪、猪尿粪及其厩肥，年产农家肥在 4 000 万 kg 以上。化肥的施用在 20 世纪 60 年代才被农民普遍接受，70 年代后大量施用，80 年代成为主要生产资料。但安塞县农户的施肥方式仍非常传统，造成极大浪费，效果不甚理想。安塞县地处黄土高原，其黄土层有较强储水能力，增施肥料可促进作物根系生长，有效利用较深层次土壤水分，还能改善作物抗旱性，增强渗透调节能力，提高水分利用效率。安塞县 1991—1996 年定位施肥试验表明，氮、磷肥和有机肥增产效果明显，其中坡地 N，P 配施后，实现了土壤生产潜力 70%，比对照增产 145.4%（信乃诠等，1998）。因此，安塞县粮食生产应在增施肥料基础上提高施肥效果。

（1）适地增施有机肥料

增施有机肥既能提高土壤肥力，又可改善土壤结构，建设高效土壤水库，实现以肥调水、以水促根、以根抗旱目的。

（2）化学肥料优化施用

根据多年试验结果，有关学者建立了安塞县不同作物肥料—产量关系模型，用这些模型可计算出不同氮磷施用水平下粮食作物产量及最高产量施肥量和最佳产量施肥量（赵更生等，1989）。通过计算，将安塞县 N，P 肥最高施用量分别定为 104.4 kg/hm^2 和 84.5 kg/hm^2；就不同作物而言，川地和梯田谷子、玉米 N 肥最高施用量在 120.0～135.0 kg/hm^2，P 肥则分别为 70.5 kg/hm^2 和 130.5 kg/hm^2；而在最佳施肥水平下，安塞县 N，P 肥分别为 80.10 kg/hm^2 和 43.05 kg/hm^2，谷子施 N 肥在 106.50～108.75 kg/hm^2，P 肥在 42.30～55.80 kg/hm^2，

$N:P_2O_5=1:(0.39\sim0.52)$(刘新卫,2005)。

(3)有机无机肥料配施

化肥常用的有尿素、碳酸氢铵、硫酸铵、氯化钾、过磷酸钙、钙镁磷肥等,这类肥料为无机肥,养分含量高,肥效快,但是长期单一施用会引起土壤板结,破坏土壤结构。农家肥主要有草木灰、厩肥、堆肥、人粪尿、禽畜粪和土杂肥等,这些肥料属有机肥,养分含量低,肥效迟缓,但具有改善土壤结构,提高地力的作用。因此,根据化肥和农家肥各自的特点,合理配比,科学混施,二者可以互相补充,从而能有效地调节土壤酸碱度,改善土壤结构,增强土壤供肥能力,促进微生物活动,减少养分流失,提高肥料利用率,达到促进作物增产的目的。

7.3.3.2 推广优良品种

根据气候、土壤和耕作栽培制度以及不同农作物品种的生态性状综合考虑,一般选用的良种应具备以下特性:首先,在抗逆性方面,应具备抗旱、耐寒、抗高温、抗病、耐高湿、耐瘠薄、稳产的特点;在生理生态适应性方面,应生育期适中,能充分利用当地作物生长季节的光、热、水、温条件。同时,生育期的可塑性应较大,以适应当地的多变低水环境;最后,还应具备耐肥抗倒、高产、优质的特性(邓西平等,2000)。

7.3.3.3 合理轮作倒茬

调整农田作物布局实行合理轮作,是调节作物水分需求关系,提高农田降水利用率,不断培肥地力,减轻干旱危害,实现粮食稳产高产的重要手段。合理轮作倒茬无须大量投资便可在较大范围内起到作用。旱地作物的轮作方式一般包括粮豆轮作、粮草轮作、草田带状间轮作等等。合理轮作倒茬能调节土壤肥力,恢复地力,减少病虫杂草危害(邓西平等,1990)。

7.3.3.4 耕作措施改良

(1)等高耕作

等高耕作(contour farming)指在坡地上沿等高线进行耕作的水土保持农业技术。等高耕作在减少径流、减少土壤侵蚀、减少养分流失等方面都具有重要的作用。如四川省内江、简阳、遂宁等地将顺坡耕作改为等高耕作,减少径流 29%,减少土壤冲刷 79.9%,减少流失速效氮 45.4%、速效磷 76.0%、速效钾 50.7%,增加产量 10%~70%。山西省离石区试验,顺坡耕作比等高耕作的土壤侵蚀量大 4 倍以上。美国在艾奥瓦、内布拉斯加、伊利诺伊等州大面积采用等高耕作,都用大型机器操作,作业规范,质量高,并配置草皮水道。实验表明,可减少径流 20%~80%,减少土壤流失 0.8~3.3 t/亩,增产粮食 20%左右。

(2)地孔田耕作

在坡耕地田间打孔,使地面均匀分布一定深度地孔,以缩短坡面径流运动距离,减少其冲蚀力以达到蓄水保土目的。定西试验示范区研究结果表明,在两次降雨 42 mm 情况下,0~100 cm 土层内可增加水分 12.66 mm,而储存的水分通过地孔渗入较深土层,有利于作物吸收,粮食增产幅度在 5.4%~21.4%(王占礼,2000)。

(3)营养柱耕作

钻犁营养柱耕作法能以尽可能少的物质能量投入,使水、肥、光、气、热、根集中、同步、协调,实现大气候与地形,地形与根沟形成最佳匹配,以使根系对地形开发利用度最大,进而获得最高生态经济效益(潘辛来等,1997)。

7.3.3.5 覆盖栽培

在旱农地区农田覆盖的首要作用是蓄保降水,可明显降低土壤水分的棵间蒸发。同时,地表覆盖对农田土壤温度昼夜变化和季节变化也有重要影响,地表覆盖对促进种子的发芽出苗、根系生长发育,抑制杂草生长,稳定和改良土壤结构,改善土壤微生物活动,增强对土壤养分的吸收,提高粮食产量等方面具有显著作用。在黄土高原北部一些无霜期较短、原来不适合种植生育期较长的高产玉米品种的地区,随着近年来超薄农膜的推广并结合中晚熟高产玉米品种的应用,将会大大提高这一地区的粮食产量(邓西平等,2000)。

7.4 农业资源利用优化管理设计共性对策

7.4.1 政府提高农业资源利用效率的宏观调控设计

7.4.1.1 农业资源管理体制的优化设计

受长期计划经济体制的影响,我国的农业资源管理多针对具体的农业资源开发利用活动的实践而展开,形成的农业资源管理部门也多而分散,缺乏统筹考虑。直到最近一次政府体制改革,农业资源管理部门的宏观调控作用才得到重视。由于农业资源的条块管理,每次资源管理体制的变动都涉及部门利益的调整,因而每次的资源管理体制改革,都因具有利益平衡作用而带有过渡性质(方克定,1999;钱丽苏,2004)。正是由于我国农业资源管理体制演进过程中的诸多不合理因素,造成了我国资源管理体制中的诸多问题。政府提高农业资源利用效率宏观调控设计的首要措施应该是改革和完善农业资源的管理机制。具体说来可以有以下两个方面。

首先,建立和完善农业资源的综合管理机制。农业资源综合管理就是以整体的农业资源为管理对象,以不同门类农业资源的共性及其相互关系为基础,利用一种综合的运行机制将不同门类的农业资源统一管理。加强政府的农业资源管理首先要建立、健全协调一致的农业资源综合管理机构,加强农业资源的科学化、现代化管理。制定并实施有效的、综合的规范和管理制度。不过,农业资源的综合管理不应仅仅是简单的机构合并,更多的应该是各资源管理机构之间的相互协调,相互牵制。农业资源综合管理的效果集中体现在制度效率的提高和交易成本的降低(苏迅等,2004)。

其次,建立和完善农业资源管理的协调机制。完善的农业资源管理协调机制可以协调保证本国农业资源合理开发利用,并在制定国家发展规划、年度计划时从宏观上平衡各种问题,起到综合协调的作用。国外不少国家都设立了类似的机构,例如,巴西、智利等国都设有综合协调委员会,各种委员会是保证本国资源合理开发利用的重要协调机构。印度没有设置专门的资源利用管理方面的协调机构,但该国的计划委员会、建议委员会和财政预算委员会等综合性机构,在制定国家发展规划、年度计划时从宏观上进行各种问题的平衡,可以起到综合协调的作用(周进生,2005)。在成立农业资源综合管理机构困难的情况下,可以先考虑设置综合协调委员会,将相互联系的农业资源连接起来,统筹考虑。

7.4.1.2 农业资源立法的优化设计

20世纪80年代以来,国家及有关部门十分重视农业资源的利用和保护,分别出台了有关的法律法规,对农业资源的利用和保护起到了重大的作用。但是农业资源是以整体形式而存在,只有单项资源立法而没有综合管理立法相配套的农业资源法规体系,难以满足与适应资源客观整体性的需要,不可避免地要产生相互撞车与矛盾的状况,势必影响单项法规的可行性与执法力度。我国现行的9部农业资源法律,均由全国人大常委会审议通过,是具有相同法律效力的资源单项法。由于没有一个高于单项资源法律法规层次之上的资源综合管理的基本法,无法将资源开发、利用、保护、管理中具有共性的基本原则制度统一规定在这个基本法里,各单项法不得不自成体系,重复规定这些原则和制度。又由于没有一部综合性的资源法律作基础,在不同时期,由不同主管部门分别起草的单项资源法相互之间存在着一些矛盾和不协调之处,例如:①同一资源多个执法主体,出现多头管理;②资源调查依据不同的法律法规由多个执法主体重复进行,造成资源数据矛盾;③资源法律体系不完备,各单项资源法律法规相互衔接不够,给实施造成很大难度等①。政府提高农业资源利用效率宏观调控设计的第二个措施应该是优化设计农业资源立法。具体来说可以有以下四个方面:

(1)依托《农业法》和相关法律规定,制定国家层次的《农业资源综合管理条例》。由于国家和省级地方政府制定的一些有关农业资源单项管理的专业法律、法规之间缺乏联系和协调,在资源管理层面上存在着局限性,很难形成资源保护和管理的协调性和整体性,因此许多省级地方政府都制定了《农业资源综合管理条例》,力图通过《农业资源综合管理条例》提高农业资源的综合利用效率,促进区域经济可持续发展,但目前仍缺乏国家层次的《农业资源综合管理条例》。近年来,通过省级《农业资源综合管理条例》编制的试点工作,积累了不少经验教训,应该开始探索制定国家层次的《农业资源综合管理条例》。在国家层次的《农业资源综合管理条例》中,应能够明确农业资源综合管理机构的职能、组成、权限,农业资源综合管理的手段、监督和处罚等内容,从而保障农业资源的综合管理和保护,为农业资源的高效和可持续利用提供法律保障。

(2)调整现行农业资源立法中的不合理之处,完善、充实现有法律法规内容。对于农业资源管理立法中不合理的地方,应根据农业资源综合管理客观情况的变化而调整。例如,《水法》规定水资源管理部门为主管部门,而《矿产资源法》规定地下水资源的主管部门为矿产管理部门,《城市供水条例》则规定城市及郊区地下水由城建部门管理,造成了多头交叉管理的结果。《草原法》《土地法》《森林法实施细则》对于土地利用类型划分的差异则造成了宜耕地、宜林地和宜牧地的重复计算。近年来,《矿产资源法》《土地管理法》《森林法》等已相继得到修订,但另外一些法律,如《草原法》《水土保持法》等的修改进度则比较缓慢,亟须尽快修订,以便与体系内其他层次的立法相协调,服务于市场经济条件下农业资源的管理与利用。

(3)应根据经济社会的发展和需求,突出农业资源可持续利用方面的内容,并划清法律条文中资源重叠管理、重复调查的关系。此外,添加补充资源产权制度、有偿使用制度、补偿制

① 《湖北省农业自然资源综合管理条例》释义。

度、审计核算制度、交易制度等方面的基本内容,促进政府部门农业资源的优化管理。

(4)开展地方性农业资源管理立法工作。由于我国地域辽阔、地形复杂、资源丰富,气候类型、水文、自然资源的分布均有明显的地域差异。这也决定了全国统一的自然资源立法不可能对复杂多样的自然地理环境与自然资源状况做出全面的规定。地方政府势必需要在立法权和管辖权范围内对地方的农业资源利用做出具体规定,作为国家立法的有益补充。

7.4.2 农村社区提高农业资源利用效率的中观组织设计

7.4.2.1 社区农业资源管理产生的背景及其内涵

农村社区提高农业资源利用效率的中观组织设计主要可以归结为建立和完善以社区为基础的自然资源管理(community based natural resource management,CBNRM)机制。第二次世界大战结束后,很多发展中国家对自然资源实行国有化,采取一种自上而下的管理方式,强调中央政府的控制、计划及决策作用,而忽略了资源所在地的社区(比如村集体及成员)在资源保护及利用中的地位。这些国家的政府认为,只有通过中央政府对于资源的集中、统一管理,才能保证国家经济发展所需要的农业资源得到合理的开发利用;并且,农村社区及其社区内的居民由于科学文化素质的限制及其对于自身利益的考虑,难以胜任农业资源的管理工作,农村社区对于农业资源的开发利用往往具有短期性,难以保证农业资源开发利用的可持续性。此后的很多农业资源开发利用管理实践证明,政府一方面高估了自己的农业资源管理能力,另一方面也低估了农村社区及其居民在长期生产实践中积累的农业资源管理水平。而依靠市场机制来进行农业资源管理与调控又常常面临农业资源产权不明晰等问题。在这种背景下,社区自然资源管理逐步产生并发展起来(向青等,2006;周丕东,2001;Agrawal 等,1999)。

20 世纪 80 年代以来,随着人们对农村发展中"基层参与"概念的重新认识,CBNRM 作为实现农村自然资源的可持续利用与管理的方式和分析路径逐渐在全球范围内得到广泛的认可和实践(左停等,2006;Jones,2002)。在许多发达和发展中国家,CBNRM 已经成为他们自然资源管理政策的中心议题。社区自然资源管理定义可以概括为:受益群体主动参与社区资源管理过程,特别强调当地社区及村民是自然资源管理的主体,通过能力的培养、赋权和管理机制的建立等,给当地社区居民机会或责任管理他们自己的资源,确定他们自己的需求、目标以及做出自己的决策的过程,从而实现社区自然资源的可持续利用和社区社会、经济和环境的持续发展。

7.4.2.2 社区农业资源管理实施的方法及其手段

首先,政府赋予或下放农村社区必要的农业资源管理权限。要建立 CBNRM,一个首要的前提条件便是政府对农村社区下放和赋予必要的农业资源管理权力。相对于社区以外的群体而言,每个农村社区对于自身的自然、经济、社会、文化、资源状况都最为了解,因此有可能制定出最能优化社区资源利用管理的方案,并使当地人能够充分发挥他们的能力去解决当地农业资源管理利用中存在的问题。因此,农村社区在农业资源管理利用方案的制定中应该具有一定的话语权。政府对于农村社区资源管理的充分赋权包括农业自然资源管理的项目决策权、参与实施权、知情监督权、管理维护权、监测评估权,以增强社区及其居民对自然资源管理的拥有感和责任感，并促使他们发挥自身的潜力和贡献。

其次，建立完善的社区农业自然资源管理体制。在政府完成农村社区资源管理的放权之后，农村社区资源管理细则的制订就成为社区农业资源管理体制建设的重要组成部分。比如，各个社区要根据自身情况，在管理细则中明确规定一定时期内资源使用数量，以何种方式或技术使用，还要明确设定各成员需投入多少比例的收益作为资源更新或保护的投人，这样才能维持资源长期可持续利用发展(向青等，2006)。除了这些细则外，社区还应建立完善的监督及处罚机制。在国家政策法规允许的前提下，借鉴和采纳当地社区及资源管理的乡土文化，制定“村规民约”式的管理制度(周丕东，2001)。同时，要通过所有成员民主选举的方式，选举大家信任的人成为管理小组成员，政府职能部门赋权管理小组行使一定管理权限，明确管理小组的权力、责任和义务，社区资源管理小组成员监督执行。

最后，要对社区及居民进行农业资源管理能力的培训工作。社区资源管理强调社区成员的参与，当地传统文化知识的运用，以及资源管理的可持续性，因此社区成员管理能力的培养工作在社区资源管理中就显得尤其重要(向青等，2006)。社区成员资源管理能力的培养一方面指对社区居民管理技能的培养。培训的内容可以根据当地社区资源管理利用水平和存在的问题以及当地社区居民需求，并结合具体的农业资源管理项目后制定。技术的传授以专家指导受培训者实际操作为主，理论讲解为辅。技术推广以农户现场示范和农民间的相互传授、学习为主。另一方面，社区资源管理能力的培训也包括要使每个成员不断地加深对自身的权力、义务及责任的了解。在农村社区居民中树立资源有价，合理利用与保护资源的意识，实行有偿使用，有偿管理，有偿服务(周丕东，2001)。这样，不仅能够调动社区成员参与资源管理的积极性和主动性，也可以使社区对管理体制的不断完善提出更多的建议，提高资源利用的效率。

7.4.3 农户提高农业资源利用效率的微观经营设计

7.4.3.1 农户经营素质的优化

改革开放以来，在市场经济作用下，广大农户的经营行为发生了重要变化。市场经济是一把“双刃剑”，存在双重效应，农户的经营行为也就具有理性行为和非理性行为并存的特点。理性的农户行为与农业可持续发展目标的实现是一致的。但非理性的农户行为却与农业可持续发展相悖，阻碍着农业的可持续发展与农业资源利用效率的提高(叶依广等，1998)。

因此，农户经营素质的高低，直接影响到农户经营行为理性与否，进而影响农业资源的优化利用和农业可持续发展。没有农户经营素质的提高，就不可能有农业资源的合理利用与配置。而要提高农户经营素质，就要发展农村教育事业，提高农户的科学文化素质，校正农户非理性的经营行为。

7.4.3.2 农户施肥行为优化

长期以来，我国农户传统的施肥习惯只重视氮、磷、钾等常规肥料的施用(磷、钾重视也不够，施用不太合理)，而忽视了中量元素和微量元素的施用，导致了土壤养分失去平衡、土质恶化、作物营养失调、病虫害滋生、农产品产量和品质下降，严重阻碍了高产、优质、高效农业的发展。另外，肥料的偏施还造成了化肥的极大浪费和土壤大面积发生缺素症。合理地优化农户的施肥行为，通过平衡施肥能够提高粮食作物产量，改善农产品品质，减少化肥和农药用量，节省成本，防止环境污染(卢树昌等，2001)。

本章小结

本章主要探讨了针对不同研究区域和不同农业资源利用主体的资源利用优化管理措施。通过以上分析，可以得到以下5点启示：

(1)参与农业资源管理的主体主要有国家、农村社区和农户3个层次，其中国家层次的农业资源管理主要通过立法、改善管理体制进行；中观层次上的农业资源利用主要是基于社区的农业资源管理；农户层次的农业资源管理主要是农户微观资源利用行为的调整。

(2)对于不同案例区的不同资源利用主体，应采取针对性和差异性的优化管理设计。其中，常熟市宏观层次上主要应促进农地适度规模经营；调整灌溉水价，推进水资源高效利用；改革粮食补贴制度，稳定"麦—稻"一年两熟的种植制度。中观层次上，建立和完善农民用水者协会组织；建立和完善农村社区农业技术推广体系。微观层次上，农户应科学控施化肥而增施有机肥，发展水稻精确定量栽培技术，作物秸秆科学还田。

(3)泰和县宏观层次上主要应完善农村土地流转体制，发展现代规模农业；努力拓宽投融资渠道，增强农业发展后劲；加强农业基础设施建设，优化农民种粮环境。中观层次上，应完善农村社区的水利建设组织动员机制；发展和创新农村社区的经济组织，提高农民的农业市场化程度；加强农科教一体化制度创新，促进社区的科技文化组织发展。微观层次上，农户应根据不同种植制度分区进行种植制度优化；继续推广和优化水稻抛秧技术；高效增施氮肥、钾肥；水稻的控制灌溉。

(4)安塞县宏观层次上主要应建立农业资源综合管理的协调机制；健全和完善品种选育和推广机制；做好粮食种植结构的调整工作。中观层次上，应以社区为单位兴建蓄雨、灌溉等设施；建立退耕还林的社区资源管理机制。微观层次上，应高效增施肥料；推广优良品种；合理轮作倒茬；改良耕作措施；开展覆盖栽培。

(5)总体上，政府应主要加强农业资源管理体制和立法的优化设计；农村社区应主要建立CBNRM；农户应主要加强自身经营素质和施肥行为的优化。

第8章　结论与讨论

8.1　结　论

本书在对与农业资源利用效率相关研究进展回顾的基础上，明确界定了粮食生产的农业资源类型和范畴，重新诠释了农业资源利用效率的内涵，构建了农业资源利用效率的评价框架。按照重新构建的农业资源利用效率评价框架，分别以江苏省常熟市、江西省泰和县和陕西省安塞县为例进行了农业资源利用效率的评价，提出了促进区域农业资源高效利用的优化管理设计。本书的主要结论如下：

(1)农业资源利用系统是一个复杂的人工开放系统

农业资源利用系统主要由作物生长子系统、气候资源子系统、水资源子系统、土地资源子系统和辅助资源子系统五个部分组成。这五个子系统既有自然生态系统，也有人工农作系统。在农业资源利用系统中，不仅能量流动具有非封闭性，而且物流流动也具有非封闭性。所以，农业资源利用系统是一个复杂的人工开放系统。

(2)农业资源利用效率包括农业资源利用生产率和生产配置效率两部分

本书重新诠释了农业资源利用效率的内涵，认为农业资源利用效率应该是“农业资源利用率”和“农业资源生产效率”的组合。而农业资源生产效率又可以分解为生产率和生产配置效率。生产配置效率的主要度量指标是综合技术效率，综合技术效率可进一步分解为纯技术效率和规模效率。根据这一分析，结合前人关于农业资源利用效率的研究，本书将农业资源利用率与农业资源生产率组合成“农业资源利用生产率”这一新的概念，并与生产配置效率(包括纯技术效率和规模效率两部分)共同组合成本书的农业资源利用效率评价框架。

(3)选择了17个评价指标综合评定农业资源的综合利用生产率

参考已有研究，本书共选择了包括光能利用率、光温潜力利用率、热量产出率、灌溉指数、降水产出率、总水分产出率、水资源潜力利用率、土地生产率、复种指数、粮播面积比例、土地有效系数、土地潜力利用率、良种普及率、秸秆还田率、化肥产出率、化肥利用率和劳动生产率在内的17个农业资源利用生产率指标进行农业资源综合利用生产率的评价。

(4)物元可拓评价模型是进行农业资源综合利用生产率评价的合适模型

农业资源利用生产率的高低，在通常情况下是一个量值范围，各因素之间关系错综复杂，甚至是相互矛盾的。传统的评价方法很多(如特尔斐法、主成分分析法、层次分析法、多因素综合评价法等)，评价的结果虽然有确定的数字，但是无法消除指标选取中出现的重叠或矛盾关系，从而影响评价结果。物元可拓评价方法是用形式化的模型，研究事物拓展可能性的规律与方法，能够很好地处理矛盾问题，是一个合适的农业资源利用生产率评价模型。

(5)常熟市农业资源利用生产率较高，泰和县中等，安塞县低

基于物元可拓模型的农业资源综合利用生产率评价结果表明，常熟市、泰和县和安塞县农业资源综合利用生产率分属的评价级别分别为“较高”、“中等”和“低”。各单项资源利用生产率中，常熟市的生物资源和水资源利用生产率在三个区县中最高，属于“较高”水平的评价类别；常熟市和泰和县的气候资源利用生产率都属于“较高”水平的评价类别，均高于安塞县的气候资源利用生产率。泰和县和常熟市的土地利用生产率相近，均属于“中等”评价类别，高于安塞县的土地资源利用生产率。安塞县各个类别的农业资源利用生产率均低于常熟市和泰和县，并且除水资源利用生产率属于“中等”水平外，其余类别农业资源的利用生产率均属于“低”或“较低”的水平。

(6)DEA方法是评价农业资源生产配置效率的合适方法

农业资源利用生产率的评价主要利用单项的实物产出指标或投入指标直接对比的方法进行测算。用这种方法得到的单要素的农业资源利用效率有很大的局限性，因为它只考虑了单项资源的投入和产出。而事实上，农户进行农业生产是一项综合性的生产活动，在具体生产过程中会有多项投入，所以测度农业资源利用效率时考虑全部投入更为合理。利用DEA方法进行农业生产配置效率的评价可以不需要知道一个预先已知的生产函数，不受输入、输出数据量纲的影响，并且能够选择多项投入和产出指标，是一个合适的农业资源生产配置效率评价方法。

(7)泰和县的农业生产配置效率高，常熟市次之，安塞县最低

综合生产配置效率的评价结果表明，常熟市、泰和县和安塞县粮食生产的综合技术效率分别为0.682，0.733和0.435；纯技术效率分别为0.787，0.862和0.979；规模效率分别为0.864，0.843和0.442。总体上，泰和县的粮食生产配置效率较高，安塞县的粮食生产配置效率较低，常熟市的粮食生产配置效率中等。从纯技术效率看，安塞县的纯技术效率最高，达到了0.979；泰和县的纯技术效率中等，为0.862；常熟市的纯技术效率最低，仅为0.787。从规模效率看，常熟市粮食生产的规模效率最高，为0.864；泰和县的规模效率中等，为0.843；安塞县的规模效率最低，只有0.442。

(8)常熟市农业资源利用效率较高，泰和县中等，安塞县低

综合考虑案例区的农业资源利用生产率与生产配置效率评价结果，常熟市、泰和县和安塞的农业资源利用效率综合评价分值最终分别为0.965，0.984和0.685，泰和县的农业资源利用效率最高，常熟市中等，安塞县最低。农业资源利用生产率的评价结果并不总与生产配置效率评价结果一致。不考虑农业生产配置效率的农业资源利用效率评价结果也会与考虑农业生产配置效率的评价结果不同。因此，农业资源利用效率的评价应能兼顾农业资源利用生产率和生产配置效率两者。

(9)针对不同案例区的不同主体应采取差异性的优化管理设计

参与农业资源管理的主体主要有国家、农村社区和农户三个层次，其中宏观层次的农业资源利用主体是国家，主要通过立法、改善管理体制的方法进行农业资源管理；中观层次上的农业资源利用主体是农村社区，主要开展基于社区的农业资源管理；微观层次的农业资源利用管理主体是农户，主要通过农户直接的资源利用行为来进行农业资源管理。对于不同案例区的不同资源利用主体，应采取有针对性和差异性的优化管理设计。

8.2 讨 论

本书通过对农业资源利用效率内涵的重新诠释，仍建立了农业资源利用效率评价的框架，并以常熟市、泰和县和安塞县为案例区进行了农业资源利用效率的实证研究，取得一些有益的成果。但由于时间和数据等方面的限制，本书仍存在一些不足和缺憾之处，有待于在今后的研究中加以改进和完善。本书的不足之处主要表现在以下 4 个方面：

(1)理论探讨有待于进一步深入

总体来说，本书对粮食生产的农业资源利用效率的理论探讨还较为肤浅，缺乏对于农业资源利用的系统分析。例如，农业资源运动转化机理的揭示较为浅显；不同资源要素在农业生产中的耦合或相悖效应也未能深入阐述；农业资源利用系统的总体功能和运行规律也未深入探讨。更为深入的农业资源利用效率理论探讨有待于在后续的工作中补充研究。

(2)部分农户调查数据精度略显不足

作者在江苏省常熟市和江西省泰和县开展了数量较多的农户调查工作，并取得了较理想的成果。但由于受调查技术、调查时间、同农户语言沟通不畅等问题的限制，陕西省安塞县农户调查问卷的质量不够理想，在一定程度上影响了本书安塞县微观层次农业资源利用效率的评价。

(3)农业资源优化管理设计研究有待加强

本书虽然大体上提出了针对不同主体的农业资源优化管理设计，但对于各农业资源管理主体如何通过资源管理活动影响农业资源利用效率仍缺乏定量的分析，没有揭示出农业资源管理与农业资源利用效率之间更深层次的、内在的、机理性的联系，因此这一部分的研究有待于进一步加强。

(4)需继续加强优化配置方案的优化效果情景分析

本书主要从管理的角度探讨了案例区政府、农村社区和农户的优化管理设计方案，许多方案论述都停留在定性的水平上，难以具体指导案例区农业资源的优化配置工作。在后续的研究中，仍需借鉴一些资源优化配置模型(如农户模型)来定量化地配置粮食生产中的农业资源，并进行不同优化配置方案的优化效果情景分析。

(5)农业资源中的经济、社会资源利用效率评价针对性不强

农业资源的经济社会资源主要包括经过人类加工改造的物质，以及农业生产中所需的技术、信息和管理等资源。本书为了使农业资源利用效率的评价相对完善，将农业资源的界定包括了经济社会方面，这在一定程度上增加了农业资源利用效率评价的难度。按照农业资源中自然资源利用效率的评价思路，农业资源中的经济社会资源利用效率评价应该是先划分农业经济社会资源类型，然后再分门别类地选取评价指标评价。许多研究也的确从这个角度出发，开展了农业经济社会资源利用效率评价的探讨。但是，本书想跳出按照资源利用类型选取指标评价农业资源利用效率的思路，转入到从宏、微观不同尺度去评价农业资源利用效率的方向中。尽管这也是一种有益的尝试，但的确对农业资源中经济社会资源利用效率的评价有所忽视，这也是本书的一个不足。

(6)评价指标过于繁杂

有人戏谑，许多研究工作就是“把一个简单的问题，用一个复杂的方法和过程，得出一个用简单方法也能得出的简单结论”，这也就是常说的“简单问题复杂化”的问题。有时候，一个简单的问题需要复杂化，因为要解决这个简单的问题必须有精确严密的论证，比如哥德巴赫猜想（“任何一个偶数均可表示两个素数之和”，简称 1+1)的论证。但更多时候，可能回答一个简单的问题只需简单有效的方法便可，运用复杂的方法得出的结果与用简单方法得出的结果并无差异。

本书在农业资源利用效率评价指标的选取，以及农业资源利用生产率的评价上或多或少也存在着这个问题。为了保证农业资源利用效率的全面性，本书选取了很多指标来评价农业资源利用效率，这也导致了评价指标过于繁杂。但由于精简评价指标会引起全文评价数据的变化，本书修改的时间又过于仓促，这一部分工作只能留待以后的研究中再继续完善。

(7)关于研究区域特殊性的探讨

本书选取了江苏省常熟市、江西省泰和县和陕西省安塞县 3 个县域行政单元为研究区域，以期代表不同的经济发展区域，利于对比分析。其中，常熟市和泰和县的种植制度、自然地理环境等有相似之处，而安塞县位于西北干旱地区的黄土高原，与其他两个研究区域具有很大的区域差异，采用同样标准和方法与其他两个地区对比是否合适，需要在今后研究中进一步探索。

参考文献

Agrawal A, Gibson C C. 1999. Enchantment and disenchantment: The role of community in natural resource conservation. *World Development*, **27**(4): 629-649.

Banker R D, Charnes A, Cooper W W. 1984. Some models for estimating technical and scale inefficiencies in Data Envelopment Analysis. *Management Science*, **30**(9):1078-1092.

Beek K J, Burrough P A, McCormack E E. Quantified land evaluation procedures: Proceedings of the International Workshop on Quantified Land Evaluation ProceduresWashington, DC, 1986, International Institute for Aerospace Sruvey and Earth Sciences (ITC) Publication No. 6, ITC, Enschede, 1987.

Blackmore B S. 1994. Outlook on agriculture. *Precision Farming*, **23**(4):275-280.

Bonner J. 1962. The upper limit of crop yields. *Science*, **13**(7): 11-15.

Briggs L J, Shantz H J. 1913. The water requirements of plants. Ⅱ. A review of the literature. USA. Department Agriculture Bureau. *Plant Industry Bulletin*, **285**: 1-96.

Briggs L J, Shantz H J. 1914. Relative water requirements of plants. *Journal Agriculture Research*, **3**: 1-3.

Burt C M, Clemmens A J, Strelkoff T S, *et al*. 1997. Irrigation performance measures: efficiency and uniformity. *Journal of Irrigation and Drainage Engineering ASCE*, **123**(6): 423-442.

Charnes A, Cooper W W, Golany B, *et al*. 1985. Foundation of Data Envelopment Analysis for Pareto-Koopmans efficient empirical production functions. *Journal of Econometrics (Netherlands)*, **30**(1-2): 91-107.

Charnes A, Cooper W W, Wei Q L, *et al*. 1989. Cone ratio Data Envelopment Analysis and multi-objective programming. *International Journal of Systems Science*, **20**(7): 1099-1118.

Charnes A, Cooper W W, Wei Q L. 1987. A semi-infinite-multicriteria programming approach to Data Envelopment Analysis with infinitely many decision making units. *Center for Cybernetic Studies Report*, *CCS* 511.

Coelli T. 1996. *A guide to DEAP Version* 2.1: *A data envelopment analysis (computer) program*. CEPA Working Paper, Armidale: Centre for Efficiency and Productivity Analysis, University of New England.

Curry R B, Chen L H. 1971. Dynamic stimulation of plant growth-part Ⅱ. Incorporation of actual daily weather and partitioning of net photosynthate. *ASAE Trans*, **14**(6): 243-253.

Debreu G. 1951. The coefficient of resource utilization. *Econometrica*, **19**(4): 273-292.

De Wit C T. 1965. Photosynthesis of leaf canopies. Wageninggen, Netherlands: Ins Biolo Chem res Field Crops Herb. *Agric Res Rep*, **42**:663-671.

Dumanski J, Pieir C. 2000. Land quality indicators: research plan. *Agriculture Ecosystems & Environment*, **81**(2): 93-102.

Duncan W G, Loomis R S, Williams W A, *et al*. 1967. A model for simulating photosynthesis in plant communities. *Hilgardia*, **38**: 181-205.

Edwards C A. 1987. The concept of integrated systems in lower input sustainable agriculture. *Journal of Alternative Agriculture*, **2**: 148-152.

Edwards D, Hamson M. 1990. *Guide to mathematical modeling*. Boca Raton, Florida, USA: CRC Press Inc.

FAO/UNESCO. 1976. A framework for land evaluation. *Soils Bulletin* No. 32. Rome.

[FAO] Food and Agriculture Organization. 1978. Report on the agro-ecological zones project, vol. 1, *World Soil Resources Report* No. 48. Rome, 1-20.

[FAO] Food and Agriculture Organization. 1991. *Issues and perspectives in sustainable agriculture and rural development: Main document. Rome*, (1): 2-10.

[FAO] Food and Agriculture Organization. 2001. Statistical databases. Food and Agriculture Organization (FAO) of the United Nations: http://www.fao.org.

Farrell M J. 1957. The measurement of productive efficiency. *Journal of the Royal Statistical Society, Series A (General)*, **120**(3): 253-290.

Francis C A. 1989. Sustainable agriculture and development: Challenges for Future. *Ame. Alternative Agriculture*, **4**(3):41-54.

Färe R, Grosskopf S, Lovell C A K. 1994a. *Production Frontiers*. Cambridge: Cambridge University Press.

Färe R, Grosskopf S, Norris M, *et al*. 1994b. Productivity growth, technical progress, and efficiency change in industrialized countries. *American Economic Review*, **84**(1): 66-83.

Färe R, Grosskopf S. 1985. A nonparametric cost approach to scale efficiency. *Journal of Economics*, (87): 594-604.

Fu B J, Chen L D. 2000. Agricultural landscape spatial pattern analysis in the semi-arid hilly area of the Loess Plateau, China. *Journal of Arid Environment*, **44**(3): 291-303.

Fu B J, Gulinck H. 1995. Land evaluation in area of severe erosion: The loess plateau of China. *Land Degradation & Rehabilitation*, **5**(1): 33-40.

Gorden R C, Edward B B. 1991. After the revolution: Sustainable agriculture for development. *Ecological Economics*, **3**(2): 170-172.

Hart W E, Peri G, Skogerboe G V. 1979. Irrigation performance: an evaluation. *J Irrig Drain Div Am Soc Civ Eng*, **105**(3): 275-288.

Jones B. *Chobe Enclave: Lessons learnt from a CBNRM project* 1993—2002. CBNRM Network Occasional Paper No. 7. CBNRM Support Programme SNV/IUCN.

Kiniry J R, Bockholt A J. 1998. Maize and sorghum simulation in diverse texas environments. *Agronomy Journal*, **90**: 682-687.

Kopp R J. 1981. The measurement of productive efficiency: Reconsideration. *The Quarterly Journal of Economics*, **96**(3): 477-503.

Lan S F, Odum H T. 1994. Emergy synthesis of the environmental resources basis and economy in China. *Ecol Science*, **14**(1): 63-74.

Liu X W, Chen B M. 2007. Efficiency and sustainability analysis of grain production in Jiangsu and Shanxi Provinces of China. *Journal of Cleaner Production*, **15**(4): 1162-1171.

Liu Z N. 2000. Determinants of technical efficiency in post-collective Chinese agriculture: Evidence from Farm-level data. *Journal of Comparative Economics*, **28**: 545-564.

Loomis R S, Williams W A. 1963. Maximum crop productivity: An estimate. *Crop Science*, **3**(5):11-18.

Lovell M. C. 1993. Simulating the inventory cycle. *Journal of Economic Behavior and Organization*, **12**(1): 147-179.

Malthus T R. 1826. *Essay on the principle of population*. London: Freedom Publication.

Mead R, Willey R W. 1980. The concept of a land equivalent ratio and advantages in field from intercropping. *Experimental Agriculture*, **16**: 217-228.

Odum H T, Odum E C. 1981. *Energy basis of man and nature*. New York: McGraw-Hill.

Odum H T. 1956. Primary production in flowing waters. *Limnology and Oceanography*, **1**: 102-117.

Odum H T. 1971. *Fundamentals of Ecologym* (3rd ed), W B Saunders Company, Philadelphia-London-Toron.

Odum H T. 1988. Self-organization, transformity, and information. *Science*, **242**: 1132-1139.

Odum H T. 1996. *Environmental accounting-emergy and environmental decision making*. New York: Wiley.

Pereira L S. 1996. Calculation of reference evapotranspiration. FAO: 1-33.

Pieri C, Dumanski J, Hamblin Y. 1995. Land Quality Indicators. *World Bank Discussion*, 315.

Pomeranz K. 2000. *The great divergence: China, Europe, and the making modern world economy*. Princeton: Princeton University Press.

Popkin S. 1979. *The rational peasant: The political economy of rural society in Vietnem*. Berkeley: University of California Press.

Richgels C E, Barrick S J. 1990. Sustainable agriculture-perspectives from industry. *Soil and Water Conservation*, **45**(1):53-68.

Robert L H. 1990. High efficiency sustainable agriculture. *Irrigation Magazine*, **40**(1): 44-49.

Rodale R A. 1990. Brief history of sustainable agriculture. *Soil and Water Conservation*, **45**(1): 77-81.

Seiford L M, Thrall R M. 1990. Recent development in DEA-the mathematical programming approach to frontier analysis. *Journal of Econometrics*, **46**: 7-38.

Shantz H J, Piemeisel L N. 1927. The water requirement of plants at Akron, Colo. *Journal of Agriculture Research*, **34**: 1093-1190.

Smil V, Nachman P, Long T V. 1983. *Energy analysis and agriculture: An application to US corn production*. Colorado: Westview press.

Stapleton H N, Meyers R P. 1971. Modeling subsystems for the cotton plant simulation. *Transactions of the ASAE*, **14**(5): 950-953.

Stephen B. 2002. How affluence could be good for the environment. *Nature*, **416**(11):581.

Thirtle C, Piesse J, Lusigi A, *et al*. 2003. Multi-factor agricultural productivity, efficiency and convergence in Botswana, 1981-1996. *Journal of Development Economics*, **71**:605-624.

Turner B L, Skole D, Sanderson S, *et al*. 1995. *Land-use and land-cover change science/search plan*. IGBP Report No. 35 and IHDP Report No. 7. Stochkholm: IGBP.

Van K H. 1975. *Simulation of water use and herbage growth in arid regions*. Simulation Monographs, PUDOC, Wageningen.

Vorst J J. 1990. Research need for sustainable agriculture. *Soil and Water Conservation*, **45**(1):54-69.

Wallace J S. 2000. Increasing agricultural water use efficiency to meet future food production. *Ecosystem and Environment*, **82**(6):105-119.

Wei Q T, Zhang J, Zhang X S. 2001. An Inverse DEA model for input/output estimate. *European Journal of Operational Research*, (121):151-163.

Yoshida S. 1981. *Fundamentals of Rice Crop Science*. International Rice Research Institute, Los Bahos, Philippines:1-269.

Yu G, Wei Q L, Brockett P. 1996a. A generalized Data Envelopment Analysis model. *Annals of Operations Research*, **66**: 47-89.

Yu G, Wei Q L, Brockett P. 1996b. Construction of all DEA efficient surfaces of the production possibility set under the generalized Data Envelopment Analysis mode. *European Journal of Operational Research*, **95**(3): 491-510.

A·C·利勃金德. 1981. 农业生产效率(经济统计分析方法). 北京:中国农业出版社.

把多铎,魏晓妹. 2000. 陕西省农业可持续发展面临的水土流失问题及其对策. 人民黄河, **22**(4):55-59.

毕勇刚,秦丽娜,杜文成. 2006. 北京市推广建立农民用水者协会的实践及成效. 中国水利, **34**(5):28-30.

卞亦文. 2006. 基于DEA理论的环境效率评价方法研究. 北京:中国科学技术大学.

蔡昉. 穷人的经济学:农业依然是基础. 武汉:武汉大学出版社,1998.
蔡守华,张展羽,张德强. 2004. 修正灌溉水利用效率指标体系的研究. 水利学报,(5):111-115.
蔡运龙,傅泽强,戴尔阜. 2002. 区域最小人均耕地面积与耕地资源调控. 地理学报,**57**(2):127-134.
蔡运龙. 1986. 土地单位及其术语刍议. 地理研究,**8**(5):86-94.
蔡运龙. 1992. 我国土地利用的问题与对策. 中国人口·资源与环境,**2**(4):43-49.
蔡运龙. 2000. 中国经济高速发展中的耕地问题. 资源科学,**22**(3):24-28.
曹芳. 2005. 粮食主产区粮食补贴改革研究——以江苏省的调查为例. 南京师范大学报(社会科学版),(3):40-44.
曹志洪. 1998. 科学施肥与我国粮食安全保障. 土壤,(2):57-63.
陈安宁. 2000. 资源可持续利用激励机制. 北京:气象出版社.
陈百明. 1993. 试论土地资源学的现状与发展趋势. 自然资源学报,**8**(1):87-94.
陈百明. 1997. 持续发展、自然资源持续利用及耕地保护. 中国土地科学,**11**(增刊):5-7.
陈百明. 2000. 农村社区更新理念、模式及其立法. 自然资源学报,**15**(2):101-106.
陈百明. 2001. 中国农业资源综合生产能力与人口承载能力. 北京:气象出版社.
陈迭云,黄学平. 1990. 农业资源经济的理论与实践. 北京:中国农业出版社.
陈桂华,徐樵利. 1995. 武汉市土地质量评价研究. 华中师范大学学报(自然科学版),**29**(4):529-533.
陈同斌,曾希柏,胡清秀. 2002. 中国化肥利用率的区域分异. 地理学报,**57**(5):531-538.
陈锡康,潘晓明. 1999. 中国粮食:21 世纪的挑战与生产潜力. 系统工程理论与实践,**12**(12):132-137.
陈印军,卢布,杨瑞珍,等. 2007. 农业资源管理研究发展趋势与未来展望. 中国农业资源与区划,**28**(6):21-25.
陈勇勤. 2007. 评论"过密化"假设引出的分析思路问题. 南都学坛(人文社会科学学报),**27**(1):97-103.
程淑兰,马艳. 2005. 能值理论及其在环境管理中的应用. 地域研究与开发,**24**(1):96-99.
程序. 2001. 西北黄土高原区农业与生态恶化及恢复重建的关系. 中国农业科学,**34**(1):1-4.
程在全,宋令荣,黄兴奇,等. 1997. 高产和超高产水稻产量差异比较及其原因探讨. 西南农业学报,**10**(2):20-25.
Chow T L, Daig L D. 2000. 梯田——草皮水道系统水土保持效益评价. 水土保持科技情报,(1):6-8.
崔读昌. 1995. 世界谷物产量与农业气候资源利用效率. 自然资源学报,**10**(1):85-94.
崔读昌. 2001. 中国粮食作物气候资源利用效率及其提高的途径. 中国农业气象,**22**(2):25-31.
戴从法. 2001. 德国的农业资源管理和农业环境保护. 中国农业资源与区划,**22**(6):39-41.
党安荣,阎守邕,吴宏歧,等. 2000. 农业资源评价基于 GIS 的中国土地生产潜力研究. 生态学报,**20**(6):910-915.
党安荣. 1997. 基于 GIS 的中国粮食生产潜力与时空变化研究. 北京:中国科学院遥感应用研究所.
党安荣. 1998. 地理信息系统在中国粮食生产研究中的应用. 北京:中国农业科技出版社.
邓根云. 1986. 气候生产潜力的季节分配与玉米的最佳播期. 气象学报,**44**(2):192-198.
邓启云,马国辉. 1992. 亚种间杂交水稻维管束性状及其与籽粒充实度关系的初步研究. 湖北农学院学报,**12**(2):7-11.
邓西平,张成娥,王拴全,等. 2000. 延安中尺度生态农业案例区中不同土地类型粮食生产潜力的评估. 水土保持学报,**14**(5):87-91.
杜尧东,毛慧琴,刘爱君,等. 2003. 广东省太阳总辐射的气候学计算及其分布特征. 资源科学,**25**(5):66-70.
樊纲. 1992. 市场机制与经济效率. 上海:上海人民出版社.
方克定. 1999. 农业区划工作和农业资源管理. 中国农业资源与区划,**20**(4):66-70.
封志明,李飞,刘爱民. 2002. 农业资源高效利用优化模式与技术集成. 北京:科学出版社.
封志明,刘爱民. 1998. 现代种植业系统能流转化效率分析及评价——以河北省栾城县为例. 地理科学进展,**17**

(4):33-38.
封志明,赵建安,陈屹松.1999.从国外农业资源立法看我国资源法的发展.科技导报,(1):16-19,29.
冯浩,赵西宁,吴普特.2007.黄土区农田作物降水利用效率影响因素及提高途径分析.中国农业科技导报,**9**(5):30-35.
冯宗炜,王效科,等.1992.农林业系统结构和功能——黄淮海平原豫北地区研究.北京:中国科学技术出版社.
付会芳.1997.黄土高原水土流失及其防治措施.水土保持研究,**4**(1):161-165.
傅伯杰,邱杨,王军,等.2002.黄土丘陵小流域土地利用变化对水土流失的影响——以延安羊圈沟流域为例.地理学报,**57**(6):717-722.
傅伯杰,杨志坚,王仰麟,等.2001.黄土丘陵坡地土壤水分空间分布数学模型.中国科学(D辑),**31**(3):185-191.
傅国儒,姜学青,黄友洪.2004.改革农业水价发展灌溉事业——江西省农业灌溉水费计收管理情况调查报告.中国水利,(4):40-44.
高传昌,张世宝,刘增进.2001.灌溉渠系水利用系数的分析与计算.灌溉排水,**20**(2):50-55.
高涛,于晓.2003.近50年内蒙古自治区粮食产量波动影响因素分析.干旱区资源与环境,**17**(2):60-64.
古世禄,马建萍,独俊娥.1988.库源比对谷子(粟)结实的影响.中国农业科学,(3):12-15.
谷冬艳,刘建国,杨忠渠,等.2007.作物生产潜力模型研究进展.干旱地区农业研究,**25**(5):89-94.
谷小平,万雪丽,武文辉.1996.贵州谷物农业气候资源利用效率研究.贵州科学,**14**(4):33-39.
郭岐峰,傅硕龄.1992.我国农业生产潜力的研究进展.地理研究,**11**(4):105-115.
郭旭东,邱扬,连纲,等.2004.基于PSR框架,针对土壤侵蚀小流域的土地质量评价.生态学报,**24**(9):1884-1894.
郝庆生.2002.论粮食生产系统的控制.吉林农业大学学报,**24**(3):113-116.
何桂庭,刘天福.1987.农业技术经济学.北京:中国农业出版社.
H·T·奥德姆.1993.系统生态学.北京:科学出版社.
胡启山.2008.化肥与农家肥混施经验谈.科学种养,(4):7.
黄秉维.1985.中国农业生产潜力——光合潜力.地理集刊,(17):1-522.
黄书礼.1993.台北城市生态系统的比较与分析及其城市可持续发展战略.台北:中兴大学.
黄书礼.1996.从生态能值角度的城市评价研究.台北:中兴大学.
黄占斌,山仑.1998.水分利用效率及其生理生态机理研究进展.生态农业研究,**6**(4):19-23.
黄宗智.1986.华北小农经济与社会变迁.北京:中华书局.
黄宗智.1992.中国农村的过密化与现代化:规范认识危机及出路.上海:上海社会科学院出版社.
黄宗智.2000.长江三角洲的小农家庭和乡村发展.北京:中华书局.
贾士靖.2001.农业资源的现代化管理与可持续利用研究.哈尔滨:东北农业大学.
简小鹰.2005.农村社区推广体系与农业技术进步的动力.科技进步与对策,(4):115-117.
蒋乃华.2004.我国农业劳动生产率决定的实证分析及政策含义.中国农村观察,(2):34-38.
靳京,吴绍洪,戴尔阜.2005.农业资源利用效率评价方法及其比较.资源科学,**27**(1):146-152.
蓝盛芳,Odum H T.1994.中国环境、经济资源的能值综合.生态科学,(1):63-74.
蓝盛芳,钦佩.2001.生态系统的能值分析.应用生态学报,**12**(1):129-131.
蓝祖佑.1996.滇东北雨养旱作条件下提高玉米对降水的利用率研究.西南农业学报,**9**(4):29-34.
冷疏影.1992.地理信息系统支持下的中国农业生产潜力研究.自然资源学报,**7**(1):71-79.
李道亮,丁娟娟,傅泽田,等.1999.农业资源综合利用效率的评价方法及案例分析.中国农业大学学报,**4**(2):19-22.
李锋瑞,高崇岳.1994.陇东黄土高原若干轮作复种模式的生态效能比较研究.草业学报,**3**(1):48-55.
李海涛,严茂超,沈文清,等.2001.新疆生态经济系统的能值分析与可持续发展研究.干旱区地理,**24**(4):

289-296.
李继由.1980.我国不同地区的作物光合生产潜力的计算.农业气象,**1**(4):10-13.
李京文,郑玉歆,薛天栋.1993.中国生产率变动趋势之研究.北京:社会科学文献出版社.
李克煌.1981.河南作物生产潜力的估算和分析.农业气象,**2**(3):6-11.
李兰海.1988.农业生态系统能流分析指标的探讨.农业现代化研究,(1):18-19.
李荣生,许煌灿,尹光天,等.2003.植物水分利用效率的研究进展.林业科学研究,**16**(3):366-371.
李绍长,王荣栋.1998.作物源库理论的发展及其在生产中的应用.作物杂志,(1):10-12.
李双杰,王海燕,刘韧.2006.基于DEA模型的制造业技术创新资源配置效率分析.工业技术经济,**25**(3):112-115.
李香莲.2001.县域农业资源利用效率系统分析模型的建立与应用.北京:中国科学院地理科学与资源研究所.
李秀彬.1999.中国近20年来耕地面积的变化及其政策启示.自然资源学报,**14**(4):329-333.
李秀彬.2008.农地利用变化假说与相关的环境效应命题.地球科学进展,**23**(11):1124-1129.
李玉山.1999.黄土高原治理开发之基本经验.土壤侵蚀与水土保持学报,**5**(2):51-57.
李周,于法稳.2005.西部地区农业生产效率的DEA分析.中国农村观察,(6):1-10.
梁建生,曹显祖,徐生,等.1994.水稻籽粒库强与其淀粉积累之间关系的研究.作物学报,**20**(6):685-691.
梁流涛,曲福田,诸培新,等.2008.不同兼业类型农户的土地利用行为和效率分析——基于经济发达地区的实证研究.资源科学,**30**(10):1525-1532.
梁荣欣.1980.作物光合潜力计算——叶面积订正方法的研究.东北农学院学报,(2):67-74.
梁银丽,党廷辉,张成娥.2000.黄土区农田生态系统生产力研究.西安:陕西科学技术出版社,20-250.
林卿.1999.农地制度与农业可持续发展.农业经济问题,(5):11-15.
林毅夫.1995.我国主要粮食作物单产潜力与增产前景.中国农业资源与区划,(3):4-7.
林忠辉,陈同斌,周立祥.1998.中国不同区域化肥资源利用特征与合理配置.资源科学,**20**(5):26-31.
刘宝祥,冯建波.2008.机插水稻的育苗及高产精确定量栽培技术.农业装备技术,**34**(3):42-43.
刘大为,马文成,赵勃,等.2005.DEA方法在农业生产效率综合评价中的应用.农业与技术,**25**(2):157-161.
刘俊浩.2006.农村社区农田水利建设组织动员机制:变迁、绩效及政策涵义.农村经济,(6):6-8.
刘秋海,邱爱军.1998.广东省粮食作物的气候资源利用效率.中山大学学报(自然科学版),(S2):15-19.
刘荣乐,金继运,吴荣贵,等.2001.我国北方土壤—作物系统内钾素平衡及钾肥肥效研究Ⅱ.主要作物的钾肥增产效果.土壤肥料,(1):9-11.
刘文兆.1997.旱地作物雨水利用效率统一性表达式的构造及其意义.土壤侵蚀与水土保持学报,**3**(2):62-66.
刘文兆.1998.作物生产、水分消耗与水分利用效率间的动态联系.自然资源学报,**13**(1):23-27.
刘新卫.2005.粮食生产的资源利用效率研究——以安塞县和常熟市为例.北京:中国科学院地理科学与资源研究所.
刘巽浩,陈阜.1991.对氮肥利用效率若干传统观念的质疑.耕作与栽培,**1**:33-40.
刘巽浩.2005.农作学.北京:中国农业大学出版社.
刘延宏,刘松旺.1998.关于梯田储流节水灌溉的探讨.中国水土保持,(5):21-22.
刘一明.2006.农业公共资源利用效率的度量和评价方法.华南农业大学学报(社会科学版),**5**(2):14-18.
刘胤汉.1987.论农业土地资源的概念与研究的内容.地域研究与开发,**6**(2):10-16.
刘玉华,张立峰.1998.土地当量比和复种指数的应用研究.沈阳农业大学学报,**29**(3):220-223.
刘玉华,张立峰.1999.土地当量比的实质及应用分析.耕作与栽培,(4):64-65.
刘玉勋,李金,吕锡铮,等.1994.DEA分析方法在农业生产单位相对效率评价中的应用.黑龙江八一农垦大学学报,**7**(3):104-108.
龙斯玉.1985.江苏省农业气候资源生产潜力及区划的研究.地理科学,**5**(3):218-226.

卢树昌，牟善积. 2001. 现代持续农业平衡施肥探讨. 西北农林科技大学学报(自然科学版)，**29**(增刊)：135-138.

鲁奇，任国柱. 2002. 农业资源态势分析与优化配置. 北京：科学出版社.

鲁奇. 1999. 影响我国农业资源优化配置的外部保障条件初探. 地理研究，**18**(增刊)：81-86.

陆宏芳，蓝盛芳，陈飞鹏，等. 2004. 农业生态系统能量分析. 应用生态学报，**15**(1)：159-162.

陆宏芳，沈善瑞，陈洁，等. 2005. 生态经济系统的一种整合评价方法：能值理论与分析方法. 生态环境，**14**(1)：121-126.

路南. 1997. 1980—1996 年农业生产成本和农业劳动生产率问题. 价格理论与实践，(9)：23-28.

吕晔，吴峰. 2003. 西方经济学公平与效率概念及其关系的理论初探和反思. 商业经济，**10**：16-18.

马鸿运. 1988. 农业技术经济学概论. 北京：中国农业出版社.

马继东. 2007. 基于 GIS 的水土保持措施社会经济影响分析——以安塞县梯田为例. 杨凌：西北农林科技大学.

马均，黎汉云，李仕贵，等. 2001. 重穗型杂交稻冈优 527 的生理特性及高产栽培技术研究. 西南农业学报，**14**(4)：29-33.

马树庆. 1995. 东北区主要粮豆作物气候生产潜力实现率及其提高途径. 农业系统科学与综合研究，**15**(3)：203-208.

马文波. 2002. 不同穗重类型水稻品种源、流、库特性的研究. 成都：四川农业大学.

毛汉英. 1990. 经济、社会资源. 现代地理学辞典，北京：商务印书馆，506-507.

尼取波罗尼奇. 1996. 论提高作物群体光合生产率的途径，作物产量形成与高产理论(译文集). 上海：上海科技出版社.

聂庆华，包浩生，王海英. 2000. 基于 GIS 农田土地质量评价与立地分析——以京郊房山区良乡为例. 地理科学，**20**(4)：307-313.

聂庆华. 1992. 陕西省洛川县土地生产潜力及其人口容量研究. 自然资源，(3)：31-37.

农业资源综合管理研究课题组. 1998. 加强资源综合管理实现农业可持续发展. 农业经济问题，(3)：20-25.

潘辛来，张贵云，王永杰，等. 1997. 黄土高原地区钻犁“营养柱”耕作法植棉试验初报. 干旱地区农业研究，(2)：44-48.

裴林芝. 1999. 专家谈如何提高化肥利用率. 农资科技，**1**：11-14.

彭少兵，黄见良，钟旭华，等. 2002. 提高中国稻田氮肥利用率的研究策略. 中国农业科学，**35**(9)：1095-1103.

彭文平. 2002. 农民经济学：发展经济学的新发展. 外国经济与管理，**24**(2)：2-6.

皮为红. 1992. 关于新西兰自然资源管理法全面改革的总结报告评论. 国外环境科学技术(2)：76-78.

恰亚诺夫. 1996. 农民经济组织. 北京：中央编译出版社.

钱丽苏. 2004. 自然资源管理体制比较研究. 资源 · 产业，**6**(1)：11-13.

秦钟，于强，许守华，等. 2004. 华北平原农田水热通量与作物水分利用效率的特征与模拟. 中国科学 D 辑(地球科学)，**34**(增刊Ⅱ)：183-192.

人民银行吉安市中心课题组，2004. 政策效应显现持续发展存优——对商品粮基地泰和县粮食生产情况的调查. 金融与经济，(10)：49-51.

R · L · 米歇尔. 1981. 作物生长和栽培. 北京：中国农业出版社.

沈善瑞，陆宏芳，赵新锋，等. 2004. 能值研究的几个前沿命题. 热带亚热带植物学报，**12**(3)：268-272.

石常蕴，周慧珍. 2001. GIS 技术在土地质量评价中的应用——以苏州市水田为例. 土壤学报，**38**(3)：248-255.

石玉林，封志明. 1997. 开展农业资源高效利用研究. 自然资源学报，**12**(4)：293-298.

石玉林. 1978. 土地与土地评价. 自然资源(2)：25-29.

史海滨，何京丽，郭克贞，等. 1997. 参考作物腾发量计算方法及适用性评价. 灌溉排水，**16**(2)：50-54.

司友斌，王慎强，陈怀满. 2000. 农田氮、磷的流失与水体富营养化. 土壤，**4**：188-193.

宋乃平. 2004. 农牧交错带农牧户土地利用选择机制及其环境效应. 北京：中国农业大学.

宋伟,陈百明,陈曦炜.2007.东南沿海经济发达区域农户粮食生产函数研究——以江苏省常熟市为例.资源科学,**29**(6):206-211.

宋永林,袁锋明,姚造华.2002.褐潮土条件下不同肥料配合对作物氮、磷、钾表观利用率及产量的影响.河北农业科学,**6**(1):24-28.

宋增基,徐叶琴,张宗益.2008.基于DEA模型的中国农业效率评价.重庆大学学报(社会科学版),**14**(3):24-29.

苏迅,方敏.2004.我国自然资源管理体制特点和发展趋势探讨.中国矿业,(12):24-26.

速水佑次郎,拉担.2000.农业发展的国际分析.北京:中国社会科学出版社.

速水佑次郎.2003.发展经济学:从贫困到富裕.北京:社会科学文献出版社.

隋家明,李晓,宫永波,等.2005.农业综合节水技术.郑州:黄河水利出版社.

孙爱军.2007.基于随机前沿函数的工业用水技术效率研究.南京:河海大学.

孙立刚.2001.资源、产权与农民收入问题.农业经济问题,(12):11-14.

孙巍.1999.生产资源配置效率.北京:社会科学文献出版社.

谭淑豪,谭仲春,黄贤金.2004.农户行为与土壤退化的制度经济学分析.土壤,**36**(2):141-144.

陶芸,周纪纶.1989.太湖西山岛生态经济系统的能流分析.农村生态环境,(3):1-6.

田维明.1987.我国各省、市、区农业劳动生产率的比较研究.农业技术经济,(1):18-21.

田彦军,郝晋珉,韩亮,等.2003.县域土地利用程度评估模型构建及应用研究.农业工程学报,**19**(6):293-297.

汪富贵.2001.大型灌区灌溉水利用系数的分析方法.节水灌溉(6):25-26.

王凤.2008.秸秆还田技术在生产中的应用.现代农业科技,**16**:233-234.

王凤春.1999.美国联邦政府自然资源管理与市场手段的应用.中国人口·资源与环境,**9**(2):95-98.

王宏广.1993.中国粮食问题、潜力、道路、效益.北京:中国农业出版社.

王会肖,刘昌明.2000.作物水分利用效率内涵及研究进展.水科学进展,**11**(1):99-104.

王秀芬.2006.中国不同地区粮食生产的资源利用效率与技术潜力研究.北京:中国科学院地理科学与资源研究所.

王学渊.2008.基于前沿面理论的农业水资源生产配置效率研究.杭州:浙江大学.

王余龙.1991.水稻籽粒受容活性及其控制途径 Ⅲ.籽粒灌浆有效含水量与受容活性的关系.扬州大学学报(农业与生命科学版),(2):34-36.

王宗明,梁银丽.2000.应用EPIC模型计算黄土塬区作物生产潜力的初步尝试.自然资源学报,**17**(4):481-487.

魏虹,赵松岭,伍光和.1996.黄土高原半干旱区集水农业的气候学初探——以甘肃黄土高原半干旱区为例.干旱区资源与环境,**10**(1):64-70.

闻大中.1985.农业生态系统能流的研究方法(一).农村生态环境,(4):47-52.

闻大中.1986a.农业生态系统能流的研究方法(二).农村生态环境,(1):56-56.

闻大中.1986b.农业生态系统能流的研究方法(三).农村生态环境,(2):48-51.

吴华清.2007.基于DEA的奥运会相关效率评价研究.北京:中国科学技术大学.

西奥多·舒尔茨.1999.改造传统农业.北京:商务印书馆.

奚振邦.1996.关于化肥利用率及其提高问题.磷肥与氮肥,(2):8-11.

夏征农.1989.辞海.上海:上海辞书出版社,1945.

向青,尹润生.2006.社区自然资源管理的基本要素及政府的作用.林业经济,(3):74-80.

谢涤湘,魏清泉.1998.珠江三角洲的耕地及其持续利用.资源开发与市场,(6):41-45.

谢高地,成升魁,于贵瑞,等.2002.中国自然资源消耗与国家资源安全变化趋势.中国人口·资源与环境,**12**(3):22-26.

谢高地,冷允法,章予舒,等.1999.中国土地资源利用效率研究.地理研究(增刊):27-33.

谢高地,齐文虎,章予舒,等.1998.主要农业资源利用效率研究.资源科学,**20**(5):7-11.

谢高地,章予舒,齐文虎.2002.农业资源高效利用评价模型与决策支持.北京:科学出版社.

谢柳青,李桂元,余健来.2001.南方灌区灌溉水利用系数确定方法研究.武汉大学学报(工学版),**34**(2):17-19.

谢贤群,左大康,唐登银.1991.农田蒸发、测定与计算.北京:气象出版社.

谢正磊,林振山,蒋萍莉.2005.基于农户行为的农用地流转实证研究.农业经济问题,(5):39-42.

信乃诠,王立祥.1998.中国北方旱区农业.南京:江苏科学技术出版社.

熊利亚,夏朝宗,刘喜云,等.2004.基于RS和GIS的土地生产力与人口承载量——以向家坝库区为例.地理研究,**23**(1):10-19.

徐琼.2005.基于DEA模型的技术效率实证分析——浙江省地区农业效率差异分析.宁波大学学报(理工版),**18**(2):215-218.

徐琼.2005.基于技术效率的区域经济竞争力提升研究——浙江的经验分析.杭州:浙江大学.

徐涛.2003.中国资本市场配置效率研究.上海:复旦大学.

徐绪堃.1981.美国农业生产效率.北京:中国农业出版社.

徐勇.1999.农业资源高效利用评价几个基本问题的探讨.地理科学,**19**(2):171-175.

徐勇.2001.农业资源高效利用评价指标体系初步研究.地理科学进展,**20**(3):240-246.

徐正进,陈温福,张龙步,等.1996.水稻穗颈维管束性状的类型间差异及其遗传的研究.作物学报,**22**(2):167-172.

徐正进,薛亚杰,东正昭.1992.水稻超高产品种与产量分析.辽宁农业科学,(3):1-4.

许春晓.1994.以系统观点论农业资源概念.农业系统科学与综合研究,**10**(3):169-178.

许学工.1992.黄河三角洲土地质量模糊综合评价.自然资源学报,**7**(1):43-54.

许占友,张爱民.2000.挖掘"绿色基因"促进第二次"绿色革命".中国农业科技导报,(5):54-57.

许志方.1996.节水农业的战略认识和对策.中国农村水利水电(农田水利与小水电),**1**:6-10.

闫湘.2008.我国化肥利用现状与养分资源高效利用研究.北京:中国农业科学院.

杨丙山.2006.能值分析理论及应用.哈尔滨:东北师范大学.

杨改河.1994.西藏一江两河农业区域开发潜力于模式及其理论研究.西安:陕西科学技术出版社.

杨建国.1999.水稻抛秧制种的优势及主要技术措施.杂交水稻,**14**(6):12-13.

杨瑞珍.2001.增加农民收入的途径与政策.中国农业资源与区划,**22**(2):30-34.

杨旭.1994.DEA方法在测定农业技术效率中的应用.西南农业学报,**7**(4):54-58.

姚敏,崔保山.2006.哈尼梯田湿地生态系统的垂直特征.生态学报,**26**(7):2115-2124.

姚云峰,王礼先.1994.论旱作梯田生态系统.干旱区资源与环境,**8**(1):116-121.

叶旭军,李全胜.2002.农田生态系统能量投入产出模型及其应用研究.生物数学学报,**17**(1):104-109.

叶依广,俞跃伟.1998.农户经营行为与农业可持续发展.经济问题,(2):31-34.

叶志华,刘国栋,钱永忠.2002.农业资源高效利用技术应用前景与技术对策.北京:科学出版社.

尹云鹤.2006.中国干湿状况变化与生态地理区域对气候变化的响应.北京:中国科学院地理科学与资源研究所.

由建勋,韩申山.2005.对灌区农民用水协会的思考.人民黄河,**27**(7):29-30,62.

于法稳,屈忠义,冯兆忠.2005.灌溉水价对农户行为的影响分析——以内蒙古河套灌区为例.中国农村观察,(1):40-44.

余建斌,李大胜.2008.中国农业生产的技术效率及其影响因素分析.统计与决策,(14):83-86.

俞勇军,陆玉麒.2002.江阴市耕地变化驱动因素及耕地利用效率定量研究.经济地理,**22**(4):440-443,447.

曾希柏,陈同斌,胡清秀,等.2002.中国粮食生产潜力和化肥增产效率的区域分异.地理学报,**57**(5):539-546.

曾希柏,李菊梅.2004.中国不同地区化肥施用及其对粮食生产的影响.中国农业科学,**37**(3):387-392.

张常勇.2004.黄宗智“过密化”理论探讨述评.中国农史,(1):113-118.

张福锁,马文奇.2000.肥料投入水平与养分资源高效利用的关系.土壤与环境,**9**(2):154-157.

张家炎.2003.如何理解18世纪江南农村:理论与实践——黄宗智内卷论与彭慕兰分岔论之争述评.中国经济史研究,(2):104-112.

张晋科,张凤荣,张迪,等.2006.2004年中国耕地的粮食生产能力研究.资源科学,**28**(3):44-51.

张露,濮励杰,周峰.2004.土地质量及其度量初步研究.南京大学学报(自然科学),**40**(3):378-388.

张壬午,董维荣,王洪庆,等.1989.黑龙江省庆安县六合村生态农业建设与评价Ⅱ.松嫩平原漫川漫岗农业系统能量流动和物质循环的分析.农村生态环境,(4):14-19.

张绍林,朱兆良,徐银华,等.1988,关于太湖地区稻麦上氮肥的适宜用量.土壤,**20**:5-9.

张维理,林葆,李家康.1998.西欧发达国家提高化肥利用率的途径.土壤肥料,(5):3-9.

张旭,黄农荣,黄秋妹,等.1999.高产早籼稻产量结构因素初析.热带亚热带植物学报,**14**(增Ⅱ):23-29.

张忠明.2008.农户粮地经营规模效率研究——以吉林省玉米生产为例.杭州:浙江大学.

赵更生,兰晓泉,郑剑英,等.1989.黄土丘陵区旱地肥料效应与合理施肥.水土保持研究,(1):71-90.

赵绪才.1991.澳大利亚的自然资源管理.国际科技交流,(2):9-12.

郑海霞,封志明,游松财.2003.基于GIS的甘肃省农业生产潜力研究.地理科学进展,**22**(4):400-408.

郑海霞,封志明,张陆彪,等.2006.甘肃省县域农业资源利用效率综合评价——基于遗传投影寻踪方法.经济地理,**26**(4):632-635.

郑海霞.2004.基于GIS的甘肃省农业生产潜力与资源利用效率研究.北京:中国科学院地理科学与资源研究所.

郑杭生,汪雁.2005.农户经济理论再议.学海,(3):66-75.

中国科学院南方山区综合科学考察队.1982.江西省泰和县自然资源和农业区划.北京:能源出版社.

中国农业科学院土壤肥料研究所.1986.中国化肥区划.北京:中国农业科技出版社.

周进生.2005.国外自然资源管理模式及选择动因分析.国土资源情报,(2):1-6.

周丕东.2001.社区自然资源管理方法的理论探讨.贵州农业科学,**29**(4):49-50.

周兆德.1989.海南岛水稻气候生产潜力和人口承载量的估算.自然资源学报,**4**(1):46-53.

周治国,曹卫星,王绍华,等.2003.基于GIS的区域作物生产系统潜力分析.农业工程学报,**19**(1):224-228.

朱乔.1994.数据包络分析(DEA)方法综述与展望.系统工程理论与实践,**3**(4):1-9.

朱士光.1999.黄土高原地区环境变迁及其治理.郑州:黄河水利出版社.

朱兆良.1985.我国土壤供氮和化肥氮去向研究的进展.土壤,**17**(1):2-9.

朱兆良.1991.土壤氮素的矿化和供应.土壤,**23**(5):241-245.

朱兆良.1992.农田生态系统中化肥氮的去向和氮素管理.//朱兆良等.中国土壤氮素.南京:江苏科学技术出版社.

竺可桢.1964.论我国气候的几个特点及其与粮食作物生产的关系.地理学报,(1):1-13.

庄宝华,林菲,洪植蕃.1994.两系亚种间杂交稻结实生理调节的研究.中国水稻科学,**8**(2):111-114.

左停,苟天来.2006.社区为基础的自然资源管理(CBNRM)的国际进展研究综述.中国农业大学学报,**10**(6):21-25.